増補改訂版

道具としてのファイナンス

石野雄一

日本実業出版社

増補改訂版の発行に際して

『道具としてのファイナンス』を上梓したのは、2005年7月ですから、ちょうど17年前になります。自分で改めて読んでみると、「本当にいい本だなぁ（自画自賛ですみません！）」と思う半面、説明が不十分で「これでは何を言っているのか、わからない」という部分が多く目につきます。これは、17年間で私のファイナンスの理解が進んだからでしょう。

お恥ずかしい話ですが、旧版を書いた当時は、IRR（内部収益率）について、私が理解していたのは「NPVがゼロになる割引率」ということだけでした。それが本質的に何を意味するのか、人に説明できるほど腹落ちできていませんでした。実際に旧版では、それ以上の説明はできていません。またIRRの再投資の隠れた前提については言及しているものの、詳しく説明できていません。

正直に言います。EV（= Enterprise Value）は企業価値だと思っていましたし、実際にそう書いてあります。私のブログ記事「EV（= Enterprise Value）は企業価値ではない」の最後に、「EV =企業価値と考えている人が多いので注意して下さい」と書いていますが、それは他ならぬ私だったのです。

また、フリーキャッシュフローの定義の中のEBITと営業利益の違いをきちんと説明できていません。さらに、レバードβとアンレバードβの変換式についての私の中途半端な理解については、すでに私のブログで告白しています。（ブログ記事「ごめんなさい、私、間違ってました！」）

とまぁ、すぐ思いつくだけでもこれだけあるんです。本当に旧版の読者の方々には失礼しました。申し訳ございません。

ということで今回の増補改訂版では、全面的に見直し、私の言葉足らずな説明、誤った理解につながりそうな説明を書き直し、よりわかりやすい内容にしました。もちろん、「難しい数式は極力避けてExcelにお任せする」という基本コンセプトは変えていません。主な追加点は次のとおりです。

「第１章　投資に関する理論」では、NPV（正味現在価値）に表われる投資判断の本質の話、IRR（内部収益率）の意味合い、知られざるIRRの再投資の隠れた前提、MIRR関数の提案などを追加しています。

「第２章　証券投資に関する理論」では、接点ポートフォリオと市場ポートフォリオの関係や、トータルリスクとβ（ベータ）の関係、資本市場線と証券市場線の関係など、より本質的な理解につながるような解説を心掛けています。

「第３章　企業価値評価」では、事業別のハードルレート（割引率）の設定方法、クロスボーダー案件の株主資本コストの算定方法、企業買収の効果の測り方、類似会社比較法の具体事例などを追加しました。また、近年のESG（環境・社会・企業統治）投資拡大の流れを考慮し、ESGと企業価値の関係について私なりに解説しています。

「第４章　企業の最適資本構成と配当・自社株買い」では、旧版でMMの第１命題までしか説明していませんが、第２命題を追加しています。「資本コストが有利子負債の利用で下がるのは、株主資本コストより、コストの低い負債コストの割合が増えるからだ」と誤った理解をしている実務家が多いので、説明を厚くしています。

「第５章　資本市場に関する理論」では、債券の価格変動リスクについて、デュレーションを追加しました。これは私がビジネススクールでもよく理解できなかったところです。日産時代、実務で使わなかったこともあり、旧版では割愛していましたが、本来はカバーしておくべき内容です。

「第６章　デリバティブの理論と実践的知識」では、クロスボーダーの投資評価において為替レートはどう考えるのか。オプション価格の算定については、二項モデルによる評価（リスク中立確率）も追加しています。

「第７章　経営の自由度の価値評価」は、新たに追加しました。NPVではとらえることができないのが経営の自由度の価値です。その評価方法として、ディシジョン・ツリー分析法とリアル・オプション法を取り上げています。旧版ではリアル・オプションの評価については、ブラック＝ショールズ・モデルのみ解説していましたが、増補改訂版では二項モデルによる評価も追加しています。

ファイナンスは、投資するか否かの意思決定と、その投資に必要な資金をどう調達するかの意思決定と、そして運用して得たお金（リターン）をどう配分するかの意思決定、これら３つの意思決定に関わるものです。

拙著『実況！ ビジネス力養成講義 ファイナンス』（日本経済新聞出版）が「投資するか否かの意思決定」にフォーカスしているのに対して、本書は３つの意思決定すべてをカバーし、さらに証券投資理論、資本市場、デリバティブ、経営の自由度の価値まで解説したものです。正直言いまして、ファイナンスは、本書の内容をマスターしておけば十分です。実際のところ、米国の有名ビジネススクールの卒業生から「１年目の必修科目のファイナンスの授業は『道具としてのファイナンス』だけで乗り切った」というお礼のメールが届いたこともあります。

ファイナンスはいまや、英語と同じように万国共通のビジネスのコミュニケーションの道具です。あなたがその道具を早々に手に入れて活躍することを期待しています。

この場を借りて、この本を書くにあたってお世話になった方にお礼を申し上げます。

序章で登場した私の結婚式でスピーチしてくれた親友の林武男くんには、原稿の校正作業を最後まで手伝ってもらいました。とても感謝しています。

弊社の北川雄一さんには、校正やリサーチ、財務モデルの作成をしてもらいました。この仕事で弊社を卒業する北川さんには大変感謝するとともに新天地での活躍を祈っています。

また、編集の過程で最後まで私のわがままを全面的に汲み取っていただいた日本実業出版社の編集部のみなさんにも感謝しております。

最後に、社会人になったばかりの息子の達也、大学生の娘のみなみ、そして、同じ世代の日本の若者たちにこの本が少しでも役に立つことを願っています。

2022年７月

石野　雄一

はじめに

この本を手にとってくださったあなた、本当にありがとうございます。すでに、買ってしまった!?　あなたには、お礼申し上げます。世の中には、たくさんの本があります。人との出会いと同じように、本との出会いもある意味、偶然でもあり、必然でもあります。

この本は、タイトルからわかるとおり、「ファイナンス」の本です。ファイナンスの大切さは、もうかれこれ10年くらい前からいわれています。それでも、最近のM＆Aに関するマスコミ報道の内容を見ると、状況が変わった様子はありません。

でも、私もそんなにえらそうなことはいえません。５年前の私は、ファイナンスのことなど何ひとつ知らなかったのですから…。

あなたが、この本を手にとったのは、なぜでしょう？　純粋にファイナンスという学問に興味があるとしたら、この本は適切ではありません。厳密にファイナンスを論じようとすれば、数式を避けて通ることはできません。ところが、この本にはほとんど数式はありません。なぜって、難しい計算はExcelに任せているからです。

この本は、ファイナンスの専門家でもない普通のビジネスパーソンのために書きました。明日からでも、仕事に使ってみようと思えるファイナンスの本になることを心がけました。「あ、これ、うちの会社でも使えそう。さっそく、やってみよう！」と思ってもらえるとしたら、私にとって望外の喜びです。

序章にも書きましたが、私は、ファイナンスの勉強に本当に苦労しました。お金と時間もかけました。それはそれで意味のあったことだといえます。でも、私は気付いたんです。どんなにファイナンスを勉強したって、ビジネスでファイナンスを使えるようにはならないということを。「ファイナンス＝使えるファイナンス」ではないってことなんです。

この理論と実践のギャップを埋めるため、本書は、私がつい最近まで勤務していた日産自動車でのファイナンスの活用事例をできるだけ盛り込みました。いかにしてファイナンスの理論を実用レベルまで落とし込んでいくか。それこそ多くの時間、日産自動車とルノーの財務担当者とディスカッションしてきました。その経験がこの本には活かされていると思います。

私も、随分と回り道したものです。

でも、あなたにはそんな苦労をしてほしくはありません。そんな苦労をするくらいなら、違う経験をして、そこから得たモノを私たち、あるいは次の世代に伝えていってください。

私は日本という国に生まれて、本当に良かったと思っています。５年前、MBA留学を目前に控えた仲間たちと、誓い合いました。

「将来の日本を１ミリでも良くできるようにお互い頑張ろう！」

短かったとはいえ、２年間の米国生活を経て、日本に対する思いが一層強まりました。これからは、このファイナンスという道具を使って、私自身が社会に対してどこまで価値提供できるかを試してみたいと思っています。あなたもこの本で、「道具としてのファイナンス」を身に付けてください。そして、みんなでこの日本をより良くするために頑張っていきましょう。

本書を書くにあたって、長らく私のプライベートコーチだった斎藤潔氏((有)オン・ゴーイング社長)、そして、出版塾の畑田洋行氏には大変お世話になりました。両氏がいなければ、本書は出来上がっていなかったでしょう。ありがとうございました。また、一向に筆が進まない私を辛抱強く待ってくださった日本実業出版社の編集部のみなさんにも感謝しております。

本書の推薦をいただいた日産自動車のＶＰ（財務担当）の佐藤明氏には、妥協を許さないビジネスの厳しさと、理論と実践のバランスの大切さを教えていただきました。ゴーン・チルドレンの１人である佐藤氏のリーダーシップのもと、常に高いコミットメントに向かって邁進している財務部の方々には、大きな刺激と気づきをいただきました。ありがとうございました。

また、同じく本書の推薦をいただいた板倉雄一郎氏（板倉雄一郎事務所）にもこの場を借りてお礼を申し上げます。氏が主催する「実践・企業価値評価シリーズ・セミナー」の受講は、私のファイナンス人生の転機となりました。ファイナンス理論をいかにしてビジネスに応用していくかという視点しかなかった私が、ファイナンスの先にある「人の心」にまでに思いを馳せるようになったのは、板倉氏のおかげです。ありがとうございました。

最後に、長い執筆期間中に不便をかけた家族に感謝するとともに、私を生んで育ててくれた両親にこの本を捧げたいと思います。

2005年７月

石野　雄一

『増補改訂版　道具としてのファイナンス』目次

第3章 企業価値評価

第4章
企業の最適資本構成と配当・自社株買い

第5章
資本市場に関する理論

第6章
デリバティブの理論と実践的知識

第7章
経営の自由度の価値評価

カバーデザイン／三森健太（JUNGLE）
図版・組版／ダーツ

序章
ファイナンスの武者修行

■銀行での修行時代

「今日も雨かよ」

雨合羽（あまがっぱ）を着て、スーパーカブに乗ってお客さん回りをする毎日。バブルははじけ、日本の銀行全体が貸し渋り。稀（まれ）に出てくる前向きな融資案件……。設備資金の稟議書（りんぎしょ）に収支計画書をくっつけるけれど、「お金の時間価値」などまったく関係ない。就職活動の面接では、「銀行に入ったら、将来はM&Aかプロジェクトファイナンスがやりたいです！」なんて目を輝かせていたっけ。ところが、現実は、まったくファイナンスとは無縁の銀行員生活。

「そんなにお金かけたんだぁ。俺には信じられない額だよ」

実は私の本棚にはファイナンス関連の書籍が内外含めていまや100冊ちかく並んでいます。これだけで、70万～80万円はするでしょう。わかりやすいファイナンスの本を求めた結果がこれ。私のファイナンス学習の歴史は、銀行員時代の証券アナリストの試験勉強にさかのぼります。この通信教育費も高かった。仕事は忙しい。テキストの内容は難しい。通信教育の教材のみならず、バカ高いアナリスト必修のテキストを買う必要もありました。いま思えば、「現在価値」なんてものも学んだはずです。でも、まったく、頭に入ってこなかった。やっぱり、途中で挫折。なぜかって？　難しくてチンプンカンプンだったからです。
「このままではダメだ！」――そう思って銀行を辞め、アメリカへ渡ってMBAを取ろうとしたのです。この費用だけで総額1,000万円也！

■ビジネススクールでの修行時代

「彼の向上心には、いつも驚かされる。でも、いつも安易なカッコいい方法を模索している」

私の結婚式での親友のスピーチ。場内大受け。それだけ、会場に来ていた人には思い当たるふしがあったのでしょう。渡米してビジネススクールに行けば、ビジネスにすぐに使えるファイナンスが簡単にわかるだろう。そんなふうに安易に考えたのです。

ところが、アメリカのビジネススクールでもファイナンスにやられっぱなし。同級生に、毎日のように質問する私。だいたい日本語でわからないものが、英語でわかるはずもないのです。家に帰ってひそかに、『MBAファイナンス』といった本を開く毎日。これでは意味がない。私は、大手銀行出身なんていうプライドも捨てざるを得ない状況にまで追い詰められました。

でも、運命ってあるんでしょう。その学校には、Excelを使ったモデリングで有名な教授がいました。"Financial Modeling" なんて言葉を知ったのも、このときです。彼の授業では、あらゆるビジネスの出来事がExcel上で再現されていました。いうなれば、シミュレーションというやつです。私は、このシミュレーションという言葉に酔いしれました。だって、Excelといえば、それまでの私は飲み会の精算ぐらいにしか使ったことがなかったんですから。

綺麗なグラフが瞬時に出てくる。値を変えるだけでそのグラフが生き物のように動く。それは、初めて自分で買ったPCを立ち上げ、ネットに接続できたときの身震いするような感動に似ていました。

■Excelで開眼か？

「Excelでここまでいろいろなことができるのか！」

ファイナンスといったって、学者になるわけじゃないし、それに、小難しい数式なんて知らなくても大丈夫だ。基本さえ押さえておけば、あとはExcelが計算してくれる……。そう考えるようになってから、気が楽になりました。ファイナンスの基本的な考え方の理解と、Excelを使いこなすスキル——その2つが重要だと気づいたのです。最初からExcelを使いながらファイナンスを勉強すればいいだろう。そう考えたのです。それから、ファイナンスのテキストとExcelとを両にらみにする日々が続きました。いかに簡単にExcelを使ってファイナンスを学べるか。もう意地になっていたのかもしれません。

いつも途中で投げ出していたファイナンスも、Excelを使って自分で計算しながら勉強すると面白いように頭に入ったのです。やはり、勉強は楽しくなければいけません。難しいものは長続きしないのです。

■日産自動車での修行時代

MBAを取得し、帰国。縁あって日産に入社（財務部）。日産では、ハードルレートを決めるためにWACC（加重平均資本コスト）の計算をしたり、貴金属のボラティリティを計算したりしました。「サプライヤーの信用リスク評価モデル」も作りました。やってくれるのは、もちろんExcel。そして、このExcelによる信用リスク評価モデルによって、堂々（？）、その年の「日産賞」を受賞したのです。とはいっても、ちょっとしたファイナンスの基本的な考え方とExcelの使い方を知っているだけ。

それでも、“ファイナンスができるヤツ”になってしまうのです。そんなに難しいことをやっているわけではありません。私にそんなに難しいことがわかるわけもありません。要は、知っているか、知らないかの違いなのです。頭の良し悪しは一切関係ない。それだけ、ただ知らない人が多いということ。

「ファイナンスはツール（道具）にしかすぎない」

さらっと言っているけれど、これって重要なことです。大切なのはそのツールを使って、何をするかです。あなたには、その大切なことに時間を使ってほしいのです。私のように、ファイナンスの勉強に必要以上の時間とお金をかける必要はありません。

日産時代、私はよく上司にこんなことを言われました。

「分析するだけなら誰でもできる。それをどうアクションに結びつけていくかだ。マネジメントの意思決定に使えないものは単なる自己満足にすぎない！」

ビジネスの現場で大切なのはアクションに結びつく分析なり、提案ができること、そして、それを実現すること。ここまで、この文章を読んでくれている優秀なあなただったら、言われなくてもわかっているはずです。大切なことですから、もう一度言います。

ファイナンスの勉強に必要以上の時間とお金をかける必要はない！

でも、あなたが、ファイナンスがわからないのも、勉強に時間がかかっているのも不思議ではありません。なぜって、わかりやすいファイナンスの本がないからです。あまり、大きな声で言えないことなので、小さい字で書きます。

この本の内容を完璧にマスターしたら、「そこらのMBAホルダーより、ファイナンスが使えるようになる」と断言できます。普通のビジネスパーソンだったら、この本だけで十分。

ファイナンスの知識があったって、MBAを持っていたって、それ自体は価値を生み出さない。そんなの当たり前のこと。アクションに結びついてこそ、価値を創造できるわけです。みんな最低限の道具を早いところ身につけて世界に飛び出しましょう。日本のために、そして世界のために——なんて、自分に酔ってしまったついでに、この本の特徴をあげておきましょう。

◆本書の特徴◆

- **日産で鍛えられ、理論と実践とのギャップに苦しんだ人間が書いている。したがって、当然、ファイナンス理論の限界もわかっている**
- **実際にファイナンスを使っていた体験を織り込んでいる。だから、あなたの会社でもすぐに使えるヒントが満載だ。おまけに、Excelでどう計算すればいいかまでわかる**
- **MBAを持っている人間が書いた本だから、まあ内容的には安心だろう。でも、世間のファイナンスの本では難しくて理解できなかった人間が書いているからなぁ。でも、それだけにわからない人の気持ちがわかるということ**

■ファイナンス理論は「ビジネスの共通語」

重要なことを先に言っておきましょう。

「ファイナンス理論を学んでも儲かりません」

したがって、儲けようと思っている人がこの本を買うと後悔することになるでしょう。

「ファイナンス理論を学んでも、財務的な問題がすべて解決するわけではありません」

実際のビジネスの現場では、すべての意思決定がファイナンス理論に基づいているかというと、決してそんなことはありません。

しかし、ファイナンス理論はビジネスを行なううえでの世界の共通言語です。ファイナンスに限らず、すべてのことには基本があります。この基本を知ったうえであえて、その基本からはずれた意思決定を行なうのと、まったく知らないで意思決定を行なうのとでは雲泥の差があるでしょう。

ここで1つ、クイズです。あなたは、友人から「5年後に確実に100万円が当たる宝くじがあるんだけど、いま、それを買ってくれないか」と言われました。さて、あなたはいったい、いくらで買えばいいのでしょうか？　もし「100万円で買ってあげるよ」と言ったら、ビジネスの世界では確実にカモにされるでしょう（クイズの答えは29ページ参照）。

エコノミストの吉本佳生氏は、著書[*1]の中で、「金融機関は、風俗業界と同じような商売のやり方をしていると思っておけば、おおむね正しいイメージでつきあうことができる」としています。どちらも、「欲望が判断を狂わせる」という点をうまく突いて、「ぼったくり商品」を売っているということです。

スーパーの特売のチラシをそれこそ目を皿のようにして眺め、10円、20円の差に敏感な日本の消費者が、なぜか金融商品の前では、まったくの思考停止に陥ってしまいます。これは、本来の商品価値を判断する知識がないからです。ここで確認しておきます。**価格と価値**[*2]**は違います**。本来の価値を知らずして、価格の低さで一喜一憂しているわけです。多かれ少なかれ、「価格の不透明性」が収益の源泉であるというのは、どんなビジネスにも当てはまることです。それが顕著なのが、風俗業界と金融ビジネスということでしょう。

ひるがえって、ビジネスの現場ではどうでしょうか？　状況はそれほど変わりません。たいていの企業は、ビジネスというゲームのルールを知らないで戦っているのが現状です。では、ビジネスというゲームのルールは何でしょうか？

「お客様の満足のいく商品をリーズナブルな価格で提供する」

確かに大事ではありますが、それは、ゲームを続けていくために必要な1つの要素にすぎません。ルールは簡単です。「儲ける」ことにつきます。「そんなの当たり前だろ」と言う人が多いと思います。そんな人に聞いてみましょう。

＊1　『金融広告を読め　どれが当たりで、どれがハズレか』（光文社新書）
＊2　投資家ウォーレン・バフェットは、「価格とは、何かを買うときに支払うもの。価値とは、何かを買うときに手に入れるものです」と述べています。

「昨年１年間の株式投資で5,000万円のキャピタルゲイン（売却益）を獲得したあなたは、儲かっていると言えますか？」

「わかりません」と答えるのが正解です。儲かっているか否かを判断するには、少なくとも投下資本と調達コストを考慮する必要があります。投下資本というのは、5,000万円のキャピタルゲインを得るためにいくらのお金を投資したかということです。見るべきは、キャピタルゲインの絶対額ではなく、リターン[*3]です。この場合に５億円の投下資本であれば、利回りは10％ですし、20億円であれば、2.5％になるわけです。

仮に利回りが10％だとしても、５億円の調達コストが15％であれば、逆ザヤになってしまいます。世間では、運用サイドのリターンばかり気にする風潮がありますが、「調達サイドのコスト」がわかっていないと意味がないわけです。

◆運用リターンと調達コスト

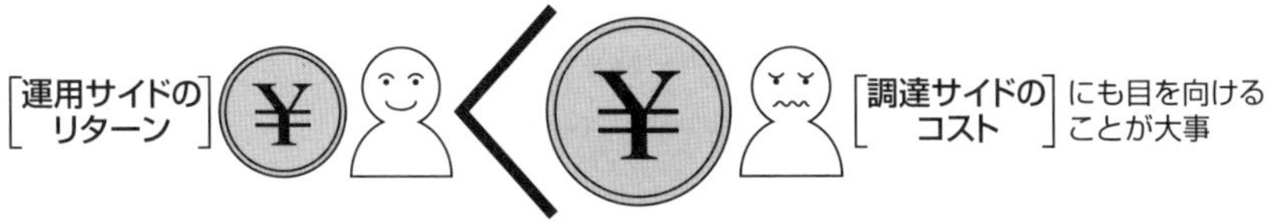

ところが、いまだにマスコミは、「総資産いくらの大企業」という特集を組んだりしています。それだけの資産を維持するためのコストについては、まったく考えがおよんでいないのです。

ビジネスパーソンの多くはマーケティングについては一定レベル以上の知識と理解を持っていますが、ファイナンスについてはほとんど知識を持ち合わせていないのが現実です。

ところが、ビジネススクールでMBAを取得しようとすると、マーケティングもファイナンスも必修科目なのです。それだけファイナンスの重要性が認識されているにもかかわらず、多くのビジネスパーソンは気がついていません。ここは本書を手に取られたあなたにとっては大チャンスなのです。

「ファイナンス」の読み書き能力があれば、少なくとも100円の価値のものを1,000円で買うようなことや、反対に、1,000円の価値のあるものを100円で売ってしまうようなこともなくなるのです。

＊3　リターン（利回り）は、「アウトプット／インプット」で計算できます。この例ではアウトプットは5,000万円のキャピタルゲイン、インプットは投下資本にあたります。

■ファイナンスとは

企業は、資本市場から調達した資金を事業に投資します。投資した資金は、商品の製造・販売を通してリターンを生み出し、そのリターンを利息や配当という形で資本市場に還元するわけです。また、リターンの一部を内部留保という形で企業内で再投資します。この一連の流れの中で企業が行なう財務的な意思決定の方法を学ぶ学問が**ファイナンス**です。

企業が行なうべき財務的な意思決定は大きく分けて、次の３つです。

① 調達した資金をどこに、いくら投資すべきかという意思決定（投資に関する意思決定）
② 投資のための資金を、どこから、どのように調達してくるかという意思決定（資金調達に関する意思決定）
③ 株主に対して、資金をどのような形で、いくら還元すべきかという意思決定（株主還元に関する意思決定）

◆ファイナンスの3つの役割

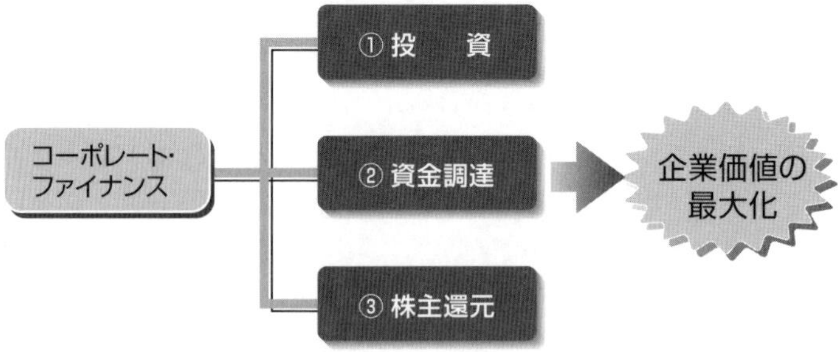

それでは、これらの意思決定の先には何があるのでしょうか？　それは、**企業価値の最大化**です。企業たるものすべて、その限られた経営資源（人、モノ、金、情報、時間）を有効に活用し、投資しなくてはいけません。また、その投資のためには、最適な資金調達を考えなくてはいけません。そして、株主が要求するリターンを上げるだけの投資案件がなければ、当然のことながら、株主にキャッシュを返す必要があるわけです。

先に述べた、企業の財務的な意思決定に関する部分のことを、ファイナンスの中でも特に、**コーポレート・ファイナンス理論**（corporate finance）と呼ぶことがあります（次ページ上図参照）。

◆ファイナンスの理論

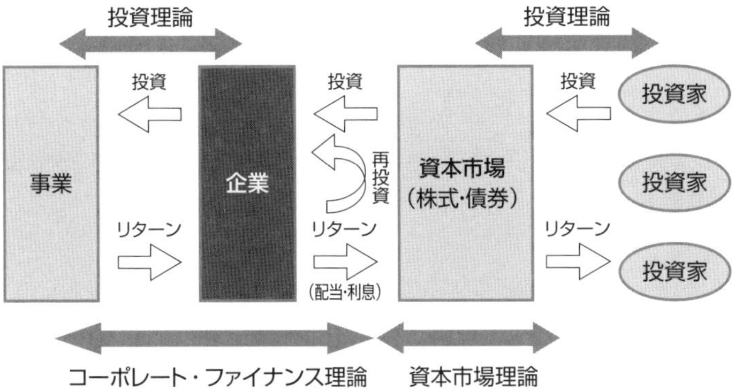

本書では、まず第1章で、現在価値、将来価値などのお金の価値の考え方を学びます。これは、ファイナンスの中でも、最も重要な考え方です。また、企業は投資なくしては、価値創造はできません。資金の提供者である株主や債権者に報いるためには、「何を基準に投資を行なえばいいのか」、その投資に関する意思決定の根拠となる考え方を説明します。

第2章では、投資家の視点に立った投資理論について学びます。投資家にとって大事なことは、リスクに見合ったリターンを獲得するということです。リスクの定量化、リスク分散に関するポートフォリオ理論、CAPM(資本資産評価モデル)、市場の効率性について説明します。

第3章では、コーポレート・ファイナンスで最も重要なコンセプトである資本コストについて学びます。そして、企業価値算定の仕組みと企業価値の最大化の具体的な方策について説明します。さらに事業別の割引率の設定方法やクロスボーダー案件の株主資本コストの算定方法について説明します。

第4章では、企業価値を高めるために求められる、最適な資金調達に関する意思決定と配当や自社株買いに関する意思決定について説明します。資金調達の方法の違いや株主還元の方法が、企業価値にどのような影響を与えるかについても説明します。

第5章では、資本市場に関する理論、つまり株式や債券に関して説明します。企業の資金調達手段である債券と株式の仕組みと、その価値の評価方法について説明します。さらに、債券のリスクとして信用リスクと価格変動リスクについて説明します。

また第6章では、デリバティブに関して、先物（futures）、スワップ（swap）、オプション（option）について説明します。また、クロスボーダー投資を評価する際の為替レートの考え方についても説明します。

第7章では、NPVではとらえることができない経営の自由度の価値を取り上げます。経営の自由度の価値を評価する方法としてディシジョン・ツリー分析法と、実物資産を原資産とするリアル・オプション法について説明します。

また、**本書に出てくるExcel関数についてまとめた特別レポート（無料）やExcelファイルは、私のサイト（https://ontrack.co.jp/）にアクセスしていただき、ホームページ上の読者限定特典コーナーの「読者限定特典ダウンロード」のバナーをクリックしていただくと、ダウンロードできます。**

それでは、ファイナンスの世界への旅をはじめましょうか。

第1章

投資に関する理論

ファイナンスで最も大切な考え方の1つである「お金の時間価値」について知っておく必要があります。この章では、まず「将来価値」と「現在価値」という2つの基本的な概念を説明し、NPV法をはじめとするいくつかの投資判断ルールを見ていきます。

1.1 将来価値とは

■明日の100万円より、今日の100万円

ほとんどすべての財務上の意思決定には、お金が絡んできます。そして、「お金の価値は、そのお金をいつ受け取るかで変わる」という考え方は、ファイナンスの中でも最も重要な考え方といえます。この考え方は、これからいろいろなところで、形を変えて出てきます。

そうはいっても、そんなに難しく考える必要はありません。簡単にいえば、**明日の100万円よりも今日の100万円のほうが、価値がある**というシンプルなことです。いま、目の前にある100万円と遠い将来の100万円では、価値が違うことは直感的に理解できると思います。もし500年後に1億円もらえるとしても、いまを生きる私たちにとっては、1億円もの価値はありません。むしろ「いますぐ、100万円もらったほうがいい！」という人のほうが多いかもしれません。このように、現在の私たちにとってのお金の価値は、受け取るタイミングが将来になればなるほど小さくなっていきます。つまり、**お金の価値は手に入れるタイミングで変わる**のです。いまの100万円は、たとえば国債で運用すれば、時間の経過とともに利息を生みます。これを「**お金の時間価値**」といいます。この考え方はファイナンスの中でも、最も重要な考え方といえます。

お金の時間価値を理解することは、企業価値の最大化にとっても非常に大切なことです。設備投資を判断したり、買収先の企業価値を評価したりするような事業活動は、それこそ、現在のお金の価値と将来のお金の価値を比較することになるからです。ですから、あなたは、まず今日のお金と将来のお金を比較する方法を知らなければなりません。この章では、お金の時間価値について、その基本的な考え方を学びます。特に重要なのが、将来の価値を現在の価値に置き換えるための**割り引くという考え方**です（30ページで説明します）。

将来、受け取るお金が現在の価値に換算していくらになるかがわかれば、株価や不動産ばかりか、企業価値を評価できるようになります。また、一定額のキャッシュが入ってくるような年金の評価に限らず、受け取るキャッシュフローの額が年により変化する場合の評価もできるようになります。

■金利と将来価値の関係を見てみよう

「お金の時間価値」を理解するためには、まず、利息の計算方法を知っておく必要があります。利息の計算方法には、単利と複利の２通りがあります。**単利**とは、元本に対してのみ利息がつく計算方法です。これに対して、**複利**[*1]は元本のみならず、過去の利息にも利息がつく計算方法です。すなわち、「利息が利息を生む」わけです。

複利というと難しく聞こえるかもしれませんが、考え方はいたって簡単です。たとえば、いま、金利５％の定期預金に100万円を預けたとします。すると、現在の100万円は１年後には

100万円×(1+5%)=105万円

になります。もともと預け入れた100万円と利息の５万円が支払われるからです。

それでは、さらに、もう１年間定期預金に預けておくとどうなるでしょうか？　複利の場合は、元本の100万円だけでなく、利息の５万円も５％で運用すると考えます。したがって、元利合計で105万円に対して、５％の利息がつくので、

105万円×(1+5%)=110.25万円

となります。

このように現在の100万円は２年後には、

100万円×(1+5%)×(1+5%)=110.25万円

と計算できるわけです。これが、

複利計算＝利息が利息を生む

ということです。単利では、現在の100万円は２年後には110万円（100万円+５万円×２年間）です。0.25万円の差は利息が生み出した利息に相当します。

この計算からもわかるように、現在のX円の、将来における価値は、一般的に次のように計算できます。そして、この将来のお金の価値を**将来価値**（future value）といいます。

◆将来価値◆

X円を年利r％で運用すれば、n年後の将来価値は、$X\times(1+r\%)^n$

＊1　かのアインシュタインは、この利息が利息を生む複利計算を「人類最大の数学的発見」と評しています。

下のグラフは、現在の100万円がそれぞれの金利のときにどのような将来価値になるのかを表わしたものです。金利が高ければ高いほど、また、運用期間が長ければ長いほど、将来価値は大きくなることがわかります。これは、運用するならできるだけ早い時期にはじめるべきだということです。ちなみに100万円を10％で運用すると20年後には672.7万円になる一方で、１％では122.0万円にしかなりません。複利の効果がよくわかるのではないでしょうか。

◆現在の100万円が将来いくらになるか

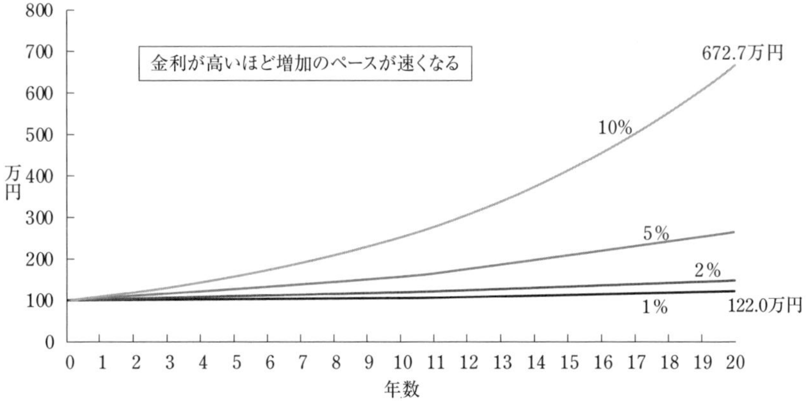

1.2 現在価値とは

■5年後に100万円もらえる宝くじの値段

さて、あなたの友人が、「５年後に100万円をもらえるという宝くじ」に当たったとします。この宝くじは国が保証していることから、リスクはないと仮定しましょう。要するに、５年後に100万円が確実に手に入るということです。すぐにでも、お金が必要な友人は、あなたに「この宝くじを買ってほしい」と依頼してきました。さて、あなたはいったい、いくらで買えば妥当なのでしょうか？　そうです。序章で出題したクイズです。どう考えればよいのでしょうか？

もしあなたが、「100万円もらえる宝くじなんだから、100万円で買ってあげるよ」と言ったら、友達思いであることはほめられても、ビジネスの世界では確実にカモにされるでしょう。

その理由は、**現在の100万円**と**５年後の100万円**とでは、同じ100万円でも価値が異なるからです。つまり、現在の100万円を他の確実な金融商品で運用すれば、向こう５年間で利息を生み出します。つまり、５年後から見た場合、現在の100万円は「100万円＋利息」の価値を持っているのです。これが「**お金の時間価値**」といわれるものです。

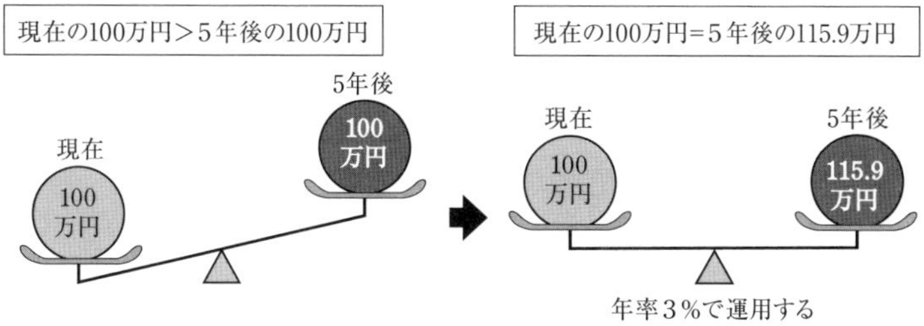

このように、現在の100万円と５年後の100万円とでは、前者の価値が大きいのです。将来価値を学習したあなたなら、現在の100万円の５年後の将来価値の計算方法は、わかっているはずです。

たとえば、現在の５年の定期預金の利率が３％だとしましょう。100万円を定期預金で運用すれば、５年後には100万円×$(1+3\%)^5$≒115.9万円になります。

ということは、現在の100万円は、５年後の時点では、実は115.9万円の価値があることになります。

逆に、「５年後の115.9万円を年率３％で割り引く[*2]（ディスカウントする）と現在の100万円になる」と言いかえることができます。

それでは、５年後の100万円を年率３％で割り引くといくらになるのでしょうか？　答えは86.3万円=100万円/(1+3%)^{5}となります。この86.3万円を５年後に受け取る100万円の**現在価値**（PV：Present Value）といいます。したがって、86.3万円が、あなたが友人の宝くじに払ってもよい上限金額となるのです。

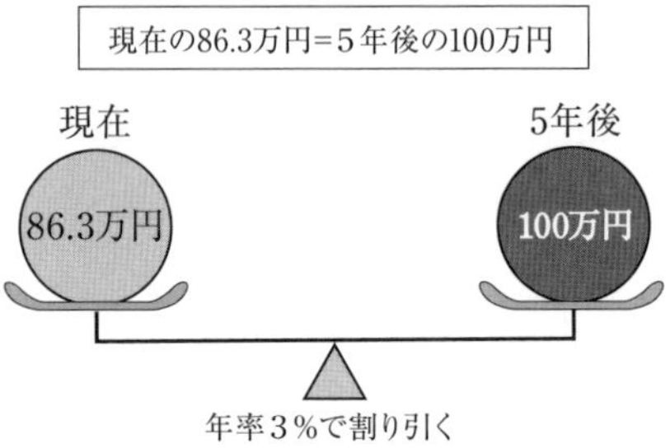

◆現在価値◆

割引率 r ％とすると、n 年後に受け取る X 円の現在価値は、 $\dfrac{X}{(1+r\%)^n}$

割引率は英語では、**ディスカウントレート**（discount rate）[*3]といいます。また、$1/(1+r\%)^n$だけを取り出して、**割引係数**（DF：Discount Factor）といいます。現在価値を求めるときはn年後に受け取るX円に割引係数を掛けることになります。

■将来価値と現在価値の不思議な関係

あなたは５年後の100万円の現在価値を86.3万円と計算しました。このときの割引率は３％です。今度は、86.3万円を年率３％で運用した場合の５年後の将来価値を求めてみましょう。

＊2 「100円の商品を10％割引して90円」というお店の割引とは異なります。90円を１年間10％で運用しても、100円にはなりません。「割引」の考え方が異なることに注意が必要です。
＊3 この割引率（ディスカウントレート）は、「資本コスト」を基準に決めます。なお、資本コストについては、第３章で解説します。

◆将来価値と現在価値

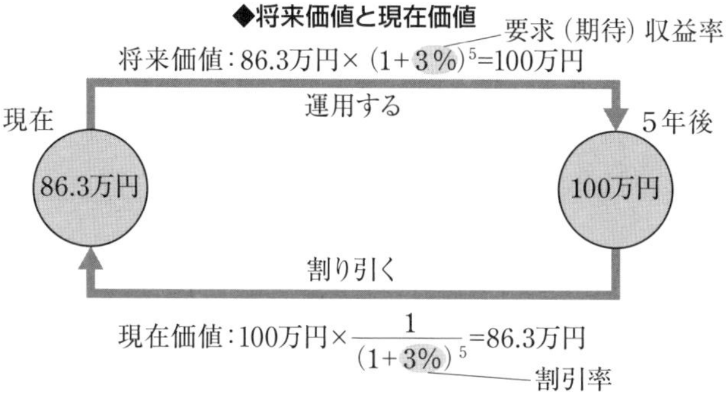

答えは、86.3万円×(1 + 3%)^{5}≒100万円となります。86.3万円を割引率と同じ年率３％で運用すれば、５年後には100万円になるわけです。つまり、今日の86.3万円と５年後の100万円の価値が同じであるということです。

現在価値から将来価値を求めるときの利率を**要求（期待）収益率**といいます。そして、将来価値を現在価値に割り引くときに使うのが**割引率（ディスカウントレート）**です。

実は、**割引率と要求（期待）収益率は表裏一体の関係**になっています。ここまでの説明では、割引率（要求収益率）は定期預金の利率３％を使っていました。定期預金のように、５年後にほぼ間違いなく支払われるのと違い、株式に投資した場合のリターンのようにリスク[*4]が高い場合は割引率（要求収益率）を高くします。リスクが高い投資をするときは、それ相応の高い収益率を要求すべきだからです。これを、**ハイリスク・ハイリターンの原則**といいます。次に、割引率を変化させてみましょう。

◆「5年後の100万円」の現在価値

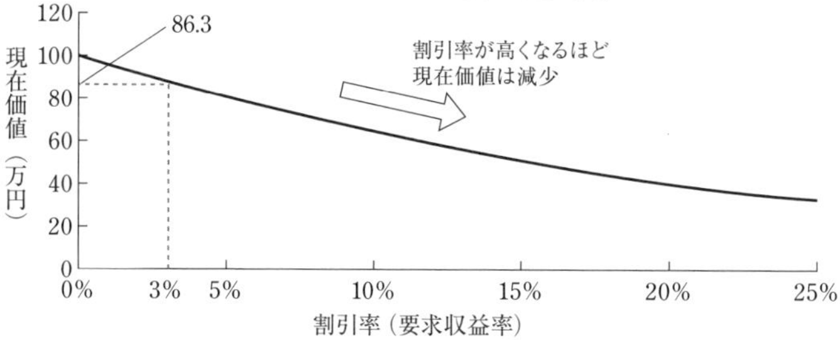

割引率が高くなればなるほど、「５年後の100万円」の現在価値が減少していくことがわかります。この割引率と現在価値の関係は重要です。

＊4　リスクの定義は第２章で詳述しますが、ここでは「不確実性」と読み替えてください。

1.3 将来もらえる年金の価値を計算してみよう

現在価値の考え方をマスターすると、世の中のさまざまな金融商品の価値を計算することができるようになります。具体的にいくつか見てみることにしましょう。

■永久債の現在価値

ここでは、**永久債**（perpetuity）と呼ばれる債券の現在価値の計算方法を説明しましょう。永久債とは、「元本の償還はないものの、発行体が存続する限り永久に利息が支払われる」債券です。

こんな債券を、あなただったらいくらで買いますか。永久債の現在価値を求めてみましょう。毎年のキャッシュフロー[*5]（現金収支）をC、割引率を r ％とすると、毎年永久にCを受け取れる永久債の現在価値（PV：Present Value）は、

$$\boldsymbol{PV = \frac{C}{r}}$$

という非常にシンプルな式で計算できます。

永久債のキャッシュフローは次のとおりです。

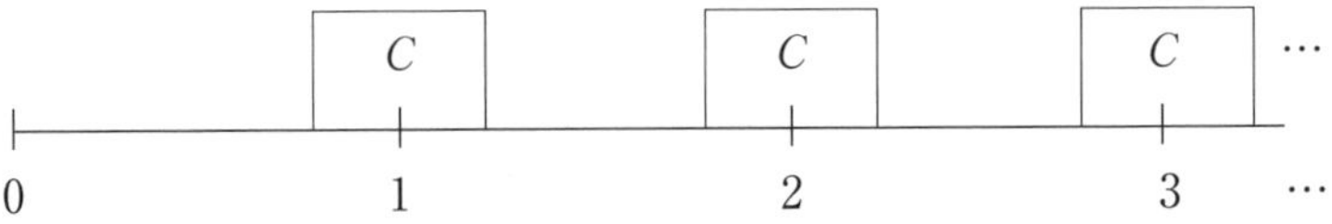

ここで大事なことは、最初のキャッシュフローCはすぐに発生するのではなく、時点0を元日（1月1日）とすれば、同じ年の大晦日に発生するということです。毎年、永久にCを受け取れる永久債の現在価値（PV）は、割引率を r ％とすると、次のように表わせます。

$$PV = \frac{C}{1+r} + \frac{C}{(1+r)^2} + \frac{C}{(1+r)^3} + \frac{C}{(1+r)^4} + \frac{C}{(1+r)^5} + \cdots$$

＊5　キャッシュフローとは、企業活動によって獲得した現金収入（キャッシュイン）から、外部に支払った現金支出（キャッシュアウト）を差し引いたお金（現金収支）を指します。

両辺に（1+r）を掛けたものから、元の式を引いてみましょう。

$$
\begin{array}{rl}
(1+r)\times PV= & C+\dfrac{C}{1+r}+\dfrac{C}{(1+r)^2}+\dfrac{C}{(1+r)^3}+\dfrac{C}{(1+r)^4}+\dfrac{C}{(1+r)^5}+\cdots \\
-\Big) \quad PV= & \dfrac{C}{1+r}+\dfrac{C}{(1+r)^2}+\dfrac{C}{(1+r)^3}+\dfrac{C}{(1+r)^4}+\dfrac{C}{(1+r)^5}+\cdots \\
\hline
rPV= & C
\end{array}
$$

◆永久債の現在価値◆

$$\boldsymbol{PV=\frac{C}{r}}$$

C：１年後のキャッシュフロー　**r**：割引率

となることがわかります。

たとえば、毎年100万円を永久に受け取れる債券の現在価値は、割引率を５％とすれば、

PV = 100万円/5% = 2,000万円

と計算できます。

■成長型永久債の現在価値

キャッシュフロー C が、毎年一定の割合 g ％で永久に成長し続けるとします。割引率を r ％とすると、この成長型永久債の現在価値（PV）は、

$$\boldsymbol{PV=\frac{C}{r-g}}$$

となります。

成長型永久債のキャッシュフローは次のとおりです。最初のキャッシュフローが発生するのは、時点１で、このときのキャッシュフローはCになります。

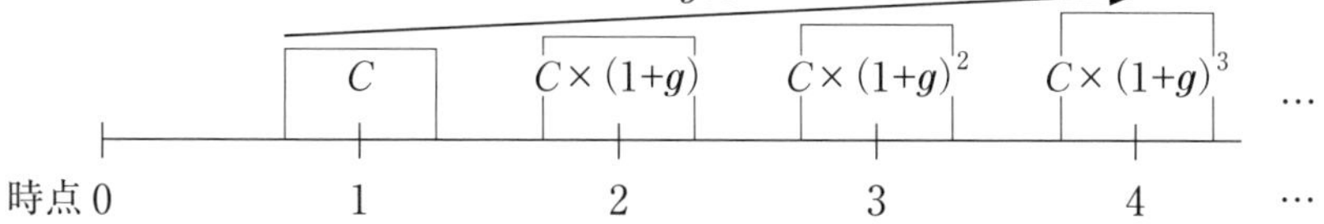

この成長型永久債の現在価値（PV）は、次のように表わせます。

$$PV=\frac{C}{1+r}+\frac{C(1+g)}{(1+r)^2}+\frac{C(1+g)^2}{(1+r)^3}+\frac{C(1+g)^3}{(1+r)^4}+\frac{C(1+g)^4}{(1+r)^5}+\cdots$$

この式から、この式の両辺に $\frac{1+g}{1+r}$ をかけたものを引いてみましょう。

$$PV=\frac{C}{1+r}+\frac{C(1+g)}{(1+r)^2}+\frac{C(1+g)^2}{(1+r)^3}+\frac{C(1+g)^3}{(1+r)^4}+\frac{C(1+g)^4}{(1+r)^5}+\cdots$$

$$-)\quad \frac{1+g}{1+r}PV=\frac{C(1+g)}{(1+r)^2}+\frac{C(1+g)^2}{(1+r)^3}+\frac{C(1+g)^3}{(1+r)^4}+\frac{C(1+g)^4}{(1+r)^5}+\cdots$$

$$\left[1-\frac{1+g}{1+r}\right]PV=\frac{C}{1+r} \quad ▶ \quad \frac{r-g}{1+r}PV=\frac{C}{1+r} \quad ▶ \quad PV=\frac{C}{1+r}\times\frac{1+r}{r-g}$$

◆成長型永久債の現在価値◆

$$\boldsymbol{PV=\frac{C}{r-g}}$$

$\boldsymbol{C}$：1年後のキャッシュフロー　$\boldsymbol{r}$：割引率　$\boldsymbol{g}$：成長率

と求まるわけです。

たとえば、キャッシュフローが毎年３％ずつ永久に成長する債券の現在価値は、割引率を５％、初年度のキャッシュフローを100万円とすれば、

$$PV=\frac{100万円}{5\%-3\%}=5{,}000万円$$

と計算できます。

■年金型投資商品の現在価値

次に、年金型投資商品（annuity）の現在価値の計算方法を見てみましょう。年金型投資商品とは、特定の期間、毎年一定額の支払いが行なわれる年金型の商品です。

いま、１年目から t 年目までキャッシュフロー C を受け取る年金型投資商品を考えてみましょう。この商品の価値は１年目からキャッシュフロー C を受け取る永久債（A）の現在価値から、t+1年目からキャッシュフロー C を受け取る永久債（B）の現在価値を差し引いたものといえます。このことを示しているのが次の図です。

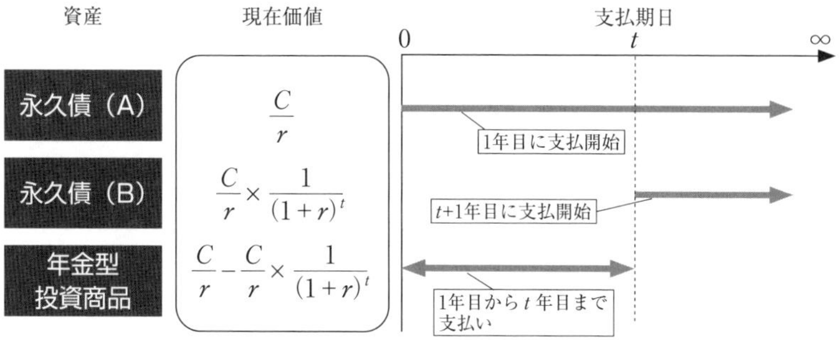

まず、一番上の永久債（A）は1年目から、毎年Cのキャッシュフローを生み出す永久債です。したがって、先述したとおり、現在価値は$PV=\frac{C}{r}$となります。

永久債（B）は、$t+1$年目から毎年Cのキャッシュフローを生む永久債です。t年目での現在価値は同じく、$PV=\frac{C}{r}$となることは明らかです。これを時点0の現在価値に割り引くと $\frac{C}{r}\times\frac{1}{(1+r)^t}$ となります。

1年目からt年目まで毎年一定額Cが支払われる年金型投資商品の現在価値は、これら2つの永久債の現在価値の差をとれば、求められます。つまり、1年目からt年目まで毎年、一定額Cが支払われる年金型投資商品の現在価値（PV）を求める公式は、次のように表わせます。

◆年金型投資商品の現在価値◆

$$\boldsymbol{PV=\frac{C}{r}-\frac{C}{r}\times\frac{1}{(1+r)^t}=\frac{C}{r}\times\left\{1-\frac{1}{(1+r)^t}\right\}}$$

たとえば、5年間にわたって、年末に100万円ずつもらえる年金型投資商品の現在価値は、割引率を3％とすれば、

$$\frac{100\text{万円}}{3\%}\times\left\{1-\frac{1}{(1+3\%)^5}\right\}\fallingdotseq 458.0\text{万円}$$

と計算できます。

実は、この年金型投資商品の現在価値を求める公式をビジネススクールで教わったとき、正直あせりました。式が難しそうですよね。こんなときのために、Excelがあるわけです。Excelを使えば、1年目から5年目まで毎年100万円ずつもらえる年金の現在価値は、簡単に求めることができます。

あ〜、よかった。わけのわからない公式を覚えなくて済んだと思ったあなた。安心してはいけません。ここで、大切なことを言っておきます。

５年にわたって、100万円もらえる年金型投資商品の価値は、「各年のキャッシュフローの現在価値の合計に等しい」のです。これってさらっと言っていますが、非常に重要なことです。

一般的に、金融資産の価値は次のことがいえます。

◆金融資産の価値◆

金融資産の価値は、その資産が将来生み出すキャッシュフローの現在価値の合計に等しい

それでは次は、Excelを使ってこの年金の現在価値を求めてみましょう。

◆年金型投資商品の現在価値

	A	B	C	D	E	F	G	H	I	J
1	年金型投資商品									
2										
3	年間受取額	100								
4	割引率	3%								
5										
6	年度	0	1	2	3	4	5			
7	受取額(年末)	0	100	100	100	100	100	<-- =$B$3		
8	割引係数(DF)	1.00	0.97	0.94	0.92	0.89	0.86	<-- =1/(1+$B$4)^G6		
9	各受取額の現在価値	0.0	97.1	94.3	91.5	88.8	86.3	<-- =G7*G8		
10										
11	現在価値の合計	458.0	<-- =SUM(B9:G9)							
12										

５年間にわたって入ってくる100万円をそれぞれ現在価値に割り引きます。８行目では割引係数（DF：Discount Factor）を計算しています。割引係数は、1/(1＋割引率)^{年度}です。それぞれの受取額に割引係数を掛けることによって現在価値を計算できます。年度０は現在[*6]ですから、割引係数は1.00になります。これらを合計すれば、現在価値の合計、すなわちこの年金の価値が458.0万円（セルB11）と求められるというわけです。もちろん、この値は先ほど公式を使って求めた値と一致します。

＊6　Excel上で「年度０」とは、元日（１月1日）と考えるとわかりやすいでしょう。そして、「年度１」とは、同じ年の大晦日（12月31日）と考えます。年度２は、翌年の大晦日。年度３以降も同様になります。最初は混乱しますが、慣れれば簡単です。

次に、毎年もらえる金額が違う年金を考えてみましょう。このような場合は、さすがに公式はなく、キャッシュフローごとに現在価値を算出してそれを合計するしかありません。ただ、それもExcelが私たちの代わりにやってくれるので心配無用です。具体的には、「１年目に100万円、毎年100万円ずつ増えて５年目に500万円」もらえる年金を見てみましょう。

◆毎年もらえる金額が違う場合の現在価値

	A	B	C	D	E	F	G	H	I
1	年金型投資商品								
2									
3	割引率	3%							
4									
5	年度	0	1	2	3	4	5		
6	受取額(年末)	0	100	200	300	400	500		
7	割引係数(DF)	1.00	0.97	0.94	0.92	0.89	0.86	<--- =1/(1+$B$3)^G5	
8	各受取額の現在価値	0.0	97.1	188.5	274.5	355.4	431.3	<--- =G6*G7	
9									
10	現在価値の合計	1,346.8	<--- =SUM(B8:G8)						
11									

この年金の現在価値は、1,346.8万円（セルB10）と計算できました。

1.4 正味現在価値による投資判断

■投資判断の決定プロセスを知る

企業は投資なくしては、企業価値を高めることはできません。その意味では、**現在の投資が企業の将来を左右する**といっても過言ではありません。投資判断の決定プロセスは、

① プロジェクトのキャッシュフローの予測を行ない
② そして、投資の判断指標を計算し
③ その計算結果と採択基準を比較して、基準を満たしていれば、プロジェクトを実行する[*7]

というものになります。

◆投資判断の決定プロセス

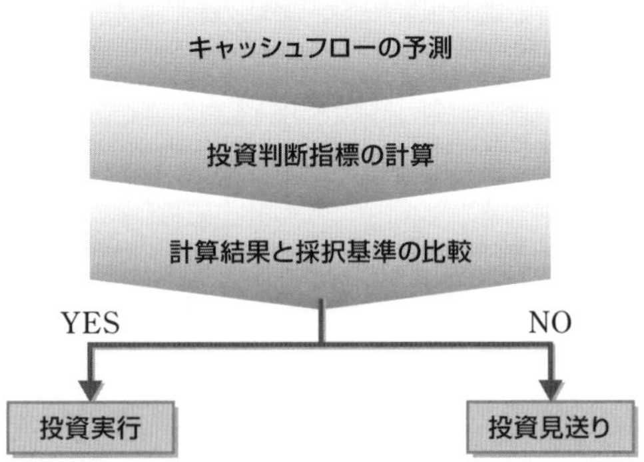

実務上、これらの3つのステップの中で一番難しいのは、プロジェクトのキャッシュフローの予測です。世界経済、国内経済などのマクロな視点、企業を取り巻くビジネス環境、競争ポジションなどを理解する必要があるからです。

キャッシュフローの予測の注意点については、第3章で説明します。ここでは、まず**投資判断指標**[*8]について説明しましょう。

---

*7　これはあくまで定量的な判断であって、環境や地域社会への影響など定性的な部分を考慮した総合的な判断が求められます。
*8　投資判断指標とは、投資の経済的な価値を数値にしたものです。

■正味現在価値の意味をつかもう

日産自動車では、投資の判断には**正味現在価値**（NPV：Net Present Value）という考え方を使っていました。ちなみに、ネット・プレゼント・バリュー、あるいはエヌ・ピー・ヴィと呼ばれます。

企業はプロジェクトのNPVを計算することによって、そのプロジェクトを実行すべきかどうかを判断できます。

投資判断の本質は「価値」と「価格」を比較することです。**価値は手に入れるもの、価格は差し出すものです**。差し出すものと手に入れるものを比較して手に入れるもののほうが大きくないと経済的に豊かになれません。手に入れるものは、**投資対象が将来生み出すキャッシュフロー**です。その価値はたった2つの要素で決まります。キャッシュフローと割引率です。割引率は要求収益率でもありました。ここで用いる割引率は投資家（債権者と株主）の要求収益率である資本コストをベースに考えていくことになります（資本コストについては第3章で扱います）。

◆価値を決める2つの要素

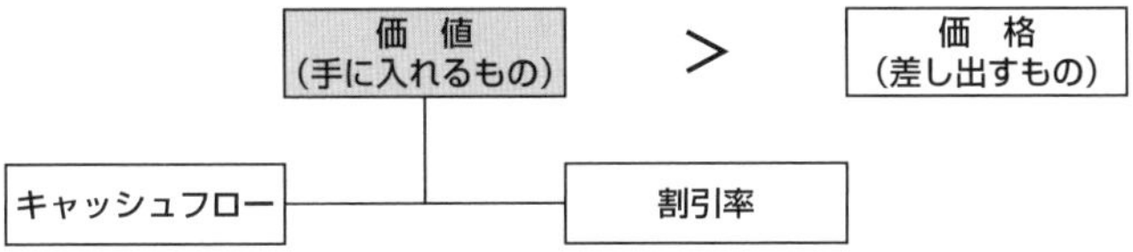

NPVは、まさに手に入れるもの（将来のキャッシュフローの現在価値）と差し出すもの（初期投資額）を比較することです。具体的には次のように定義されます。

◆正味現在価値◆

NPV＝プロジェクトが将来生み出すキャッシュフローの現在価値の合計額
－初期投資額

たとえば、37ページで扱った年金型投資商品を購入するというプロジェクトがあなたの部下から提案されたとします。価格は1,200万円です。このときのNPVはいくらになるのでしょうか？　初期投資額は価格の1,200万円です。年金は1年目に100万円、2年目に200万円と1年ごとに増えていき、5年目には500万円のキャッシュフローがありました。この年金の現在価値の合計額は1,346.8万円でしたね。

単純に前ページの式に当てはめると、

NPV=1,346.8万円（年金の現在価値）− 1,200万円（初期投資額）
=146.8万円

と計算できます。あなたの会社がこのプロジェクトに投資するということは、1,346.8万円の価値の金融資産（年金）を1,200万円で購入するのと同じことです。したがって、購入した時点であなたの会社の資産価値が146.8万円増えたことになります。

このように、NPVは**投資することによって、どれだけの企業価値が増加するかを表わすもの**です。このことから、NPVは企業の投資判断の指標に使われるのです。

そして、**NPV＞0であれば、企業価値を高めるプロジェクトであり、企業はそのプロジェクトに投資すべきで、逆に、NPV＜0であれば、投資を見送るべき**と判断するわけです。

下図のようにExcelでNPVを計算すると、146.8万円になります。NPV>0ですから、部下の提案してきたこの案件に投資すべきであることがわかります。

◆NPVによる投資判断

	A	B	C	D	E	F	G	H	I	J
1	NPVによる投資判断									
2										
3	割引率	3%								
4										
5	年度	0	1	2	3	4	5			
6	受取額(年末)	−1200	100	200	300	400	500			
7	割引係数(DF)	1.00	0.97	0.94	0.92	0.89	0.86	<-- =1/(1+$B$3)^G5		
8	各受取額の現在価値	−1200.0	97.1	188.5	274.5	355.4	431.3	<-- =G6*G7		
9										
10	NPV	146.8	<-- =SUM(B8:G8)							
11	NPV(関数使用)	146.8	<-- =NPV(B3,C6:G6)+B6							
12										

ここでは、２通りの方法でNPVを計算しています。それぞれの年度のキャッシュフローの現在価値を求めて、合計する方法（セルB10）と、NPV関数を使う方法（セルB11）です。NPV関数を使ってNPVを算出するときには注意が必要です。

NPV関数は、「＝NPV（割引率,キャッシュフロー）」と入力します。セルB11に「=NPV（B3,C6：G6）+B6」と入力されているように、初期投資額（−1200）を＋B6として、NPV関数の外側から加えてやる必要があります。なぜなら、NPV関数は選択したキャッシュフローが年度０（１月１日）からではなく、年度１（12月31日）から発生すると自動的に認識してしまうからです。したがって、年度０に発生する初期投資額は別途、外側から差し引く必要があるのです。

この点は非常に間違えやすいので注意してください。ちなみに、マイナスは現金が出ていくことを表わします。

次に、割引率によって、NPVがどのように変化するかを見てみましょう。横軸に割引率をとり、縦軸にNPVをとります。

◆NPVと割引率の関係

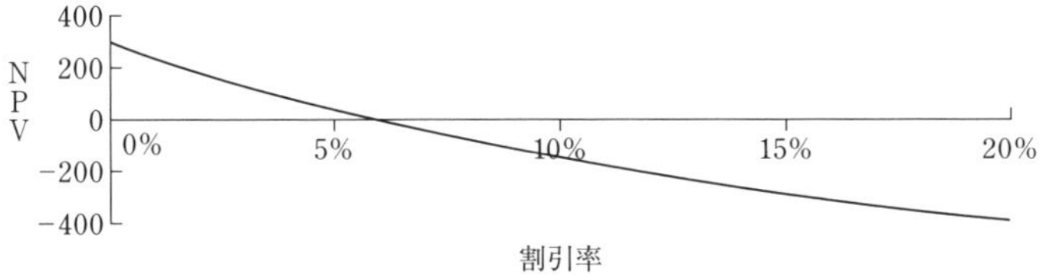

このグラフを見ると、**割引率が高くなればなるほど、NPVが小さくなる**ことがわかります。**割引率はプロジェクトのリスクの度合いが高くなればなるほど、高く設定します**。したがって、同じキャッシュフローであれば、リスクが高いプロジェクトほどNPVが小さくなり、投資実行することが難しくなるというわけです。

あなたの上司が、仮に割引率を10%にすべきだと主張したとします。このとき、あなたの上司は、年金のキャッシュフローのリスクの度合いを定期預金（3％と仮定）よりも高いと判断したことになります。リスクの高いものにお金を投資するときはそれ相応の高いリターンを要求すべきというハイリスク・ハイリターンの原則を思い出してください。

ちなみに、この例で割引率を10%とすると、NPVは−134.7万円となりますから、「このプロジェクトには投資すべきではない」と判断されます。

ここで、NPVの性質についてまとめてみましょう。NPVの値から**投資することによって、どれだけの企業価値が増加するか**がわかります。

◆NPVルール◆

NPV＞0 →企業はそのプロジェクトに投資すべき
NPV＜0 →企業はそのプロジェクトの投資を見送るべき

ちなみに、日産自動車では、プロジェクトの実施国によって割引率を使い分けていました。具体的には、OECD加盟国（欧州、アメリカ、カナダ、メキシコ、日本、韓国、オーストラリア、ニュージーランドなど）とそれ以外の国とで割引率を変えていました。

■複数のプロジェクトから投資すべきものを選択しよう

ここまで見てきたとおり、NPVは、ある特定のプロジェクトの投資判断に使うことができます。では、複数のプロジェクトから投資すべきものを選択する場合に、NPVをどう使ったらよいのか、その方法を見てみましょう。

今日、あなたの部下から、2つのプロジェクトが提案されました。このプロジェクトは、**相互に排他的なプロジェクト**（mutually exclusive projects）だとします。「相互に排他的」とは、わかったような、わからないような表現ですが、簡単にいえば、**ある1つのプロジェクトを実行すると、残りのプロジェクトが実行できなくなるようなプロジェクト**のことです。

たとえば、企業が所有している土地の有効活用を考えているとします。この場合、マンションを建設するというプロジェクトAを実行すれば、その土地にショッピングセンターを建設するというプロジェクトBは実行できなくなります。さて、このような関係にある2つのプロジェクトのどちらを選択すべきでしょうか？

割引率を15％として、それぞれのプロジェクトのNPVを計算してみましょう。ここで、NPV関数を使う場合は、初期投資額を外から加えるのを忘れないようにしてください。結果は、プロジェクトAのNPVが138.2万円、プロジェクトBのNPVが247.9万円となりました。

◆相互に排他的なプロジェクトの選択

	A	B	C	D	E	F	G	H	I	J	K
1	相互に排他的なプロジェクト										
2											
3	割引率	15%									
4											
5	年度	0	1	2	3	4	5	NPV			
6	プロジェクトAのCF	-1,000	300	600	200	250	300	138.2	<-- =NPV($B$3,C6:G6)+B6		
7	プロジェクトBのCF	-1,000	200	300	400	500	600	247.9	<-- =NPV($B$3,C7:G7)+B7		
8											

NPVの値から「投資することによって、どれだけの企業価値が増加するか」がわかることを思い出してください。したがって、このケースでは、プロジェクトBを選択することになります。

複数のプロジェクトの中から1つのプロジェクトを選ぶ場合には、**NPVの大きいプロジェクトを選ぶべき**です。

このようにNPVは企業がある特定のプロジェクトに投資すべきかどうかを判断するのに使えるだけではなく、複数のプロジェクトの中でどのプロジェクトに投資するのが一番いいのか、その優先順位をつけるのにも使えます。

1.5 正味現在価値（NPV）以外の指標による投資判断

実際のビジネスの現場では、NPV以外の指標で投資判断を行なっている企業もあります。たとえば、回収期間や内部収益率などです。これらは、NPVと比較して簡単かつ理解しやすいのですが、実は、それぞれ間違った結論を出すおそれがあることから、使い方については十分気をつける必要があります。ここでは、両者の内容を見てみましょう。

■回収期間法とは

回収期間（payback period）とは、予測されたキャッシュフローの合計が初期投資額と同額になるまでの期間を指します。簡単にいえば、初期投資額を回収するまでの期間のことです。

回収期間法とは、**投資の回収期間が、あらかじめ企業が設定する基準年数を下回るプロジェクトを採用する**というものです。実際に、次のようなキャッシュフローを持つプロジェクトの回収期間を計算してみましょう。

	A	B	C	D	E	F	G	H	I
1	回収期間法による判断								
2									
3	年度	0	1	2	3	4	5		
4	プロジェクトAのCF	-500	100	110	120	130	140		
5	累積CF	-500	-400	-290	-170	-40	100	<-- =SUM($B$4:G4)	
6									
7									
8									

４年目の累積CFを見ると－40万円になっています。初期投資500万円を全額回収するためには、５年目に残りの40万円を回収しなくてはいけません。

５年目のCFの140万円が１年にわたって均等に発生すると仮定すると、40万円を回収し終わるまでに$\frac{40}{140}$＝0.29年（約３か月半）必要となります。したがって、この場合の回収期間は4.29年（4+0.29年）になるわけです。

あなたの会社が、「プロジェクトの回収期間は３年以内であること」というように、基準年数を３年に設定している場合、このプロジェクトへの投資は見送りになるわけです。

このように回収期間法はわかりやすいことから、依然として人気があります。特に資金調達が簡単にできないために、投資資金を自己資金で賄っている企業の場合、どれだけ早く資金が回収できるかは非常に重要だからです。また、プロジェクトの期間が、長くなればなるほどキャッシュフローの不確実性が増すことを考えれば、この回収期間の手法で判断することが一概にダメとは言い切れません。しかし、次のような無視できない問題点があります。

◆回収期間法[*9]の問題点◆

① お金の時間価値を無視している
② プロジェクト全体のリスク要因を無視している
③ 回収期間以降のキャッシュフローの価値を無視している
④ 回収期間の基準が曖昧である

回収期間法には、このような問題があるため、単独での投資判断の指標にはなり得ません。日産自動車では、プロジェクトの投資判断時には、この回収期間も計算することになっていましたが、それは、あくまでも「プロジェクト選択上の1つの尺度」でしかありません。

■収益性インデックスとは

実際のビジネスでは、NPV＞0であればプロジェクトを実行するかというと、そういうわけでもありません。なぜなら、お金が無尽蔵にあるわけではないからです。そこで、政府機関でよく使われている**収益性インデックス**（PI：Profitability Index）[*10]という指標も参考にしています。オリジナリティを重んじる日産自動車では、「NPV－R」というカッコいい名前で呼ばれていました。定義は次のとおりです。

$$\text{収益性インデックス(PI)} = \frac{\text{キャッシュインフローの現在価値}}{\text{キャッシュアウトフローの現在価値}}$$

このPIが1を上回れば、その投資は実行すべきであり、反対に1を下回れば、その投資は見送るべきということになります。日産自動車では、この値が1.5以上になることを投資判断の目安としていました。簡単にいうと、100円差

＊9　他に割引回収期間法があります。これはキャッシュフローをプロジェクトのリスクに応じた割引率で現在価値に割り引いたうえで、その割り引いたキャッシュフローで初期投資額を回収できる期間を求めるものです。回収期間法の4つの問題点のうち、①お金の時間価値を無視、②リスク要因を無視はクリアしているものの、③、④の問題点は残ります。
＊10　費用便益比率（BCR：Benefit-Cost Ratio）といわれることもあります。

し出すのであれば、1.5倍の150円以上の価値のものを買いなさいということです。NPVや通常のPIよりもちょっと厳しめに見ていたといえます。

■内部収益率（IRR）の求め方

プロジェクトの投資判断指標は、他にもあります。NPVと同じような方法ですが、**内部収益率**（IRR：Internal Rate of Return）があります。

内部収益率とは、NPVがゼロとなる割引率と定義されます。実は、投資判断のルールとしては、すでに説明したNPVよりもこの内部収益率を採用している企業のほうが多いのです。その理由は、NPV算出のときのように、割引率をあらかじめ決める必要がないからです。

NPVの計算方法を思い出してみてください。まず、割引率を決定し、その割引率で将来のキャッシュフローを割り引いて現在価値を求めました。内部収益率では、逆に、このNPVがゼロになる割引率を求めます。つまり、t期間の投資プロジェクトの内部収益率を求めるためには、次の方程式を解く必要があります。

$$NPV = CF_0 + \frac{CF_1}{1+\mathrm{IRR}} + \frac{CF_2}{(1+\mathrm{IRR})^2} + \cdots + \frac{CF_t}{(1+\mathrm{IRR})^t} = 0$$

内部収益率を簡単に求める式はありません。したがって、かつてはNPVがゼロになるような割引率を試行錯誤して求めるしかなかったのです。でも、私たちにはExcelがあります。

具体的に見ていきましょう。下図のようなキャッシュフローのプロジェクトがあります。このプロジェクトのNPVを求めるのは、いまやお手のものでしょう。NPVを計算してみると、割引率５％では、22.1万円となりました。

◆あるプロジェクトのキャッシュフローとNPV

	A	B	C	D	E	F	G	H	I
1	あるプロジェクトのキャッシュフローとNPV								
2									
3	割引率	5.0%							
4									
5	年度	0	1	2	3	4	5		
6	プロジェクトAのCF	−1,000	150	200	250	300	300		
7	割引係数(DF)	1.00	0.95	0.91	0.86	0.82	0.78	<--- =1/(1+$B$3)^G5	
8	CFの現在価値	−1,000.0	142.9	181.4	216.0	246.8	235.1	<--- =G6*G7	
9									
10	NPV	22.1	<--- =SUM(B8:G8)						

内部収益率はNPVがゼロになるような割引率でした。こんなときは、横軸が割引率、縦軸がNPVのグラフを作成してみましょう。Excelなら、簡単にグラフ化できるはずです。割引率が高くなればなるほど、NPVが減少していき

ます。ちょうどグラフの曲線が横軸と交わる割引率が、NPVがゼロになる割引率、つまり内部収益率になるわけです。

◆割引率とNPVの関係

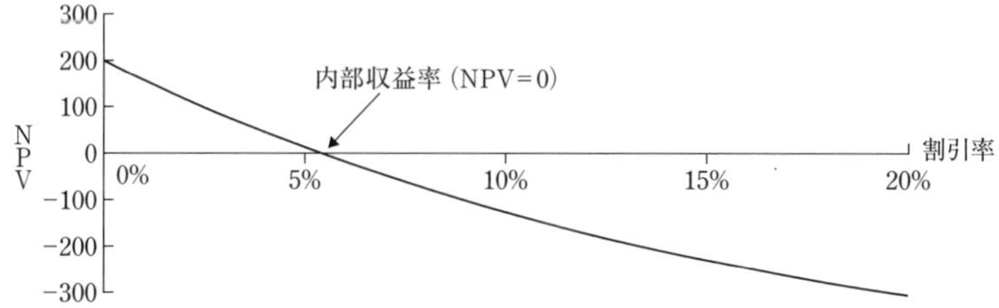

グラフを見ても、内部収益率は、５％と10％との間にあることはわかりますが、正確に何％かはわかりません。

そこでExcelのゴールシークという機能を使って、NPVがゼロになる割引率を求めてみましょう。データ→What-If分析→ゴールシークをクリックします。ショートカットキーを使う場合は、Alt→A→W→Gと順番に押します。数式入力セル（E）には、目標値（V）＝0になってほしいセルを入力します。ここではNPVがゼロになってほしいわけですから、セルB10をクリック（選択）します。目標値（V）にはゼロを入力し、変化させるセル（C）は割引率であるB3をクリックします。

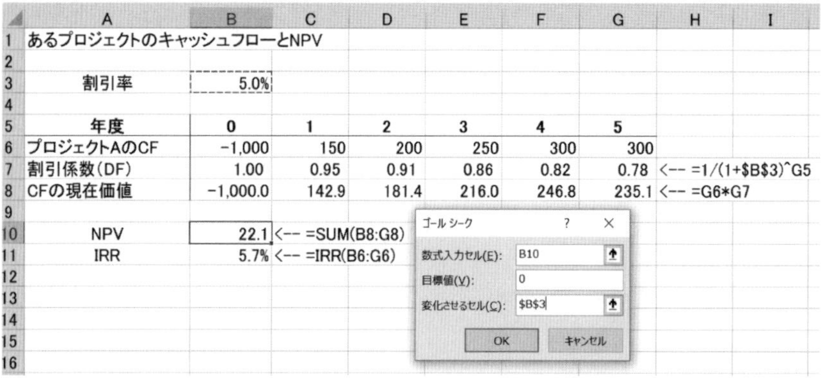

	A	B	C	D	E	F	G	H
1	あるプロジェクトのキャッシュフローとNPV							
2								
3	割引率	5.0%						
4								
5	年度	0	1	2	3	4	5	
6	プロジェクトAのCF	−1,000	150	200	250	300	300	
7	割引係数（DF）	1.00	0.95	0.91	0.86	0.82	0.78	<-- =1/(1+$B$3)^G5
8	CFの現在価値	−1,000.0	142.9	181.4	216.0	246.8	235.1	<-- =G6*G7
9								
10	NPV	22.1	<-- =SUM(B8:G8)					
11	IRR	5.7%	<-- =IRR(B6:G6)					

あとはOKをクリックするだけです。かしこいゴールシークは、NPVがゼロになる割引率を瞬時に探し出してくれます。このプロジェクトの内部収益率は、5.7％ということがわかりました。

ExcelのIRR関数を使っても、同様に内部収益率を求めることができます。範囲にキャッシュフローを示す「B6：G6」を入力します。当たり前ですが、

IRR関数を使っても、内部収益率は、5.7%となります（セルB11）。違っている人はもう一度セルが正しく入力されているか確認してください。

グラフをもう一度見てみましょう。グラフの曲線と横軸が交わっているところが、5.7%になるわけです。

■IRRの本質とは

IRRは、**NPV（正味現在価値）がゼロになるような割引率**でした。言いかえれば、支払う価格と受け取る価値がちょうど同じになる割引率です。だから何？と思ったのは、あなただけではありません。かくいう私も初めてIRRを教わったときには、同じように思いました。実は、このように定義を理解していても実務では使えません。簡単にいえば、IRRとは**預金の運用利率**と考えればいいのです。

先ほどのIRR5.7%と計算されたプロジェクトを使って具体的にご説明しましょう。

◆IRR=5.7%のプロジェクトA

年度	2022年1月1日	2022年12月末	2023年12月末	2024年12月末	2025年12月末	2026年12月末
プロジェクトAのCF	－1,000	150	200	250	300	300

ここからが本題です。実は、1,000万円を利率5.7%の預金口座に預けることによってもこのプロジェクトと同じキャッシュフローを作り出せるのです。

◆利率=5.7%の預金口座

年度	①預金残高（1月1日）	②利息（①×5.7%）	③引出し額	預金残高（12月31日）（①＋②＋③）
2022年	㋑ 1,000	㋺ 57	㋩ －150	㋥ 907
2023年	907	52	－200	759
2024年	759	43	－250	552
2025年	552	32	－300	284
2026年	284	16	－300	0

たとえば、2022年１月１日に銀行に1,000万円を預けるとします（㋑）。大晦日までに57万円の利息がつきます（㋺）。大晦日に150万円を引き出します（㋩）。預金口座からなくなるので－がついています。これは150万円のキャッシュフローを受け取ることと同じです。残高907万円は翌日の2023年１月１日

に引き継がれます（㊂）。次の大晦日には、907万円に52万円の利息がつきます。このようにして５年間、口座からお金を引き出すと５年後の預金残高はゼロになります。プロジェクトと同じキャッシュフローパターンであることに気づくと思います。

繰り返しになりますが、IRR5.7％のプロジェクトというのは、5.7％の預金口座にお金を預けて運用することと同じです。

次に議論すべきは、最初に預けた1,000万円を何％で調達してきたかです。たとえば、消費者金融から10％で資金調達してきて5.7％の預金口座に預けたら、儲かるはずがありません。だからこそ、このIRRは企業の資金調達コストである資本コスト*11と比較する必要があるのです。

◆IRR（内部収益率）による投資判断ルール◆

IRR ＞資本コスト（=企業の資金調達コスト）
→企業はそのプロジェクトに投資すべき
IRR ＜資本コスト（=企業の資金調達コスト）
→企業はそのプロジェクトの投資を見送るべき

このように、IRRを使ってプロジェクトの投資判断を行なう場合、企業の資金調達コストである資本コストと比較する必要があります。資金調達コストよりも高い預金利率で運用できればいいということです。

では次に、IRRルールにおける投資の意思決定のプロセスをおさらいしてみましょう。

１．そのプロジェクトが生み出すキャッシュフローを予測する
２．プロジェクトのIRRを計算する
３．IRR ＞資本コストであれば投資すべき、IRR ＜資本コストであれば投資を見送るべき

＊11　資本コストについては、第３章で説明します。ここでは、資本コスト＝企業の資金調達コストとして読み進めてください。

まず、キャッシュフローを予測するのはNPVルールの場合と同じです。そしてプロジェクトのIRRを計算して、資本コストと比べて大きければ投資実行、低ければ投資を見送るわけです。そして繰り返しになりますが、

資本コスト＝企業の資金調達コスト

という関係になっています。

■ハードルレート

実務ではハードルレートという言葉が出てきます。ハードルレートのハードルは陸上競技のハードルと同じです。投資判断の際にあなたが飛び越えなければいけないハードルです。ハードルレートは企業の資金調達コストである資本コストよりも高く設定すべきです。次のように表わすことができます。

ハードルレート＝資本コスト＋α（経営の意思）

つまり、資本コストに経営の意思としてα（アルファ）を加えたものといえます。IRRとは預金の運用利率と同じであると説明しました。10％で資金調達して、10％の預金利率で運用しても何も生み出されません。資金調達コスト＋αで運用する必要があるのです。投資判断ルールをまとめましょう。

◆NPVとIRRの投資判断ルール◆

NPVルールでは、ハードルレートを割引率に適用して、
NPV ＞ 0であれば、投資すべき
NPV ＜ 0であれば、投資を見送るべき
IRRルールでは、
IRR ＞ハードルレートであれば、投資すべき
IRR ＜ハードルレートであれば、投資を見送るべき

■NPVとIRRの関係とは

NPVとIRRはどんな関係にあるのでしょうか？　結論からいえば、NPVで投資判断しようが、IRRで投資判断しようがまったく同じことです。次ページ図のグラフの曲線と横軸（NPV ＝ 0の線）とが交わる割引率がIRRです。もし、ケース①のようにハードルレート（割引率）がIRRより低い場合は、NPVはプラスになります。反対にケース②のようにハードルレート（割引率）がIRRよりも大きければ、NPVはマイナスになります。結局のところ、IRRとハ

ードルレート（割引率）を比較することは、そのプロジェクトのNPVがプラスになるか、マイナスになるかを判断しているのと同じことなのです。

◆NPVとハードルレートとIRRの関係

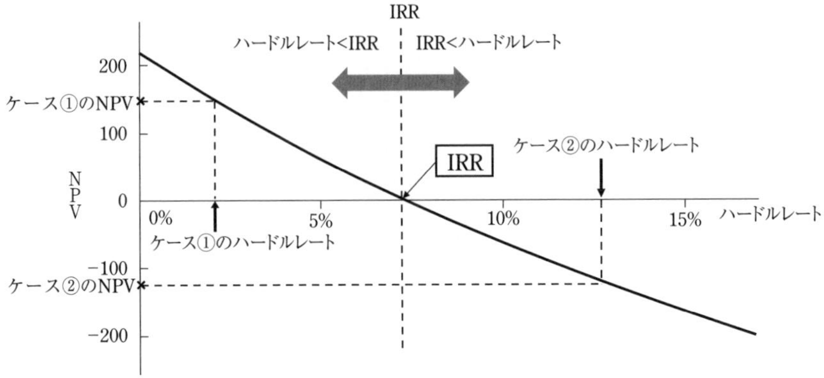

1.6 資本支出予算

先に述べたとおり、企業にとって投資は非常に重要なことです。なぜなら、企業価値は投資によって高められるからです。**資本支出予算**（capital budgeting）とは、企業が、どのプロジェクトに投資すべきかを決定するプロセスのことをいいます。この決定プロセスに使われる投資判断指標のうち、NPVとIRRでは、どちらが優れた指標なのかを見ていきましょう。

■NPV vs. IRR、すごいのはどっち？

次のような2つのプロジェクトから、投資すべきプロジェクトを選ぶ場合を考えてみます。NPVの場合、どちらのプロジェクトもNPV＞0なので投資すべき、IRRの場合も、ハードルレート10％を両方超えていますから投資すべきです。どちらを選択すべきでしょうか？

◆NPVとIRR（ハードルレート10％の場合）

（ハードルレート　10％）

年度	0	1	2	3	4	5	NPV	IRR
プロジェクトA	−700	150	150	200	250	450	161	17.1％
プロジェクトB	−700	300	300	250	150	100	173	21.2％

● NPVで考えれば、

プロジェクトAのNPV（161）＜プロジェクトBのNPV（173）

ですから、プロジェクトBを選択すべきです。

● IRRで考えれば、

プロジェクトAのIRR（17.1％）＜プロジェクトBのIRR（21.2％）

ですから、プロジェクトBを選択すべきです。

どちらの方法でも、プロジェクトBを選択すべきとなりました。

それでは、ハードルレートが5％の場合はどうなるでしょう。驚くことに、このケースでは、NPVとIRRでは違う結果になります。次ページの図を見てください。

◆NPVとIRR（ハードルレート5%の場合）

（ハードルレート　5％）

年度	0	1	2	3	4	5	NPV	IRR
プロジェクトA	−700	150	150	200	250	450	310	17.1%
プロジェクトB	−700	300	300	250	150	100	276	21.2%

● NPVで考えれば、
プロジェクトAのNPV（310）＞プロジェクトBのNPV（276）
ですから、プロジェクトAを選択すべきです。

● IRRで考えれば、
プロジェクトAのIRR（17.1％）＜プロジェクトBのIRR（21.2％）
ですから、プロジェクトBを選択すべきです。

NPVとIRRで結果が分かれました。この場合は、どのように考えればいいのでしょうか。

まずは、ハードルレートによって、プロジェクトのNPVがどのように変化するかについて見てみましょう。グラフでは、縦軸にNPVが、横軸にハードルレート（割引率）が示されています。

◆ハードルレートとNPVの関係

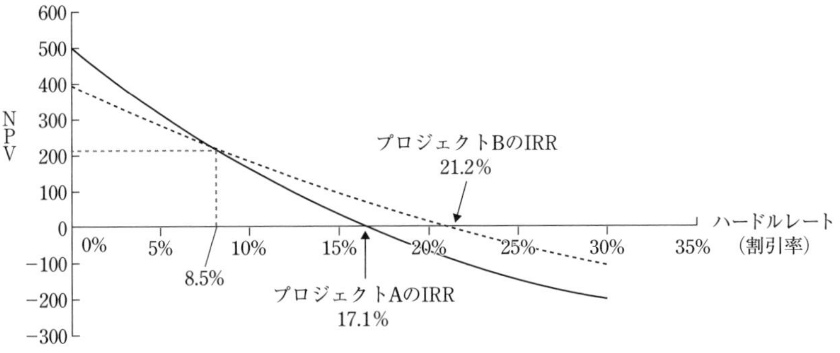

このグラフからわかることは、

● プロジェクトBのIRR（21.2％）はプロジェクトA（17.1％）よりも高い。

ちなみに、プロジェクトAとプロジェクトBのグラフが横軸と交差している点がIRRとなります。横軸（X軸）はNPVがゼロになる軸だからです。

● ハードルレートが8.5％より高い場合は、プロジェクトBのNPVのほうが高く、8.5％より低い場合は反対に、プロジェクトAのNPVが高い。

このように、「あるハードルレートを境にして、結果が違ってくる」ことがあります。

それでは、NPVとIRRとで結論が違う場合、私たちはどちらの指標に基づいて意思決定を行なえばいいのでしょうか？

結論から先にいえば、**NPVとIRRとで結果が違う場合は、NPVに基づいて意思決定を行なう**必要があります。

企業のゴールは、**リターン（収益率）を高めることではなくて、企業価値を高めることです。したがって、企業は、IRRが高いプロジェクトを選択するのではなく、NPVの金額が大きいプロジェクトを選択しなくてはならない**のです。

IRRは単なるリターン（収益率）です。リターンが高いことよりも、企業価値の絶対額が大きいほうが勝つのです。このように、**IRRは、プロジェクトの規模（金額）の違いを反映しないことから、優先順位に使えない**という注意点があります。

■IRRの知られざる注意点とは

前節では、複数のプロジェクトから１つのプロジェクトを選択する場合、NPVとIRRでは違う結果になる例を取り上げました。その場合は、「NPVの金額が大きいプロジェクトを選択する」と述べました。

次に、下図のようなキャッシュフローのIRRを求めてみると9.3%となりました。ここでは、ハードルレートを８%としましょう。

	A	B	C	D	E	F	G	H
1	内部収益率（IRR）の知られざる注意点							
2								
3	ハードルレート	8.0%						
4								
5	年度	0	1	2	3	4	IRR	
6	プロジェクトAのCF	-800	600	800	1,100	-1,800	9.3%	<- =IRR(B6:F6)
7								

IRRを思い出してみてください。IRRとハードルレートを比較して、IRRのほうが大きければ投資すべき、ということでした。したがって、この場合は、プロジェクトに投資すべきという判断になります。念のため、ハードルレートによってこのプロジェクトのNPVがどのように変化するか、グラフで示してみましょう。

◆ハードルレートとIRRの関係

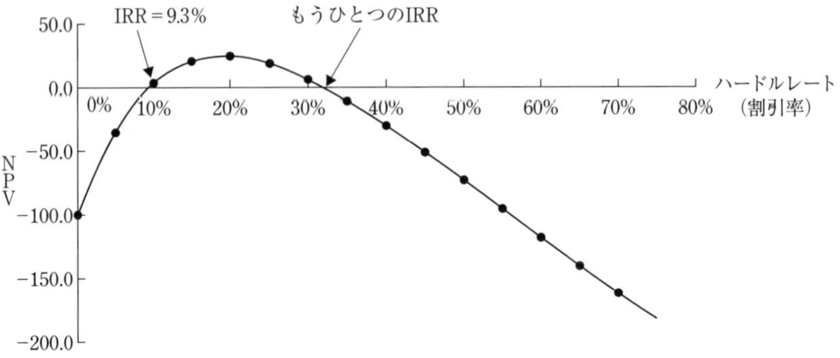

ハードルレートが大きくなるにつれてNPVは増加し、その後、減少していくことがわかります。横軸（X軸）との交点が2つあります。つまり、NPVがゼロとなるハードルレート（＝ IRR）が9.3%の他にもう1つあります。

このようにプロジェクトのキャッシュフローによっては、**IRRが複数存在する場合や、解が存在しない場合**もあります。この例のキャッシュフロー（前ページの図）を見てみると、1年目にはマイナスからプラスへ、4年目にはプラスからマイナスへ、キャッシュフローの符号が二度変化しています。実は、**キャッシュフローの符号の変化と同じ数のIRRが存在する**[*12]のです。

さらにIRRには、注意すべき点があります。それは、プロジェクト期間中に得られるキャッシュフローをIRRの利回りで再投資できるという前提があることです。

何のことか、これではわかりませんね。具体的にお話ししましょう。

次のようなキャッシュフローが想定されるプロジェクトを考えてみましょう。このプロジェクトのIRRは23.4%となります。

	A	B	C	D	E	F	G	H	I
1	プロジェクトAの内部収益率								
2									
3	ハードルレート	8.0%							
4									
5	年度	0	1	2	3	IRR			
6	プロジェクトAのCF	-1,000	500	500	500	23.4%	<-- =IRR(B6:E6)		
7									

これを違った角度から見てみましょう。このプロジェクトの1年目に得られる500万円をプロジェクトが終了する3年後まで2年間23.4%で運用すると、

＊12　このような場合、IRRは投資判断の指標として使えませんが、NPVは対応可能です。

３年後の将来価値は761万円となります。さらに、２年目に得られる500万円のキャッシュをプロジェクト終了まで１年間23.4％で運用すると617万円になります。そして、３年目に得られる500万円との合計は1,878万円になります。この1,878万円という数字は、初期投資1,000万円を23.4％で３年間運用した場合の将来価値に一致します。

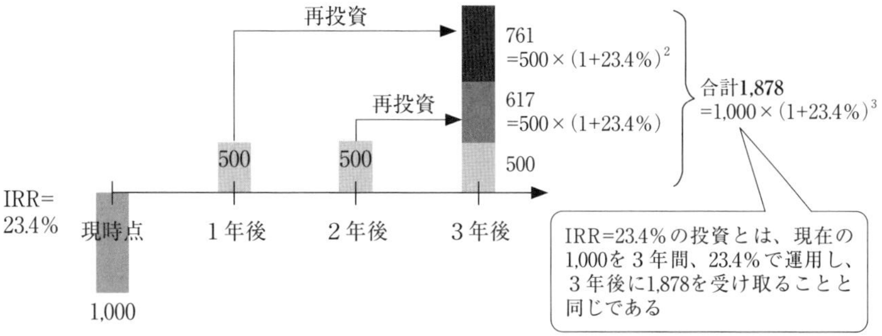

これは何を意味するのでしょうか。それは、１年目と２年目に得られる500万円というキャッシュを仮に金庫に寝かせていたとしたら、23.4％というIRRは達成できないということです。私たちが考えるべきは、そのプロジェクト期間中に同じIRRの利回りで再投資できるような投資機会があるかです。

たとえば、IRR15％の不動産投資を考えてみましょう。果たして当該不動産から得られるキャッシュフローを受け取る都度、IRR15％以上が見込める他の不動産に投資できるでしょうか。繰り返しになりますが、IRR15％という数字は、その投資期間に得られるキャッシュを投資期間終了時まで15％で再投資できて初めて達成できる数字であるということです。

特に、発電所や道路などインフラに投資するような場合、20年や30年もの長期のキャッシュフローを予測してIRRを計算します。仮にそのプロジェクトのIRRが15％と算定されたとします。それは、20年、あるいは30年の間に得られるキャッシュフローがそのプロジェクト終了まで15％で再投資できて初めて達成できる数字です。インフラ投資の場合、投資金額が大きいため、１つの会社が手がける案件数は多くはありません。また、長期にわたって15％で再投資できる案件がその都度あるという前提は現実的ではありません。

IRRのこの隠れた前提を理解している人は少数派です。ですが、この本をここまで読んでくれている優秀なあなたには、理解しておいてほしいことです。

IRRが高いプロジェクトであればあるほど、注意しなくてはいけません。そんな高い投資機会はおいそれと見つかるものではありません。結果的に当初計画していたIRRは達成できませんでしたということになりかねないのです。

■MIRR関数を使うという新提案

IRRには、獲得した各年度のキャッシュフローをIRRの利回りでプロジェクト終了時まで再投資できる投資機会があることが前提になっているという話をしました。

たとえば、０年度に1,000という投資を行ない、３年間にわたって500というキャッシュインがあるというプロジェクトAは、３年目に1,878のキャッシュインがあるプロジェクトBと同じ内部収益率23.4%になります。

	A	B	C	D	E	F	G	H	I
1	3つのプロジェクトの内部収益率								
2									
3	ハードルレート	8.0%							
4									
5	年度	0	1	2	3	IRR			
6	プロジェクトAのCF	−1,000	500	500	500	23.4%	<-- =IRR(B6:E6)		
7	プロジェクトBのCF	−1,000	0	0	1,878	23.4%	<-- =IRR(B7:E7)		
8	プロジェクトCのCF	−1,000	0	0	1,500	14.5%	<-- =IRR(B8:E8)		
9									

反対にプロジェクトCのように、得られた500を再投資せずに手元に置いておくとすると、３年目に1,500のキャッシュインがあるプロジェクトと同じIRRになるはずですから、IRRは結果的に14.5%まで落ち込むということです。

このようにIRRは再投資の前提が見えない形になっています。実は、Excelには再投資の前提を考慮できるMIRR関数があります。MIRRの頭文字MはModified（修正された）の意味です。

	A	B	C	D	E	F	G	H	I
1	修正IRR								
2									
3	安全利率	0.0%							
4	危険利率（再投資）	23.4%							
5									
6	年度	0	1	2	3	MIRR			
7	プロジェクトAのCF	−1,000	500	500	500	23.4%	<-- =MIRR(B7:E7,B3,B4)		
8									

このMIRR関数の引数（ひきすう）は、安全利率と危険利率になっています。危険利率で再投資の利率を設定することができます。当たり前ですが、再投資の利率を23.4%に設定すれば、MIRRも23.4%になります。

仮に再投資することができなかった（＝再投資の利率がゼロ）場合は、MIRRは14.5%に落ち込むことになります（次ページ上の図）。

	A	B	C	D	E	F	G	H	I
1	修正IRR								
2									
3	安全利率	0.0%							
4	危険利率（再投資）	0.0%							
5									
6	年度	0	1	2	3	MIRR			
7	プロジェクトAのCF	−1,000	500	500	500	14.5%	<-- =MIRR(B7:E7,B3,B4)		

成長ステージにある企業は得られたキャッシュをむやみに寝かせておくようなことはしないはずです。私がおすすめしているのは、その企業のハードルレートを危険利率（再投資）とする*13ということです。これはプロジェクトから入ってきたキャッシュは、他のプロジェクトで回して少なくともハードルレートの利回りを得ることができるという前提に立っています。

たとえば、ハードルレートを10％で再投資すると仮定しましょう。このプロジェクトのMIRRは、18.3％となります。

	A	B	C	D	E	F	G	H	I
1	修正IRR								
2									
3	安全利率	0.0%							
4	危険利率（再投資）	10.0%							
5									
6	年度	0	1	2	3	MIRR			
7	プロジェクトAのCF	−1,000	500	500	500	18.3%	<-- =MIRR(B7:E7,B3,B4)		
8									

通常のIRR23.4％の横にMIRR18.3％を併記しておくことがマネジメントの意思決定には役立つのではないでしょうか。

もしかしたら、プロジェクトが生み出すキャッシュはコーポレート部門が管理しているから営業の自分には関係ないと考える人もいるかもしれません。しかし、企業の事業ステージ・事業環境によっては、プロジェクトで得られたキャッシュを有効活用できない場合もあるでしょう。そして、そのことを一番理解しているのは担当しているあなたかもしれません。投資を実行するために指標の数字を無理やりに作りにいくのでなく、その指標の持つメリット・デメリットを理解し、適切に運用することが大切です。

IRRの注意点の話はこれで最後になります。投資検討の場で新規事業のIRRが30％、既存事業のIRRが５％となると、新規事業のほうがよく見えるのはありえることです。IRRの値そのものでは何もいえません。大切なのは、リスクに見合ったリターンなのかです。ハードルレートと比較してはじめて投資判断が可能なのです。

先の注意点も合わせて、ここでIRRの注意点をまとめておきましょう。

＊13　NPVの場合、再投資率はハードルレート（割引率）になっています。

◆IRR（内部収益率）の注意点◆

- プロジェクトの規模（金額）を反映しないことから投資の優先順位づけに使えない
- キャッシュフローによってはIRRが複数存在したり、解が存在しない場合がある
- IRRは得られたキャッシュフローをIRRの利回りで再投資するという隠れた前提がある
- IRRはその率の高低ではなく、リスクに見合うリターンなのかという視点が大切である

IRRには、これら４つの注意点があることを押さえておきましょう。

■資本制約がある場合はどうするか？

いままで暗黙のうちに、企業に無尽蔵にお金があることを前提としていましたが、そんな企業はまずありません。通常は、「設備投資の予算枠」というものがあり、その中で、**優先順位**をつけて投資実行されるわけです。かくいう日産自動車でも、設備投資予算の承認は相当厳しいものでした。その費用対効果の分析に担当者は多くの時間を割いていました。

実は、このように**資本制約がある場合は、相互に排他的なプロジェクトにおけるベストの選択が間違いとなる可能性があります**。ここでは、実際のケースに近い、次のようなケースを取り上げてみましょう。

問　題

A～Eの投資プロジェクト候補のNPVを計算した結果、すべてのプロジェクトがNPV＞0となった。来年度、どのプロジェクトを進めるべきか？ただし、来年度の設備投資の予算枠は5,000万円とする。

プロジェクト	投資金額（万円）	NPV（万円）	PI（収益性インデックス）
A	5,000	1,000	1.20＊14
B	1,000	400	1.40
C	500	250	1.50
D	1,500	500	1.33
E	3,000	700	1.23

＊14　$\text{PI}=\dfrac{\text{キャッシュインフローの現在価値}}{\text{キャッシュアウトフローの現在価値}}=\dfrac{\text{投資金額}+\text{NPV}}{\text{投資金額}}=\dfrac{5{,}000+1{,}000}{5{,}000}=1.20$

全プロジェクトでNPV＞0なので、資本の制約がない場合には、すべてのプロジェクトを実行すべきという判断になります。しかし、来年度の設備投資の予算枠は5,000万円です。あなただったら、この予算枠内に抑えるためには、どのプロジェクトを選びますか？

NPVが一番大きいプロジェクトAを選択したとしたら、残念ながら間違いです。資本に制約がある場合は、「プロジェクトの効率性」を考えなくてはいけません。プロジェクトの効率性とは、**投資金額1円当たりのNPV**を意味します。つまり、

$$\text{プロジェクトの効率性}^{*15} = \frac{\text{NPV}}{\text{投資金額}}$$

で計算できます。でも、改めて計算する必要はありません。先に学んだ収益性インデックス（PI）を、プロジェクトの優先順位付けに代用することができるからです。

答えを先に言ってしまいましょう。資本制約がある場合は、**収益性インデックスが大きい順に予算枠に達するまでプロジェクトを選択する**べきなのです。

このケースでは、PIの高い順から、プロジェクトC→B→Dを選んでいきます。この段階で3,000万円となりますので、残り2,000万円はプロジェクトEの選択となるのですが、プロジェクトEの投資総額は3,000万円です。そこで、プロジェクトEに対しては3分の2の2,000万円を投資する、のが結論になります。

プロジェクト	PI	投資金額	
C	1.50	500	
B	1.40	1,000	
D	1.33	1,500	
E	1.23	2,000	←3,000×2/3

ここで終わってしまったら、他のファイナンスのテキストと変わりません。ここでは、Excelのソルバーを使って最適解を見つけてみます。

まず、Excelで、「投資実行」や「投資見送り」などの定性的データをどのように取り扱えばいいかを説明します。このような定性的データを数値化するた

＊15　ブリーリー＆マイヤーズ著『コーポレート・ファイナンス（第6版）』（日経BP）では、収益性インデックスをこの「NPV／投資金額」と定義しています。本書の収益性インデックス（44ページ）から1を引けば、このブリーリー＆マイヤーズ定義の収益性インデックスが算出できます。どちらの定義を使うにしてもプロジェクトのランキングは変化しないので、心配無用です。

めには、**ダミー変数**を使います。ダミー変数は条件を満たす場合は１、条件を満たさない場合は０のようにONとOFFの切り替えに用いられます。ここでは、「投資実行」に該当するときは「1」、「投資見送り」に該当するときは「0」と表わします。

> **ダミー変数（0 － 1変数）**
> **1…投資実行**
> **0…投資見送り**

さて、実際に、資本制約がある場合の投資判断モデルを作ってみましょう。

◆資本制約がある場合の投資判断モデル

	A	B	C	D	E	F	G	H
1	資本制約があるケース							
2								
3	プロジェクト	A	B	C	D	E		
4	投資額	5,000	1,000	500	1,500	3,000		
5	NPV	1,000	400	250	500	700		
6								
7								
8	投資実行=1（見送り=0）	0.00	0.00	0.00	0.00	0.00		
9								
10			=SUMPRODUCT(B4:F4,B8:F8)					
11	資本制約	投資額						
12		0	<=	5,000				
13								
14	NPV合計	0.00	<-- =SUMPRODUCT(B5:F5,B8:F8)					
15								

- まず、それぞれのプロジェクトの投資額やNPVなどの基本データをスプレッドシート上に入力します（セルB4：F5)。
- セルB8：F8には、先に述べたとおり、「投資実行」に該当するときは「1」、「投資見送り」に該当するときは「0」と表わすダミー変数を入力します。後ほど、ソルバーの制約条件でこのセルには、０から１の数字しか出てこないようにしますので、このセルには、とりあえず０か１の数字を適当に入力しておきましょう。
- セルB12には、これらのプロジェクトを実施した場合の投資額の合計が出てくるようにします（こんなときはSUMPRODUCT関数が便利です)。
- セルB14にも、同じように、これらのプロジェクトを実施した場合のNPVの合計が出てくるようにします。

ここでソルバーの出番です。「データ」からソルバーを選択すると、次図のようなダイアログボックスが出てきます[*16]。

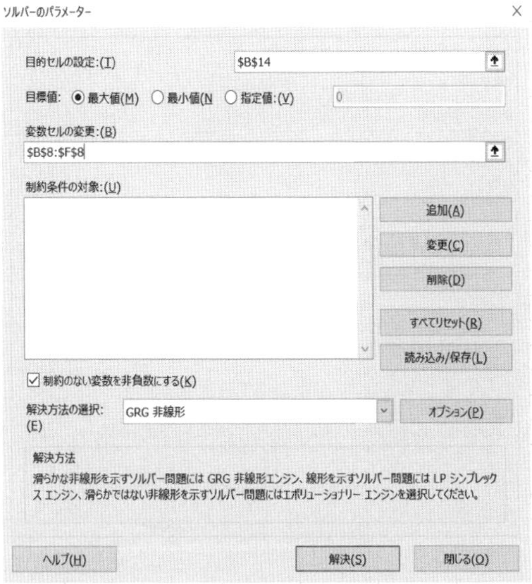

ここでもう一度、これから何をやろうとしているかを確認しましょう。私たちがやろうとしていることは、

資本の制約条件を満たし、かつNPVが最大になるようなプロジェクトを選択する

ということです。したがって、「目的セルの設定（T）」には、NPV合計（セルB14）を選択します。「目標値」は最大値（M）を選択。「変数セルの変更（B）」には、ダミー変数を指定します（セルB8：F8）。

次に制約条件の設定を行ないます。「制約条件の対象（U）」の「追加（A）」ボタンをクリックすると、「制約条件の追加」ダイアログボックスが表示されます。ここでは、①投資額の上限≦5,000万円、②ダミー変数≦1という2つの制約条件をそれぞれ下図のように設定します。

＊16　ソルバーは、標準ではインストールされていないので、アドインに追加する必要があります。Excelの「オプション」のアドイン設定画面で、「ソルバーアドイン」チェックボックスをオンにして、「OK」ボタンをクリックしてください。

制約条件を入力し終わったあと、すぐ「OK」ボタンをクリックします。

再び、「ソルバーのパラメーター」が表示されます。この画面ですべてのパラメータが正しく入力されていることを確認して「解決（S)」ボタンをクリックします。「ソルバーの結果」が表示されたら、「OK」をクリックします。

ソルバー実行の結果、最適なプロジェクト選択ができました。プロジェクトB、C、Dに加えて、プロジェクトEの3分の2（0.67）を実行すべきということがわかります（下図）。

	A	B	C	D	E	F	G
1	資本制約があるケース						
2							
3	プロジェクト	A	B	C	D	E	
4	投資額	5,000	1,000	500	1,500	3,000	
5	NPV	1,000	400	250	500	700	
6							
7							
8	投資実行=1（見送り=0）	0.00	1.00	1.00	1.00	0.67	
9							
10			=SUMPRODUCT(B4:F4,B8:F8)				
11	資本制約	投資額					
12		5,000	<=	5,000			
13							
14	NPV合計	1,616.7	<-- =SUMPRODUCT(B5:F5,B8:F8)				
15							

ところで、実務では、「プロジェクトが必要とする投資額の3分の2だけを投資する」といった中途半端なことができないケースが多いかもしれません。そのような場合は、制約条件の**ダミー変数≦1**という条件を次図のようにダミ

ー変数=バイナリ（bin）に変更することで、最適解を瞬時に求めることが可能です。バイナリとはデータが「0」と「1」で表現されているデータ形式のことです。

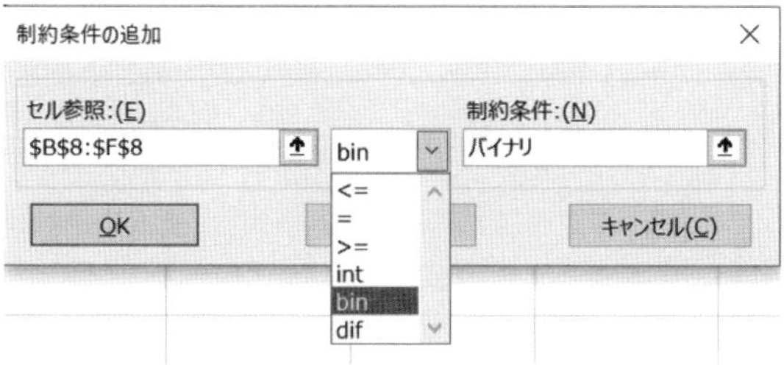

あとは先ほどのプロセスと同じです。ソルバー実行の結果、最適なプロジェクト選択は、BとCとDとなるはずです。

■プロジェクトの期間が違う場合はどうするか？

実務では、期間が違うプロジェクトを比較検討するケースもあります。たとえば、あなたの会社が２つの機械のうち、どちらかを購入することを検討しているとしましょう。機械Aと機械Bでは、機械Aのほうが高価だとします。機械Aの価格は、200万円。毎年250万円のキャッシュフローを生み出すものの、耐用年数は３年です。

一方、機械Bは150万円と機械Aよりも安く、しかも耐用年数は６年と長めです。ただし、毎年200万円のキャッシュフローしか生み出しません。

◆期間が違うプロジェクトの比較①

	A	B	C	D	E	F	G	H	I	J	K	L
1	期間が違うプロジェクト①											
2												
3	ハードルレート	5%										
4												
5	年度	0	1	2	3	4	5	6	NPV			
6	機械AのCF	-200	250	250	250				481	<-- =NPV($B$3,C6:H6)+B6		
7	機械BのCF	-150	200	200	200	200	200	200	865	<-- =NPV($B$3,C7:H7)+B7		
8												

あなたの会社のハードルレート（割引率）が５％だとすると、機械AのNPVは481万円、機械BのNPVは865万円と計算できます。機械BのNPVが高いことから、あなたは、機械Bを購入することを決断しました。果たして、この決断は正しいのでしょうか？　実は、残念ながら、これでは間違いです。異なる期間にわたる相互に排他的なプロジェクトを比較する場合、期間を合わせる必要があります。

具体的には、3年目の年末に機械Aを買い替えると想定します。3年目は250万円のキャッシュインに対して、機械Aの買替え代金200万円のキャッシュアウトがありますから、差し引き50万円のキャッシュインです。4年目から6年目は、新しく買った機械Aのおかげで、毎年250万円のキャッシュインがありますから、プロジェクトのキャッシュフローは次のようになります。

◆期間が違うプロジェクトの比較②

	A	B	C	D	E	F	G	H	I	J	K	L
1	期間が違うプロジェクト②											
2												
3	ハードルレート	5%										
4												
5	年度	0	1	2	3	4	5	6	NPV			
6	機械AのCF	−200	250	250	50	250	250	250	896	<— =NPV($B$3,C6:H6)+B6		
7	機械BのCF	−150	200	200	200	200	200	200	865	<— =NPV($B$3,C7:H7)+B7		
8												
9												

こうしてみると、機械AのNPVのほうが高くなり、結果的に機械Aを購入したほうがいいと判断できます。

実は、期間が異なるプロジェクトを比較する場合、**年金等価額**（equivalent annual annuities）を比較する方法もあります。年金等価額とは、簡単にいってしまえば、NPVを1年当たりのキャッシュフローに変換したものです。

したがって、年金等価額をC、Nをプロジェクトの年数、そして割引率をr%とすれば、次のような関係が成り立ちます。

$$NPV=\frac{C}{1+r}+\frac{C}{(1+r)^2}+\frac{C}{(1+r)^3}+\cdots+\frac{C}{(1+r)^N}$$

$$NPV=C\times\left(\frac{1}{1+r}+\frac{1}{(1+r)^2}+\frac{1}{(1+r)^3}+\cdots+\frac{1}{(1+r)^N}\right) \quad \cdots\cdots ①$$

N年間、1というキャッシュフローを得られるプロジェクトの現在価値はPV関数[*17]を使えば、$PV(r, N, -1)$と計算できます。

式①は次のように表わせます。

$$NPV=C\times PV(r, N, -1)$$

したがって、年金等価額Cの定義は次のとおりです。

$$\textbf{年金等価額}\,\boldsymbol{C}=\frac{\boldsymbol{NPV}}{\boldsymbol{PV}\,\textbf{関数}\,(\boldsymbol{r}, \boldsymbol{N}, \boldsymbol{-1})}$$

＊17　PV関数の書式は、PV（利率, 期間, 定期支払額, ［将来価値］, ［支払期日］）です。［将来価値］, ［支払期日］は省略可能です。定期支払額に－がついているのは、1にするとPV関数はマイナスの数字を返すからです。

ここでは、r は割引率、N はプロジェクトの年数を表わします。先ほどの例に当てはめてみると、

◆期間が違うプロジェクトの比較③

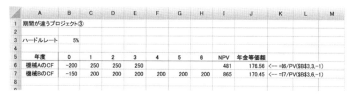

	A	B	C	D	E	F	G	H	I	J	K	L	M
1	期間が違うプロジェクト③												
2													
3	ハードルレート	5%											
4													
5	年度	0	1	2	3	4	5	6	NPV	年金等価額			
6	機械AのCF	-200	250	250	250				481	176.56	<-- =I6/PV($B$3,3,-1)		
7	機械BのCF	-150	200	200	200	200	200	200	865	170.45	<-- =I7/PV($B$3,6,-1)		
8													

機械Aの年金等価額のほうが大きいことから、「機械Aを購入すべき」という結論になります。このように、期間が違うプロジェクトを比較する場合、**単年度当たりのNPVを計算する方法**もあります。

第1章　まとめ

- 今日の100万円のほうが、明日の100万円よりも価値がある。

- 将来価値は、将来のある時点に受け取るお金の価値を表わす。一方、現在価値は、将来に受け取るお金を現在の価値に割り引いたものである。

- 現在価値から将来価値を求める際の利率を要求（期待）収益率といい、将来価値を現在価値に割り引く際の利率を割引率という。割引率と要求収益率は表裏一体同じものであり、投資対象に対するリスク認識で変化させる。

- リスクが高いものに投資する場合はそれ相応の高い収益率を要求すべきである。これをハイリスク・ハイリターンの原則という。

- NPV（Net Present Value）は正味現在価値といい、プロジェクトが将来生み出すキャッシュフローの現在価値の合計から初期投資額をマイナスしたものである。NPV>0であれば投資すべき、NPV＜0であれば投資見送りとなる。

- IRR（Internal Rate of Return）は内部収益率といい、NPVがゼロになる割引率である。IRR＞ハードルレートであれば投資すべき、IRR＜ハードルレートであれば投資見送りとなる。

- ハードルレートとは資本コストに経営者の意思として数パーセント上乗せしたものである。このハードルレートはそれぞれの事業リスクに見合ったものを設定すべきである。

- IRRは、「投資の優先順位づけに使えない」「IRR自体の高低ではなく、ハードルレートと比較する必要がある」などの注意点がある。

- 回収期間法は理解が容易であるというメリットがあるが、お金の時間価値を無視しているなどの問題があり、単独の投資判断の指標にはなり得ない。

第2章

証券投資に関する理論

ファイナンスにおける「リスク」の概念、そしてリスクの定量化の方法を説明し、ポートフォリオならびに個別株式のリスクとリターンの関係を考察します。そして、ポートフォリオ理論、CAPM（資本資産評価モデル）について説明します。最後に、株価には、現在入手可能なすべての情報が完全に反映されているとする効率的市場仮説について説明します。

2.1 リスクとは

■リスクのない企業など存在しない！

「リスク」と聞くとどんな感じがしますか？「わくわくする」と答えた人は、根っからのギャンブラーかもしれません。どちらかといえば、ネガティブなイメージを持っている人が多いことでしょう。

アメリカのビジネススクールの授業で、最初に次の日本語が（アメリカなのに！）Power Pointを使って大きく映し出されたときには驚きました。その文字とは、**「危機」**です。

教授は、「この東洋のリスクを表わす漢字『危機』は、リスクの本質を的確に表わしている」と言いました。つまり、リスクとは、危険（danger）と機会（opportunity）の双方を含むということです。

すべての投資家と企業が直面するのは、このバランスをどうとるかという問題です。大きな危険を冒すからには、その報酬として、より大きな機会を求めます。リスクは、あらゆる財務上の意思決定に関係してくることです。たとえば、新しいマーケットに進出する場合、会社を買収しようとしている場合、どのように資金調達するかを検討している場合など、それこそ日々、私たちは危険と機会を天秤にかけています。

私たちが、ゴーンCEO（当時）に社内のリスクサーベイ*1の結果を見せたときに、彼が真っ先に言ったのは、「リスクのない企業など存在しない。もしそんな企業があるとすれば、それはすでに死んだ会社だ」ということです。私たちに求められているのは、リスクを回避することではなく、そのリスクの程度を把握し、かつ、そのリスクに見合ったリターンを獲得できるかを判断する能力を身につけることです。

たくさんの投資機会を比較するためには、それぞれが生み出すキャッシュフローをリスクに応じた割引率で現在価値に割り引く必要があります。こうすることによって、お金の時間価値やリスクの程度を反映させられるのです。

＊1　日産自動車では、ERM（Enterprise Risk Management）と呼ばれる全社的なリスクマネジメントの一環で、リスクサーベイを行なっていました。

では、リスクの程度をどのように割引率に反映させればいいのでしょうか？
そのためには、リスクを定量化する必要があります。この章では、ファイナンスにおけるリスクとは何かを定義し、そのリスクを定量化するいくつかの考え方について説明します。

■急激に株価が下がっても「リスクが高い」とは言わない！

銀行などの定期預金よりも、株式投資のリスクは高いといわれています。では、そもそもリスクとは何でしょうか？　ここに、アマゾンの株価の推移があります。これを見ると、株価が上下に激しく動いていることがわかります。この値動きを見て、多くの人は、「アマゾン株はリスクが高い」と感覚的に考えてしまいます。

◆アマゾンの株価の推移

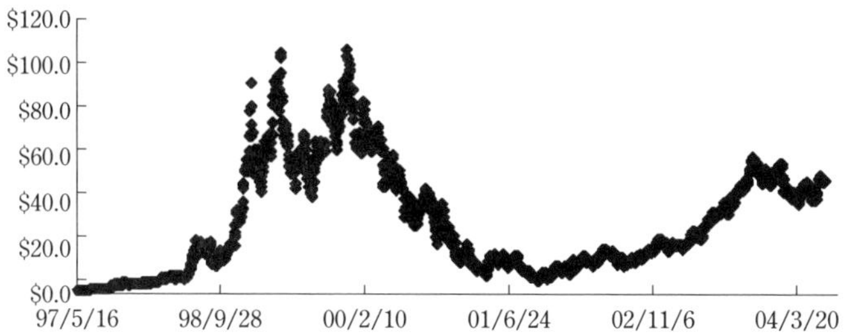

「こんなに急激に株価が下がるから、リスクが高いんだ」というわけです。でも、株価が下がることは本当にリスクなのでしょうか？
実は、リスクとは決して株価が急激に下がることではありません。株価が急激に下がることが確実であれば、空売り*2などで利益を出すことも可能だからです。株式投資のリスクが高いのは、激しい値動きを予測できないからです。ファイナンスの世界では、リスクとは、**予測することができない「不確実性」**をいうのです。
次に、アマゾン株の日次リターンの推移を見てみましょう。リターンとは、自分の投資したものが、どれだけ利益を生み出したかです。たとえば、昨日50ドルで購入したアマゾン株が今日60ドルになっている場合、投資した50ドルは

---

*2　ショートセリングといい、証券を他から借りてきて売却を行なうことです。空売りは、近い将来に予想される株価下落に備え、ひとまず現在の株価で売っておき、値下がりした時点で、証券を買い戻して他から借りていた証券を返済します。結局、安値で買い、高値で売るのと同じことになります。

10ドルの利益を生み出したことになります。したがって、日次リターンは(60－50)/50＝20.0%と計算できます。

下のグラフは、1,774日間にわたるアマゾン株価の日次リターンを上のようにして求めて、プロットしたものです。これを見ると、リターンが日々変動していることがわかります。上はプラス40%から、下は－20%まで、かなりのバラツキがあります。このリターンのバラツキが**リスクの大小を表わします**。バラツキが大きくなるほど、予測が困難になるからです。しかし、このグラフを見ただけでは、アマゾン株のリスクがどの程度なのかはわかりません。

◆アマゾン株の日次リターン

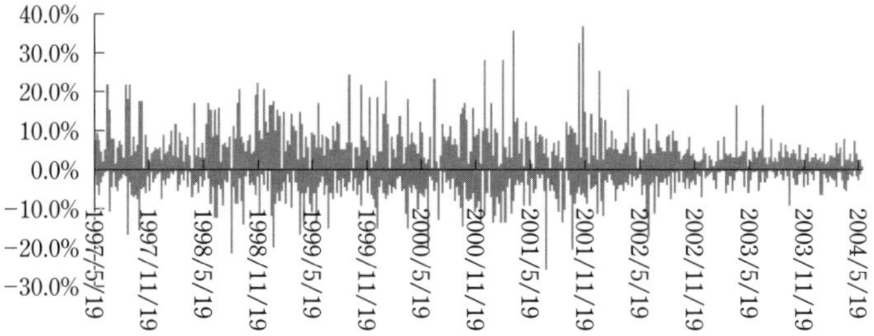

■イメージでリスクをつかもう

そこで、このデータの見方をちょっと変えて、日次リターンの分布をヒストグラムといわれるグラフで見てみましょう。つまり、1,774日のうち、日次リターンが0％～5％にあるのは何日か、といったことを見るわけです。

◆アマゾン株の日次リターン（ヒストグラム）

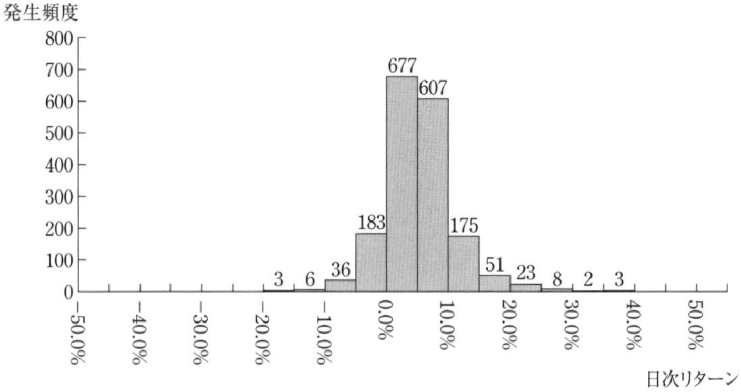

ヒストグラムにすると、階級ごとの頻度が一瞬にして出てきます。0%～5%の日次リターンは677日あったことがわかります。これをグラフにしてみると、統計でおなじみの正規分布に似た分布図が出てきました。この分布の形でリスクの大小を大まかにイメージすることができるのです。つまり、下の図のように、すそ野部分の幅が狭ければリスクは小さく、逆に幅が広ければリスクは大きいということです。

◆リターンの分析グラフ（イメージ）

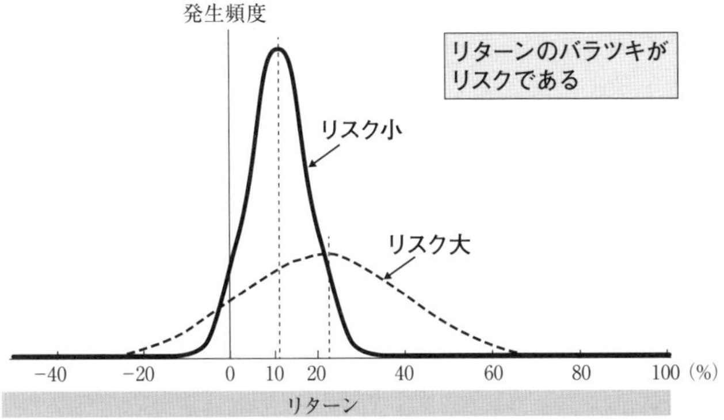

次項からは、統計の知識を使って、もう少し定量的にリスクを見てみましょう。

Column

過去のリターンと未来のリターン

この節では、あくまでも、過去のアマゾンの株価リターンについて論じてきました。実は、リターンには2種類あります。1つは、過去の結果としてのリターン、もう1つは、未来のリターンです。つまり、いまを境にして、後ろを見るか、前を見るかの違いです。ここで大切なのは、リスクとは、あくまでも、「予想リターンのバラツキ」であるということです。リスクを論じるとき、過去に学ぶのは大切ですが、私たちは前を向いていなければいけないということです。

2.2 平均と標準偏差

■統計の第一関門は意外と簡単

リスクとは、将来の不確実性であると定義されます。リスクの大小はそのバラツキの大きさで表わすことができます。バラツキの大きさを表わすのが、**標準偏差**（standard deviation）などの統計量です。ここでは、その標準偏差の計算方法を説明します。もちろん、統計学を学ぶことが本書の目的ではありませんが、ファイナンスに強くなるには最低限の統計の理解は不可欠です。

まず最初に、標準偏差と**分散**（variance）という２つの概念を理解しておく必要があります。

統計学では、「標準偏差は分散の平方根である」と習います。そして、分散は、「データの平均値とそれぞれのデータの差を２乗したものの合計をデータ数で割って求める」とあります。もうこの時点で投げ出したくなった人もいるかもしれませんが、もうしばらくの間、我慢してつきあってみてください。

データの数が３つある場合、分散は次の式で定義されます。

$$分散 = \frac{\{(X_1-\bar{X})^2+(X_2-\bar{X})^2+(X_3-\bar{X})^2\}}{3}$$

ただし、$\bar{X}$は３つのデータの平均を表わします。

この式を見ても、分散がデータのバラツキを表わしているということがイメージできません。そこで、具体例を使って、これら２つの概念を整理しましょう。

ここに１、３、８という３つのデータがあるとします。まず、この３つのデータの平均を求めます。平均は、４となります。

分散とは、この平均からのバラツキの度合いを表わす指標ですから、それぞれのデータと平均との距離（偏差といいます）を出します。平均４からの偏差は、それぞれ、(1−4)＝−3、(3−4)＝−1、(8−4)=4となります。

◆偏差を求める

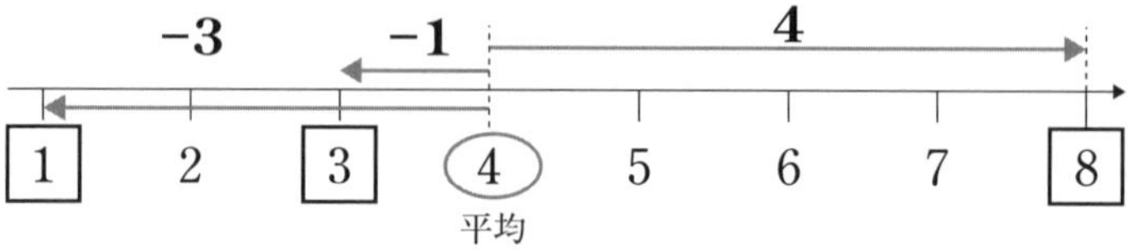

このように偏差は、正負の両方の値をとります。この偏差を単純に合計するとゼロになってしまいます。これでは意味がないので、それぞれの「偏差を2乗したものの合計」を求めることにします。つまり、

$(-3)^2=9$、$(-1)^2=1$、$(4)^2=16$

が偏差を2乗したものになります。この合計26をデータ数3で割ると、

$$分散=\frac{9+1+16}{3}=8.67$$

と計算できます。この分散の平方根[*3]（$\sqrt{\ }$：ルート）が標準偏差です。したがって、標準偏差は$\sqrt{8.67}=2.94$となります。

それでは、実際に、日産自動車の過去の株価のデータを使って、標準偏差を算出してみましょう。

◆株価の標準偏差①

	A	B	C	D	E	F	G	H
1	日産自動車	株価の標準偏差①						
2					=(B4+C4)/B5-1			
3	日付	終値	配当	リターン	(リターンー平均)^2			
4	2021年3月	615.9	0	72.71%	0.52628	<-- =(D4-$E$8)^2		
5	2020年3月	356.6	10	-59.63%	0.35765			
6	2019年3月	908.2	57	-12.57%	0.01624			
7	2018年3月	1,104.0	53					
8				平均	0.17%	<-- =AVERAGE(D4:D6)		
9				分散	0.30005	<-- =AVERAGE(E4:E6)		
10				標準偏差	54.78%	<-- =SQRT(E9)		
11								
12								

まず、株価からリターンを求めてみましょう。2021年3月におけるリターンを例にとってみます。2020年3月に356.6円で購入した株式が、翌年には615.9円になっています。この年の配当は0円です。したがって、リターンは

$$\frac{(615.9-356.6)+0}{356.6}=72.71\%$$

と求めることができます。

同じように、対象期間のすべてのリターンを求めてみましょう。リターン全体の平均は各リターンの合計をリターンの数（3個）で割って求めます。

$$平均：\frac{(72.71\%)+(-59.63\%)+(-12.57\%)}{3}=0.17\%$$

次に分散を求めてみましょう。分散とは、「株のリターンのバラツキを表わ

＊3　Excelで平方根を求めるときは、SQRT関数を使います。

す統計量の1つ」でした。手順にしたがって、計算してみましょう。

① まず、それぞれの年次リターンから平均を引きます（これを偏差といいました）
② この偏差を2乗します
③ 偏差を2乗したものの合計を算出します
④ その合計をデータ数で割ります

それでは、実際にやってみましょう。

$$分散 = \frac{(72.71\% - 0.17\%)^2 + (-59.63\% - 0.17\%)^2 + (-12.57\% - 0.17\%)^2}{3}$$

$$= \frac{(72.54)^2 + (-59.80)^2 + (-12.74)^2}{3}(\%)^2$$

$$\fallingdotseq 3{,}000.550\ (\%)^2$$

$$\fallingdotseq 0.30005$$

ここでは、両者の単位にご注意ください。偏差は各年のリターンと平均リターンの差なので、単位はパーセントです。これに対し、分散は、偏差の2乗なので、単位はパーセントの2乗となります。

■標準偏差の正体とは

実は、単位がパーセントの2乗の分散は、使い勝手が悪いのです。したがって、実務上では、分散の単位をリターンの単位と同じパーセントにします。そのためには、分散の平方根（$\sqrt{\ }$：ルート）を計算して、バラツキの指標とするのが一般的です。これを**標準偏差**といいます。先ほど計算した分散の平方根を求めてみましょう。リターンの標準偏差は、54.78%（$=\sqrt{0.30005}$）となります。

実務上は、ほとんどの場合、**ボラティリティ**[*4]はこの標準偏差を指します。ボラティリティなんて、カッコよく言っている人がいたら、その計算方法を聞いてみてください。意味はわかっていても、案外計算方法は知らないものです。話が横道にそれてしまいました。重要なことを言います。標準偏差とは、リターンのバラツキを表わす指標です。したがって、この**標準偏差が大きいほど、その株式のリスクは高い**といえるのです。これだけ、覚えておいてくださ

＊4　よく、「○○の通貨はボラタイル（volatile：不安定）だ」、あるいは、「○○の通貨のボラティリティ（volatility）が高い」なんていったりします。昔、銀行にいたとき、マーケット部門の人間から、ボラティリティという言葉が出てきただけでビビッていた私でした。「何だか、よくわからないけれど、カッコいい響き！」と思ったものです。

い。ちなみに、実務では次の図のように、Excelの関数を使って平均や標準偏差を一発で計算します。

◆株価の標準偏差②

	A	B	C	D	E	F	G
1	日産自動車　株価の標準偏差②						
2							
3	日付	終値	配当	リターン			
4	2021年3月	615.9	0	72.71%	<-- =(B4+C4)/B5-1		
5	2020年3月	356.6	10	-59.63%			
6	2019年3月	908.2	57	-12.57%			
7	2018年3月	1,104.0	53				
8			平均	0.17%	<-- =AVERAGE(D4:D6)		
9			分散	0.30005	<-- =VAR.P(D4:D6)		
10			標準偏差	54.78%	<-- =STDEVP(D4:D6)		
11							

▣リターンの確率分布

これまで、日産自動車の株価を例にとり、分散と標準偏差を計算しましたが、実際の株価のリターンの分布は、たいてい下図のような形になると考えられます。

◆正規分布（normal distribution）

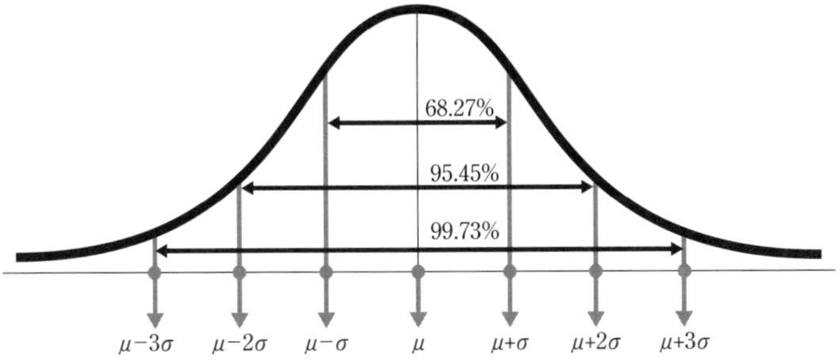

この図では、横軸は株式のリターン、縦軸はそのリターンが生じる確率を示しています。リターンの分布は、リターンの平均μを中心に左右対称になっています。中心から離れるにしたがって、限りなく下の線に近づく釣鐘型の分布です。この分布を**正規分布**（normal distribution）といい、ファイナンスや経済への応用として最もよく使われる**確率分布**です。

正規分布の特徴は、平均と標準偏差の2つのパラメータが決まると完全に特定できる点にあります。したがって、しばしば正規分布は、平均μ、分散σ^2のときに、$N(\mu、\sigma^2)$と表わされます（μ：ミュー、σ：シグマと呼びます）。ここで正規分布の性質をまとめておきましょう。

◆正規分布の性質◆

- **正規分布は、平均μを中心に左右対称になる**
- **正規分布は、平均μのところで一番高くなり、中心から離れるにしたがって限りなく下の線に近くなる**
- **正規分布のカーブの下の面積は形にかかわらず、どれも1になっており、分布のカーブの下の面積は確率を示している**
- **平均から左右に標準偏差１つ分の区間、つまり、「平均値±標準偏差(σ)×1」の区間にデータが入る確率は68.27%である**
- **平均から左右に標準偏差２つ分の区間、つまり、「平均値±標準偏差(σ)×2」の区間にデータが入る確率は95.45%である**
- **平均から左右に標準偏差３つ分の区間、つまり、「平均値±標準偏差(σ)×3」の区間にデータが入る確率は99.73%である**

ここで特に覚えておいてほしいのは最後の３つです。具体的に考えてみましょう。ある株式のリターンの分布が正規分布にしたがうとします。リターンの平均は５％、標準偏差が10％でした。このときには、この株式のリターンの68.27％が、５％±10％の区間にあるといえます。

ビジネススクールでは、テストの結果について、平均点とこの標準偏差が必ず知らされていました。たとえば、平均70点、標準偏差８点というテストは、70±８点、つまり62点と78点の間に生徒のおよそ68％が入っているとわかるわけです。

テストと標準偏差と聞いたあなたは、嫌なことを思い出したに違いありません。そうです。あの偏差値です。ちなみに

偏差値はテストの点数が正規分布になると仮定し、その分布が平均50点、標準偏差10になるように得点を変換したもの

です。

定義式は、

$$偏差値 = \frac{元の得点 - 平均点}{標準偏差} \times 10 + 50$$

で示すことができます。

「平均値±標準偏差×１」の区間、つまり偏差値が40～60の受験者は、全体の約68％を占めることになります。また、「平均値±標準偏差×２」の区間、つまり、偏差値30～70である受験生は全体の約95％を占めます。

それでは、偏差値70以上の受験生は何％になるのでしょうか？　偏差値30以

下と70以上の受験生で残りの５％を占めます。正規分布は左右対称ですから、偏差値70以上の受験生は半分の2.5％になります。

■貴金属の価格のボラティリティは？

さて、標準偏差の考え方はビジネス上でどのように使われているのかを見ていきましょう。プラチナやパラジウムなどの貴金属はエンジンの触媒などに使用するため、自動車メーカーにとって、なくてはならないものです。私がいた当時の日産自動車の貴金属の予算価格の決定プロセスを説明しておきましょう。

プラチナ、パラジウムなどの貴金属を含む原材料の先物取引に関しては、年２回、購買と財務担当役員により開催されるMRMC（Material Risk Management Committee）で予算価格やヘッジガイドラインが議論されました。

次年度の予想価格は、金融機関や商社などの専門家にヒヤリングします。プラチナは800ドルと特定の価格を予想してくるところもあれば、700～900ドルまでの間などレンジで予想してくるところもあります。

これら10～15くらいの予想価格の平均値をとります。ここでは、その価格が820ドルになったとしましょう。当然のことながら、将来の価格変動リスクを考慮する必要があります。

そこで日産自動車では、過去１年間のボラティリティ（標準偏差）を参考にしていました。ここでは、仮にプラチナの過去１年間の平均価格が780ドル、標準偏差が50ドルだったとします。つまり、過去１年間のプラチナの価格の分布が正規分布にしたがうとすると、プラチナの価格が730～830（780±50）ドルにある確率は約68％であるということです。

ここで**変動係数**（CV：Coefficient of Variation）について説明しておきましょう。変動係数は、

標準偏差σ（シグマ）を平均μ（ミュー）で割った値で、相対的なバラツキ度を表わす指標の１つです。

$$\text{変動係数CV} = \frac{\text{標準偏差}\,\sigma}{\text{平均}\,\mu}$$

したがって、変動係数を使うことで**単位が異なる２組の統計データのバラツキ度を比較することができる**のです。

◆変動係数でバラツキ度を予測する

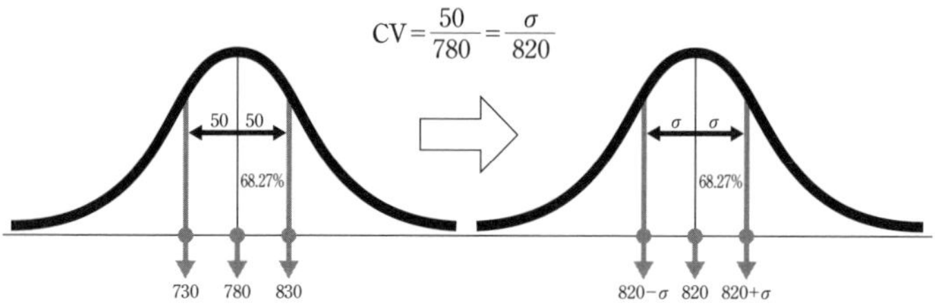

話を元に戻しましょう。過去１年間のプラチナのヒストリカル・データから、プラチナの平均価格は780ドル、標準偏差は50ドルとわかりました。次に、変動係数を求めると、CV＝50/780≒0.0641になります。この変動係数を次年度の価格予想に反映させるのです。つまり、金融機関や商社の予想価格の平均が820ドルですから、変動係数が0.0641とすると、標準偏差は820×0.0641＝52.56と求めることができます。

このことから、「プラチナの価格は68％の確率で767.44ドルから872.56ドル（820±52.56）のレンジになることが予想される」と考えるわけです。

最終的な予算価格決定では、金融機関や商社の予想価格に対して、標準偏差の何倍の価格を加えるかは経営者の判断になりますが、日産自動車の貴金属の予算価格策定は、このような考え方で行なわれていました。ここでは、貴金属の価格変動について過去のリスクと将来のリスクはそれほど変わらないと仮定しています。これは、何も貴金属に限ったことではなく、さまざまな分野の予算価格策定に応用できる考え方でしょう。

Column

期待値——どちらのくじ引きがお得？

次のようなくじ引きについて見ていきましょう。ショッピングセンターAとショッピングセンターBのくじ引きのどちらか1枚しか引くことができない場合、あなたはどちらのくじを引きますか？　ショッピングセンターAは、1等賞の当選金額は1万円、2等賞、3等賞はそれぞれ、5,000円、1,000円となっています。ショッピングセンターBは、1等賞の当選金額は2万円、2等賞、3等賞はそれぞれ、3,000円、1,000円となっています。

	ショッピングセンターA		ショッピングセンターB	
	当選金額	確率	当選金額	確率
1等賞	10,000	20%	20,000	10%
2等賞	5,000	30%	3,000	30%
3等賞	1,000	50%	1,000	60%

それぞれ、当選する確率は上表のようになっています。このようなとき、各当選金額が当たる確率から、1回当たりの平均値が求められます。これを期待値と呼びます。期待値は、必ずその金額がもらえるというわけではなく、平均すれば、1回につき、それくらいもらえると期待できるという意味です。たとえば、

ショッピングセンターAのくじの期待値は、

$$10{,}000\times20\%+5{,}000\times30\%+1{,}000\times50\%=4{,}000$$

ショッピングセンターBのくじの期待値は、

$$20{,}000\times10\%+3{,}000\times30\%+1{,}000\times60\%=3{,}500$$

となります。

以上のように、くじ引きの期待値をそれぞれ求めてみると、期待値が大きいショッピングセンターAのくじを引くほうが有利であると判断できます。とはいうものの、「何としても、2万円を当ててやる！」と意気込んでショッピングセンターBのくじを引くギャンブラーもいるでしょう。世の中、理屈だけで成り立たないところが、面白いのです[*5]。

＊5　ちなみに、国の宝くじの期待収益率は－50%です。掛け金の半分を国が持っていくわけですから損をするのは当たり前です。それなのに宝くじを買う人は後を絶ちません。この理屈では考えられない投資行動を「宝くじ効果」（lottery effect）といいます。

2.3 共分散と相関係数

▣2つの変数の相性は

ここまで、個別の株式の平均、分散、標準偏差を説明してきました。投資のリスクを考える場合は、他の株式やポートフォリオ[*6]との相関の度合いを見る必要があります。その尺度として、ここでは新たに2つの統計量について説明したいと思います。**共分散**（covariance）と**相関係数**（correlation coefficient）です。題材として、アップル株とナイキ株の過去10年間のリターン[*7]を使いましょう。

◆アップル株とナイキ株のリターン

	A	B	C	D	E	F	G
1	アップル株とナイキ株のリターン（年次）						
2							
3	日付	アップル	ナイキ				
4	2020年12月	81.85%	40.64%				
5	2019年12月	88.09%	37.87%				
6	2018年12月	−5.12%	19.84%				
7	2017年12月	48.24%	24.51%				
8	2016年12月	12.15%	−17.62%				
9	2015年12月	−2.80%	31.21%				
10	2014年12月	40.03%	23.54%				
11	2013年12月	7.64%	54.09%				
12	2012年12月	32.71%	8.64%				
13	2011年12月	25.56%	14.33%				
14	平均リターン	32.83%	23.71%	<-- =AVERAGE(C4:C13)			
15							

統計学では、**2変数の相関関係の方向を示す指標として、共分散という統計量を使います。**

簡単にいえば、共分散は2変数が、一緒に上がったり、下がったりする相関関係の方向を表わすものです。ちなみにアップル株とナイキ株のリターンの共分散 $Cov(r_{Apple}, r_{Nike})$ を数式に表わすと次のようになります。

＊6　ポートフォリオについては87ページを参照。

＊7　ここでは、アップルとナイキの予想のリターンが過去のリターンと同じであると仮定しています。投資のリスクとは過去のことではなく、あくまでも将来予想されるリターンのバラツキであることに注意してください。

$$Cov(r_{Apple}, r_{Nike}) = \frac{1}{10}\sum_{t=1}^{10}(r_{Apple,t} - \bar{r}_{Apple})(r_{Nike,t} - \bar{r}_{Nike})$$ ＊8

$r_{Apple,t}$：アップル株の t 年のリターン、$\bar{r}_{Apple}$：アップル株の平均リターン

$r_{Nike,t}$：ナイキ株の t 年のリターン、$\bar{r}_{Nike}$：ナイキ株の平均リターン

この数式に拒否反応を起こした方は読み飛ばしてもかまいません。でも、この数式はそれほど難しいことをいっているわけではありません。つまり、共分散の計算は次の手順で行なえばいいのです。

◆共分散を求める手順◆

① それぞれの株式の偏差（リターンと平均値の差）を計算し、それを掛け合わせる

② それらの掛け合わせたものの平均値を算出する

では、アップル株とナイキ株の共分散を求めてみましょう。

◆アップル株とナイキ株の共分散

	A	B	C	D	E	F	G
1	アップル株とナイキ株の共分散						
2				=B4-$B$14	=C4-$C$14		
3	日付	アップル	ナイキ	アップルの偏差(A)	ナイキの偏差(B)	(A)×(B)	
4	2020年12月	81.85%	40.64%	49.01%	16.93%	0.0830	<-- =D4*E4
5	2019年12月	88.09%	37.87%	55.25%	14.16%	0.0783	<-- =D5*E5
6	2018年12月	-5.12%	19.84%	-37.96%	-3.87%	0.0147	<-- =D6*E6
7	2017年12月	48.24%	24.51%	15.41%	0.81%	0.0012	<-- =D7*E7
8	2016年12月	12.15%	-17.62%	-20.68%	-41.32%	0.0855	<-- =D8*E8
9	2015年12月	-2.80%	31.21%	-35.63%	7.51%	-0.0267	<-- =D9*E9
10	2014年12月	40.03%	23.54%	7.19%	-0.17%	-0.0001	<-- =D10*E10
11	2013年12月	7.64%	54.09%	-25.19%	30.38%	-0.0766	<-- =D11*E11
12	2012年12月	32.71%	8.64%	-0.12%	-15.06%	0.0002	<-- =D12*E12
13	2011年12月	25.56%	14.33%	-7.28%	-9.38%	0.0068	<-- =D13*E13
14	平均リターン	32.83%	23.71%		共分散	0.0166	<-- =AVERAGE(F4:F13)
15							

2020年のアップルの偏差は、2020年のリターン81.85％から10年間の平均リターンである32.83％を引いています。2020年のリターンは、平均リターンと比較して49.01％もパフォーマンスがよかったことが上図からわかります。同様に、ナイキも、2020年は10年間の平均リターンよりも16.93％パフォーマンスがよかったということです。

まず、この２つの値を掛け合わせます。他の年も同じように計算し、最後にこれらの数字の平均をとったものが共分散です。

アップルとナイキの株式リターンの共分散は0.0166です。**共分散では、正負**

＊8　過去10年間のリターンをベースにすることから、1/10を掛けています。

に注目してください。共分散がプラスというのは、この場合、アップルのリターンが平均を超えるときはナイキのリターンも平均よりよいことを意味しています。反対に、アップルのリターンが平均を下回るときは、ナイキのリターンも平均より悪いということになります。

このように共分散は、２変数の相関関係の方向を示す指標です。ここで覚えておいてほしいのは、**共分散の値は、相関関係の強さを表わしているわけではない**ことです。

■相性の強さを表わす相関係数

相関関係の強さを表わす統計量を**相関係数**といいます。相関係数は、共分散を２つの変数の標準偏差の積で割って求めます。相関係数ρ（ロー）の定義をアップルとナイキの株価リターンの例を用いて数式で表わすと、次のようになります。

$$\rho_{Apple,\,Nike} = \frac{Cov(r_{Apple},\, r_{Nike})}{\sigma_{Apple}\,\sigma_{Nike}}$$

$\rho_{Apple,\,Nike}$：アップルとナイキのリターンの相関係数

$\sigma_{Apple}\,\sigma_{Nike}$：アップルとナイキのリターンの標準偏差の積

また、一見すると複雑な数式が出てきましたが、心配ありません。私たちにはExcelがついています。ExcelのCORREL関数を使えば、一発です。もちろん、先述したとおり、共分散と標準偏差から求めることもできます。標準偏差はSTDEVP関数を使えば簡単に求められます。ちなみに下図では、共分散をCOVARIANCE.P関数を使う方法でも求めています。当然、先ほどと同じ結果になります。

◆アップル株とナイキ株の相関係数

	A	B	C	D	E	F	G	H	I	J	K
1	アップル株とナイキ株の相関係数										
2											
3	日付	アップル	ナイキ	アップルの偏差(A)	ナイキの偏差(B)	(A)×(B)					
4	2020年12月	81.85%	40.64%	49.01%	16.93%	0.0830	<-- =D4*E4				
5	2019年12月	88.09%	37.87%	55.25%	14.16%	0.0783					
6	2018年12月	-5.12%	19.84%	-37.96%	-3.87%	0.0147					
7	2017年12月	48.24%	24.51%	15.41%	0.81%	0.0012					
8	2016年12月	12.15%	-17.62%	-20.68%	-41.32%	0.0855					
9	2015年12月	-2.80%	31.21%	-35.63%	7.51%	-0.0267					
10	2014年12月	40.03%	23.54%	7.19%	-0.17%	-0.0001					
11	2013年12月	7.64%	54.09%	-25.19%	30.38%	-0.0766					
12	2012年12月	32.71%	8.64%	-0.12%	-15.06%	0.0002					
13	2011年12月	25.56%	14.33%	-7.28%	-9.38%	0.0068					
14	平均リターン	32.83%	23.71%		共分散①	0.0166	<-- =AVERAGE(F4:F13)				
15					共分散②	0.0166	<-- =COVARIANCE.P(B4:B13,C4:C13)				
16					相関係数①	0.2870	<-- =CORREL(B4:B13,C4:C13)				
17					相関係数②	0.2870	<-- =F15/(STDEVP(B4:B13)*STDEVP(C4:C13))				
18											
19											
20											

実は、求め方より重要なのは、相関係数の意味です。

相関係数の値は必ず、－1と＋1の間になります。次の項で相関係数の値が何を意味するか、見てみましょう。

■相関関係のイメージをつかもう

相関係数の値を求めなくても、2つの変数の散布図（相関図）を作成するとイメージがつかみやすくなります。

① 相関係数＞0の場合、それぞれの点が右肩上がりになっています。このことから、Xが増えれば、Yも増え、反対にXが減少すれば、Yも減少することがわかります。

◆相関図（相関係数＞0の場合）

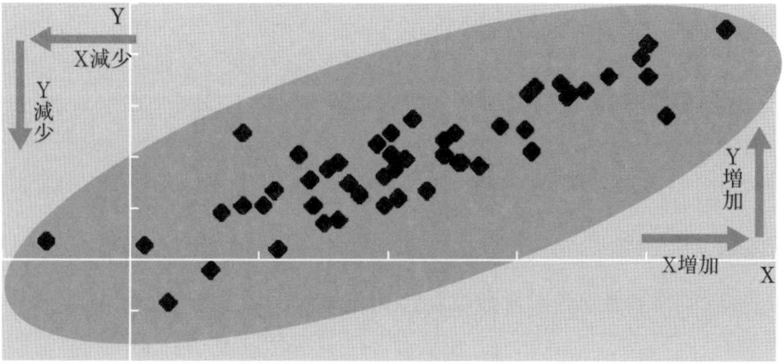

② 相関係数＝0の場合、それぞれの点はバラバラです。X と Y には特に関係がないことがグラフからもわかります。

◆相関図（相関係数＝0の場合）

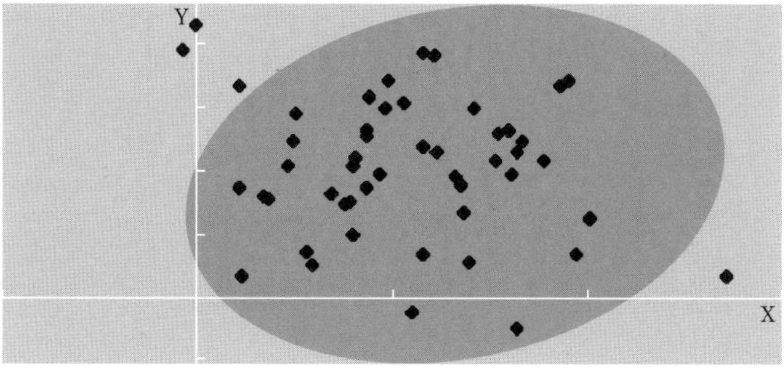

③ 相関係数＜0の場合、それぞれの点が右肩下がりになっています。このことから、X が増えれば Y は減少し、反対に X が減少すれば Y は増加することがわかります。

◆相関図（相関係数＜0の場合）

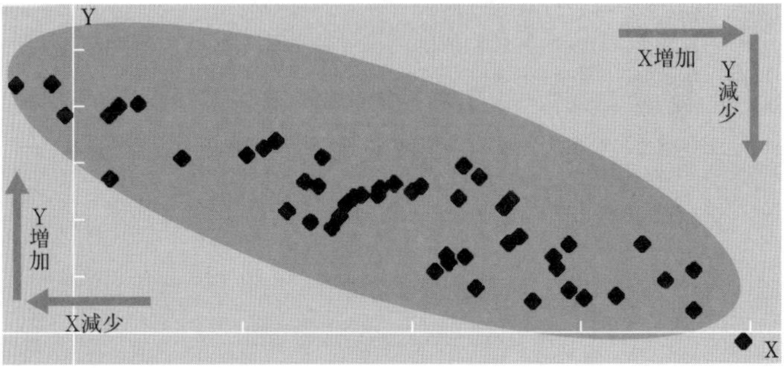

ここで相関係数の意味をまとめてみましょう。

◆相関係数の意味◆

相関係数＞0 ➡ 2つの変数は同じ方向へ動く（X↑→Y↑, X↓→Y↓）

相関係数＝0 ➡ 2つの変数はまったく無関係に動く（X↑orX↓→Y↑orY↓）

相関係数＜0 ➡ 2つの変数は反対方向へ動く（X↑→Y↓, X↓→Y↑）

アップルとナイキの年次リターンの相関係数は0.2870です。相関の強さについては、一般的に次のようにいわれています。

◆相関の強さ

相関係数	相関の強さ
±0.7～±1	強い相関がある
±0.4～±0.7	中程度の相関がある
±0.2～±0.4	弱い相関がある
±0～±0.2	ほとんど相関がない

上の表によると、アップルとナイキの年次リターンは、同じ方向に動くものの、相関関係は弱いことがわかります。では、相関係数が＋1や－1の場合はどうでしょうか？

アップルとナイキのリターンの相関関係が＋1だとすると、アップルのリターンが上昇すれば、ナイキのリターンもまったく同じ動きで上昇します。また、アップルとナイキのリターンの相関関係が－1だとすると、アップルのリターンが上昇すれば、ナイキのリターンは、まったく逆の動き、つまり下落することになるのです。

このように、完全に予測可能という場合、つまり、相関係数が＋1か－1の場合、**2つの変数は完全相関である**といいます。

◆完全相関

相関係数＝+1 → 2つの証券はまったく同じ方向に動く

相関係数＝－1 → 2つの証券はまったく反対の方向に動く

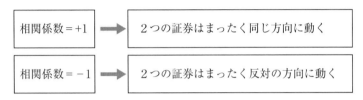

実務上では、2つの変数の相関係数をダイレクトに求めるのではなく、まず、散布図を作成し、2つの変数の相関関係についてイメージをつかみ、「アタリ」をつけることが大切です。また、相関関係があるからといって必ずしも因果関係（原因と結果の関係）にあるわけではありません。

Column

算術平均と幾何平均の違い

過去の収益率の平均を求めるときに迷うのが、算術平均と幾何平均のどちらを使うかということです。ここでは、算術平均と幾何平均の違いについて見てみましょう。たとえば、あなたの会社の過去5年間の売上高が次のとおりだとします。売上高増加率の平均を求める場合、算術平均は、各年の増加率を単純に足して年数で割り算するだけで求めることができます。AVERAGE関数を使えば、一発です（セルF7）。

	A	B	C	D	E	F	G	H	I
1	算術平均と幾何平均								
2									
3	年度	1	2	3	4	5			
4	売上高	100	120	126	113	142			
5	増加率		20.0%	5.0%	-10.3%	25.7%	<- =F4/E4-1		
6									
7					算術平均	10.1%	<- =AVERAGE(C5:F5)		
8					幾何平均	9.2%	<- =(F4/B4)^(1/4)-1		
9									
10					チェック	142	<- =B4*(1+F8)^4		
11									

一方、5年間の売上高増加率の幾何平均の求め方は、次のとおりです。

$$\text{売上高増加率(幾何平均)} = \sqrt[4]{\frac{\text{5年度の売上高}}{\text{1年度の売上高}}} - 1 = \sqrt[4]{\frac{142}{100}} - 1 = 9.2(\%)$$

式が難しそうに見えますが、売上高増加率をrとして、$100 \times (1 + r)^4 = 142$をrについて解いたというだけです。実は、初年度売上高100が毎年9.2%で増加していくと5年間（4年後）で142になるということを意味しています。本当にそうなるかを、セルF10でチェックしていますから、確認してみてください。ちなみに、幾何平均は、CAGR（Compound Annual Growth Rate：年複利成長率）という呼び方をすることもあります。

このCAGRは、異なる投資の過去のパフォーマンスを比較するのによく使われます。一方で過去のパフォーマンスに基づいて将来の期待収益率を予測するのに用いるのが算術平均です。CAGRは、観察期間の始まりと終わりの数値だけに着目します。その間、どのように変化したかは関係ありません。例えば、株価の変動など、年によって相当のバラツキがあります。統計理論では、こうした変動の大きなデータの場合、できるだけ多くのデータを算術平均したほうが正しい推定に役立つとされています。

2.4 ポートフォリオによる分散投資 ——リターンと分散の求め方

■ポートフォリオのリターンのグラフを書こう

ポートフォリオは、もともと、「債券や株券をはさむファイル」のことをいいました。しかし、最近では、株式をはじめとする**いろいろな資産の組み合わせ**という意味で使われていることはご存知でしょう。あなたが、預金、株式、不動産など、いろいろな資産を組み合わせて所有している場合、あなたはポートフォリオを所有していることになります。まず、2つの株式銘柄からなるポートフォリオの平均と分散（標準偏差）の求め方を見てみましょう。

あなたが、株式Aと株式Bからなるポートフォリオを所有しているとします。株式AをW_A、株式BをW_Bの比率で組み入れたポートフォリオの期待収益率$E(r_p)$は次のように計算できます。ちなみに、$W_A+W_B=100\%$です。

◆2つの株式からなるポートフォリオの期待収益率◆

$$\boldsymbol{E(r_p)=W_AE(r_A)+W_BE(r_B)}$$

ここでは、$E(r_A)$と$E(r_B)$はそれぞれの株式の期待収益率[*9]を表わしています。式は難しそうですが、考え方は単純です。つまり、

ポートフォリオの期待収益率は、それぞれの株式の期待収益率の加重平均

です。

先ほどの例では、アップルとナイキの過去10年間の平均収益率はそれぞれ、32.83%、23.71%でした。あまり現実的ではありませんが、アップルとナイキの期待収益率が変わらないとすると、アップルを40%、ナイキを60%の比率で組み入れたポートフォリオの期待収益率は、

$$32.83\% \times 40\% + 23.71\% \times 60\% = 27.36\%$$

と計算できるわけです。

＊9　期待収益率とは予想される収益率分布の期待値を指し、一般的に$E(r)$と表わされます。たとえば、あなたがある株式の利回りを30%の確率で４%、同じく30%の確率で２%、40%の確率で－２%になると予想している場合、期待収益率は、「4%×30%＋2%×30%＋(－2%)×40%＝1.0%」になるということです。組み入れ比率のWはWeight（割合、重さ）に由来します。これは私の好み。

ポートフォリオの期待収益率の計算は、このように簡単です。難しいのは、ポートフォリオのリスク（分散や標準偏差）です。

ポートフォリオの分散$Var(r_p)$を求める一般式は、

◆ポートフォリオの分散を求める一般式①◆

$$\boldsymbol{Var(r_p) = W_A^2 Var(r_A) + W_B^2 Var(r_B) + 2W_A W_B Cov(r_A, r_B)}$$

で表わすことができます。

$Var(r_A)$と$Var(r_B)$とは、それぞれ、株式Aと株式Bの分散（variance）を表わします。そして、$Cov(r_A, r_B)$は共分散（covariance）を表わしています。

式が難しすぎると思ったのはあなただけではありません。こんなときは、具体的な例で考えるのが一番です。アップルとナイキの分散を求めてみると、それぞれ0.0957、0.0350だとします。共分散は0.0166でしたから、このポートフォリオの分散を求める式は、

$$Var(r_p) = W_{Apple}^2 \times 0.0957 + W_{Nike}^2 \times 0.0350 + 2W_{Apple}W_{Nike} \times 0.0166$$

となるわけです。ポートフォリオの組み入れ比率がアップルが40%、ナイキが60%の場合は、

$$Var(r_p) = 0.4^2 \times 0.0957 + 0.6^2 \times 0.0350 + 2 \times 0.4 \times 0.6 \times 0.0166 = 0.0359$$

となります。

分散を求める式がどのように導き出されるのかを覚える必要はありません。

この分散の平方根（$\sqrt{}$：ルート）が標準偏差です。したがって標準偏差は$\sqrt{0.0359}$=18.95%になります。

次に、ポートフォリオの中身がアップル50%、ナイキ50%の場合のリスクとリターンを、次ページ図のように横軸がリスク（標準偏差）、縦軸がリターン（期待収益率）のグラフにプロットしてみましょう。

◆ポートフォリオのリスクとリターン①

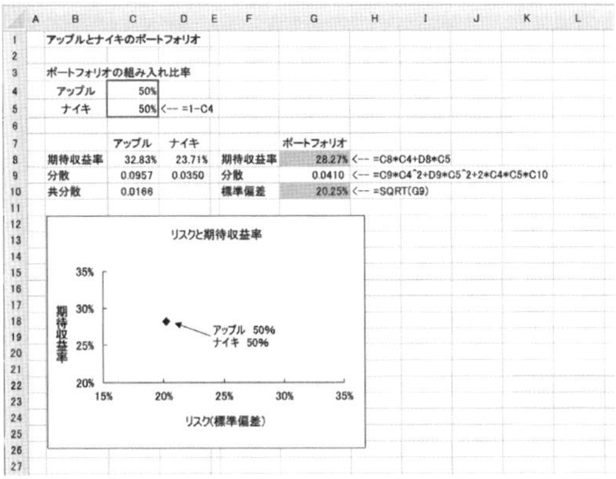

ポートフォリオの中身をアップル80%、ナイキ20%に変えたものを加えると下図のようになります。

◆ポートフォリオのリスクとリターン②

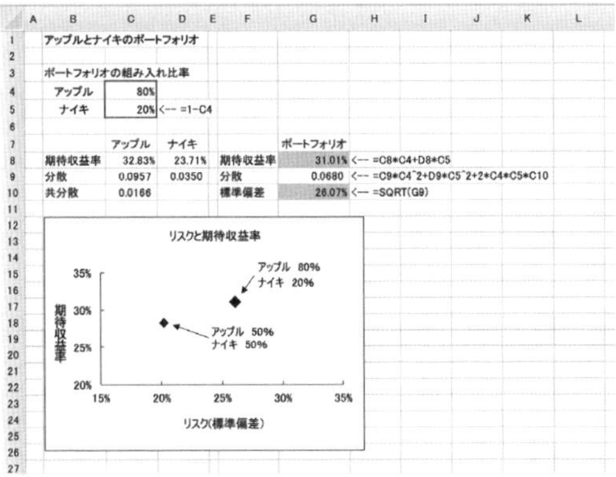

グラフにプロットされた点を見ると、先ほどのポートフォリオ（アップル、ナイキともに50%）が示す点よりも、リスクとリターンが両方とも高くなっています。あなたは、ポートフォリオを変化させることによって、ハイリスク・ハイリターンを選んだことになります。「高いリスクをとる見返りとして、それだけ高いリターンを求める」という筋が通っています。

■ポートフォリオの中身を変えてみよう

さらに、ポートフォリオの構成を変化させたときにリスクとリターンがどのように変化するかを見てみましょう。

◆組み入れ比率を変化させた場合のリスクとリターン

アップルの組み入れ比率	ナイキの組み入れ比率	ポートフォリオの期待収益率	ポートフォリオの分散	ポートフォリオの標準偏差
0%	100%	23.71%	0.0350	18.72%
20%	80%	25.53%	0.0316	17.77%
40%	60%	27.36%	0.0359	18.95%
60%	40%	29.18%	0.0480	21.92%
80%	20%	31.01%	0.0680	26.07%
100%	0%	32.83%	0.0957	30.94%

ここでは、アップルの組み入れ比率を０％～100％まで変化させてみます。このようにして、ポートフォリオの組み入れ比率を変化させたときに、リスクとリターンがどのように変化するかを計算します。下のグラフは、アップルの組み入れ比率を０％～100％まで変化させたときのリスクとリターンの関係を表わしています。ポートフォリオ理論を学習するときには、見飽きるほど出てくるグラフです。

◆アップルの組み入れ比率によるリスクとリターン

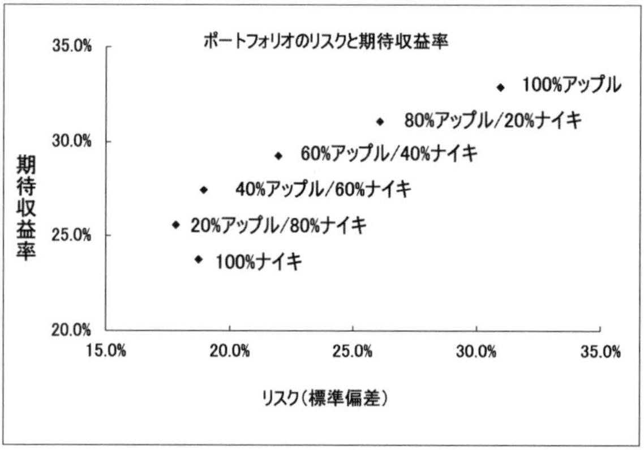

■悪いポートフォリオとよいポートフォリオ

次ページの上のグラフをよく眺めてみると、「どのポートフォリオに投資してはいけないか」がわかります。マルをつけたポートフォリオは、ナイキに100％すべて投資する場合を示しています。一方で、矢印で示したポートフォリオに投資すれば、同じリスクの程度で、より高いリターンを得られることがわかります。したがって、あなたは、100％すべてをナイキに投資してはいけないことになります。

◆アップルとナイキの組み入れ比率と効率的フロンティア

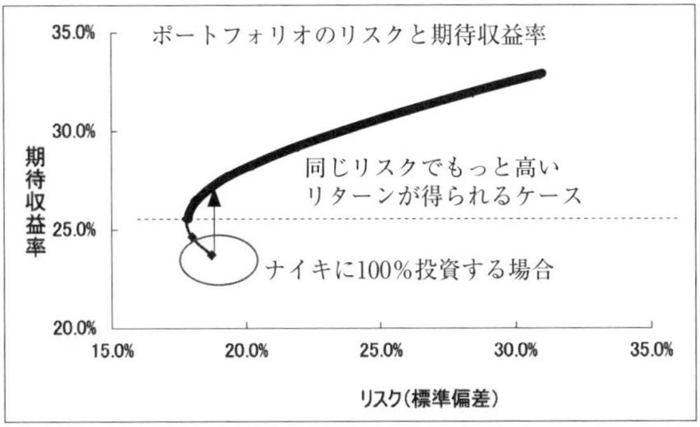

グラフの点線より下部分には、最適なポートフォリオはありません。なぜなら、同じリスク（標準偏差）で、より高いリターンを得られるポートフォリオが、弓形の太線上にあるからです。この弓形の太線部分を**効率的フロンティア**（efficient frontier）と呼びます。ところで、ポートフォリオが効率的とはどういう意味なのでしょうか？

効率的とは、**同じリスク（標準偏差）であれば、期待収益率が最大であること、さらに同じ期待収益率であれば、リスク（標準偏差）が最小であること**をいうのです。そして、その効率的なポートフォリオが集まったもの（弓形の太線部分）を現代ポートフォリオ理論（Modern portfolio theory）の生みの親であるマーコビッツ（Harry Markowitz）は、効率的フロンティアと呼んだのです。

では、次のグラフのマルをつけた２つのポートフォリオのうち、どちらを選べばいいのでしょうか？

◆どちらのポートフォリオを選択する？

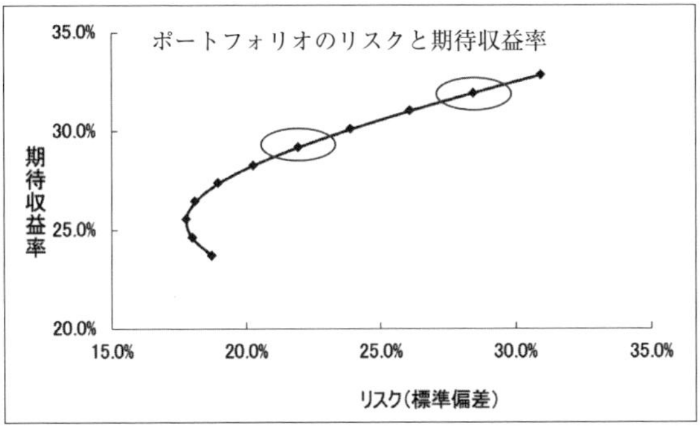

このケースでは、どちらのポートフォリオを選択するかは、あなた次第で

す。なぜなら、リスクの許容度は人によって異なるからです。リターンを追求すれば、リスクをそれだけ負わなければいけないのです。

■相関係数と効率的フロンティアの関係

相関係数が効率的フロンティアにどのような影響をおよぼすかを考えてみましょう。相関係数は、２変数の相関関係の強さを表わし、共分散を２変数の標準偏差σ（シグマ）の積で割って求めます。相関係数ρ（ロー）の定義を数式で表わすと、次のようになります。

◆相関係数の定義式◆

$$\rho_{A,B} = \frac{Cov(r_A, r_B)}{\sigma_A \sigma_B}$$

$\rho_{A,B}$：株式Aと株式Bのリターンの相関係数

$Cov(r_A, r_B)$：株式Aと株式Bのリターンの共分散

$\sigma_A \sigma_B$：株式Aと株式Bのリターンの標準偏差の積

この式を変形すると、「$Cov(r_A, r_B) = \rho_{A,B}\sigma_A\sigma_B$」となります。

つまり、共分散を求めるには、相関係数に、２変数のそれぞれの標準偏差を掛ければいいわけです。したがって、ポートフォリオの分散を求める式は88ページの分散を求める一般式①から次のように変形できます。

◆ポートフォリオの分散を求める一般式②◆

$$Var(r_p) = W_A^2 Var(r_A) + W_B^2 Var(r_B) + 2W_A W_B \rho_{A,B} \sigma_A \sigma_B$$

次に、相関係数がいろいろな値をとる場合の、ポートフォリオのリスクとリターンがどう変化するかを見てみましょう。

アップルとナイキの株式の相関係数$\rho_{Apple,\ Nike}$が変化するときのポートフォリオの分散を、次式から求めてみましょう。

$$Var(r_p) = W_{Apple}^2 \times 0.0957 + W_{Nike}^2 \times 0.0350 + 2W_{Apple}W_{Nike}\rho_{Apple,\ Nike} \times \sqrt{0.0957 \times 0.0350}$$

アップルの組み入れ比率	ナイキの組み入れ比率	ポートフォリオの期待リターン	ポートフォリオの標準偏差		
			相関係数=−1	相関係数=0	相関係数=+1
0%	100%	23.71%	18.72%	18.72%	18.72%
20%	80%	25.53%	8.79%	16.20%	21.16%
40%	60%	27.36%	1.14%	16.71%	23.61%
60%	40%	29.18%	11.07%	20.02%	26.05%
80%	20%	31.01%	21.00%	25.03%	28.49%
100%	0%	32.83%	30.94%	30.94%	30.94%

アップルとナイキの株式の相関係数$\rho_{Apple,\ Nike}$が−1、0、+1のとき、ポートフォリオのリスクがどのように変化するかを計算したのが上の表です。次にこれをグラフにしてみましょう。相関係数が+1の場合は、2つの株式はまったく同じ動きをするので、ポートフォリオのリスク（標準偏差）は、それぞれの株式のリスク（標準偏差）の加重平均になり、ポートフォリオはそれぞれの株式を結んだ直線上に位置することになります。

これはまさに、ポートフォリオの期待収益率がそれぞれの株式の期待収益率の加重平均であるのと同様です。大切なことは、

相関係数が＋1の場合は、２つの株式はまったく同じ動きをするので、
ポートフォリオによるリスクの分散効果は働かない

のです。

◆相関係数とポートフォリオのリスク・リターン

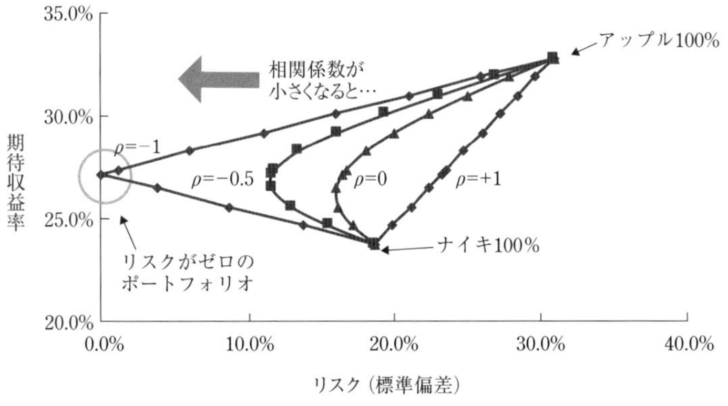

相関係数が+1より小さい場合は、ポートフォリオの標準偏差は2つの株式の標準偏差の加重平均よりも小さくなります。また、相関係数が小さくなればなるほど、曲線が左に伸びていくことがわかります。つまり、それだけ同じリスクで高いリターンを上げられること、さらには、同じ期待収益率で、リスクを低減できることがわかります。言いかえれば、リスク分散効果が高いといえます。

相関係数が−1の場合は、２つの証券はまったく反対の動きをするので、２つの株式の組み入れ比率によっては、ポートフォリオの標準偏差をゼロにすることができます。ここで、相関係数とポートフォリオのリスク分散効果の関係をまとめてみましょう。

◆相関係数 ρ とポートフォリオのリスク分散効果の関係◆

- **ρ ＝＋1のとき：リスク分散効果なし**
- **−1＜ ρ ＜1のとき：リスク分散効果あり**
- **ρ ＝−1のとき：２つの株式はまったく反対の動きをするため、２つの株式の組み入れ比率によっては、リスクフリー（標準偏差がゼロ）にすることが可能**

●リスクフリー資産を加える

組み合わせて投資するのであれば、効率的フロンティア上のどれかを選ぶのが最善の選択でした。効率的フロンティアよりも左上側にあるリスクとリターンの組み合わせは、株式だけのポートフォリオでは実現できません。そこで、国債などの安全な（**リスクフリー**と呼びます）資産を投資対象に追加します。

ここでは、株式Aと株式B、それに国債を扱います。株式Aと株式Bの期待収益率、分散、共分散は下の図のとおりとします。国債の利回りは２％としましょう。ちなみに、こんなときは「リスクフリーレートは２％」という言い方をします。

◆リスクフリー資産を組み込む

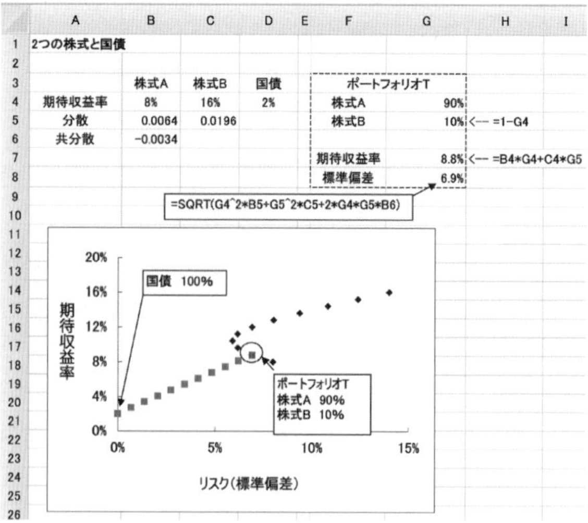

前ページ図のカーブを描いた曲線は、株式Aと株式Bのポートフォリオのリスクとリターンの関係を表わしています。マルをつけたポートフォリオはその中でも、特に株式Aを90%、株式Bを10%組み込んだポートフォリオを表わしています。このポートフォリオを仮にポートフォリオTと呼びましょう。ポートフォリオTの期待収益率とリスク（標準偏差）は、それぞれ8.8%、6.9%と求めることができます。一方、国債のみに投資する場合は、リスクはゼロになります。

ポートフォリオTから、左下に伸びている直線上のそれぞれの点は、ポートフォリオT（株式A90%、株式B10%）と国債とのさまざまな組み合わせのポートフォリオのリスクとリターンの関係を表わしています。

◆ポートフォリオAのリスクと期待収益率

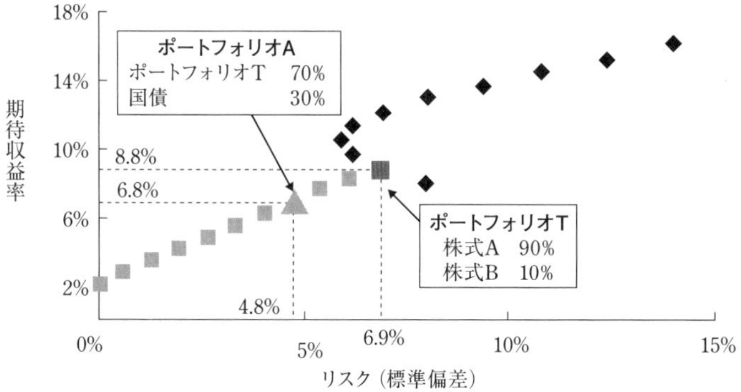

リスクがない国債をポートフォリオに組み込んだとたんに、リスクとリターンの関係が直線になるところがポイントです。この直線上にあるポートフォリオAは、ポートフォリオTに70%、そして国債に30%投資した場合のリスクとリターンを表わしています。

このポートフォリオAのリスクとリターンは、どのように計算すればいいのでしょうか？　ポートフォリオTのリターンは8.8%、国債のリターンは２%です。リターンはそれぞれの銘柄のリターンの加重平均ですから、

8.8%×70% +2.0%×30% =6.8%

と計算できます。

リスク（標準偏差）は、ポートフォリオTの組み入れ比率70%に標準偏差6.9%を掛けるだけで求めることができます（70%×6.9% =4.8%）。

このように、国債などのリスクフリーな資産が組み込まれたポートフォリオ

の標準偏差は、簡単に計算することができるのはなぜでしょうか？　ちなみに、下の式は分散を求める式です。

$$Var(r_p) = W_A^2 Var(r_A) + W_B^2 Var(r_B) + 2W_A W_B Cov(r_A, r_B)$$

資産Bが、国債などの**リスクフリー資産の場合、リターンにバラツキはありません**。また、ポートフォリオと共に（あるいは反対に）動きません。したがって

$$Var(r_B) = 0、Cov(r_A, r_B) = 0$$

となります。したがって、

$$Var(r_P) = W_A^2 Var(r_A) = W_A^2 \sigma_A^2$$

となり、結果的にリスクフリー資産と株式Aのポートフォリオの標準偏差は、

$$\sigma_P = W_A \sigma_A$$

で求められるのです。先ほどの例ならば、国債とポートフォリオT（株式A：90%、株式B：10%）をそれぞれ30%、70%組み入れたポートフォリオAのリスク（標準偏差）は、

$$\sigma_P = 70\% \times 6.9\% = 4.8\%$$

となります。

リスク・リターンのグラフは、当然のことながら、左上にいけばいくほど合理的な投資家にとっては魅力的です。なぜなら、リスクが低くなるにもかかわらずリターンが高くなるからです。そこで、ポートフォリオTの中身を株式A70%、株式B30%に変化させてみましょう（下図）。

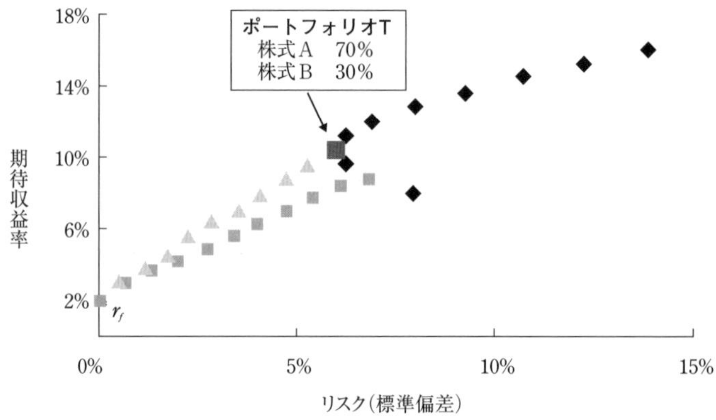

点が左上に移動していますから、先ほどのポートフォリオTよりもリスクは

減少し、リターンは増加しているのがわかります。

また、リスクのない国債のみのポートフォリオと、このポートフォリオTを結んだ直線も先ほどの直線よりも高い位置にあり、どのリスクをとってみてもリターンは高くなっていることがわかります。

■資本市場線とは

合理的な投資家は貪欲（どんよく）です。もっと効率的なラインを引くことはできないだろうか、と考えます。実は、リスクフリーレートである２％から、効率的フロンティアに接する線を１本引くことができます。この線は、**資本市場線**（CML：Capital Market Line）と呼ばれ、この直線が最も効率的です。

◆資本市場線（CML）

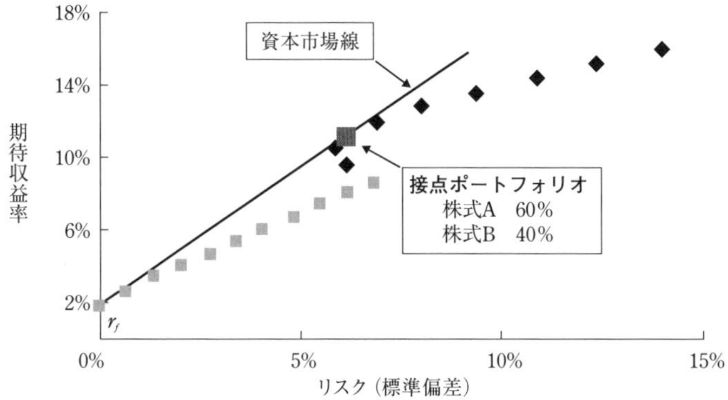

この資本市場線よりも、左上に位置するポートフォリオは作ることができないため、**投資家にとって、最適なポートフォリオは、この資本市場線上のポートフォリオ**になります。資本市場線は、上図のように効率的フロンティアへの接線になります。このときの接点にあるポートフォリオを、**接点ポートフォリオ**といい、上図の場合は、株式A60%、株式B40%を組み入れたものになっています。この線上では、**国債と接点ポートフォリオを組み合わせたポートフォリオ**になっているはずです。

合理的な投資家は、必ずこの資本市場線上のポートフォリオを選択することになりますが、資本市場線上のどのポートフォリオを選択するかは、投資家によって異なるでしょう。なぜなら、投資家によって、リスク許容度が異なるからです。そうした許容度の違いは、国債と接点ポートフォリオの組み入れ比率の差となって現われます。

これまでは、2つの株式（株式Aと株式B）のポートフォリオで話を進めてきました。それでは、ポートフォリオに組み入れる株式の数を増やした場合はどうなるのでしょうか。株式Aと株式Bで作られたポートフォリオに株式Cが追加されたとしましょう。このとき、曲線AB上の1点（ポートフォリオ）と株式Cに分散投資すると下図の左に書かれたような投資機会が得られます。投資可能領域が拡大しますが、合理的な投資家は国債と接点ポートフォリオを組み合わせたポートフォリオを保有することには変わりはありません。ここで、市場に存在するすべてのn個の株式をポートフォリオに組み込んでみます。選択できる範囲も広がり分散化の効果も大きくなります。下の右側の図のように傘の形をした灰色の領域がポートフォリオの投資可能領域になります。このとき、接点ポートフォリオは、市場全体と同じ構成を持つポートフォリオになるため、市場ポートフォリオ[*10]（market portfolio）と呼ばれます。

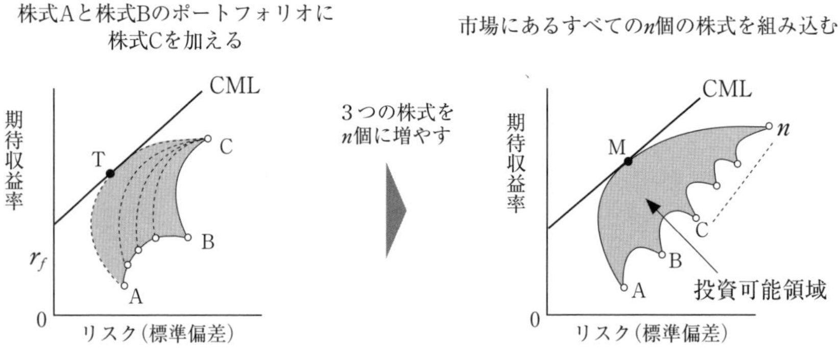

T:接点ポートフォリオ　M:市場ポートフォリオ　CML:資本市場線

ここで重要なことを言います。それは、**合理的な投資家は、市場ポートフォリオと国債などのリスクフリー資産を組み合わせたポートフォリオを保有する**ということです。

あなたがリスクをまったくとりたくなければ、すべてを国債に投資すればいいわけです（次ページ図の▼）。リスクをとれるのであれば、その許容量に応じてこの資本市場線上を右に上がっていくことになります。たとえば、次ページ図の▲のポートフォリオは、国債に50％、市場ポートフォリオに50％投資したものです。さらに右上にいくと、市場ポートフォリオでは、国債への投資は0％になります（下図の●）。

＊10　市場ポートフォリオについては、101ページで説明します。

さらに、市場ポートフォリオよりも右上の点まで投資可能な範囲を広げるためには、国債の利回り（リスクフリーレート）で借り入れを行ない、これを自己資金と一緒に市場ポートフォリオに投資すればいいことになります。

◆市場ポートフォリオMと国債

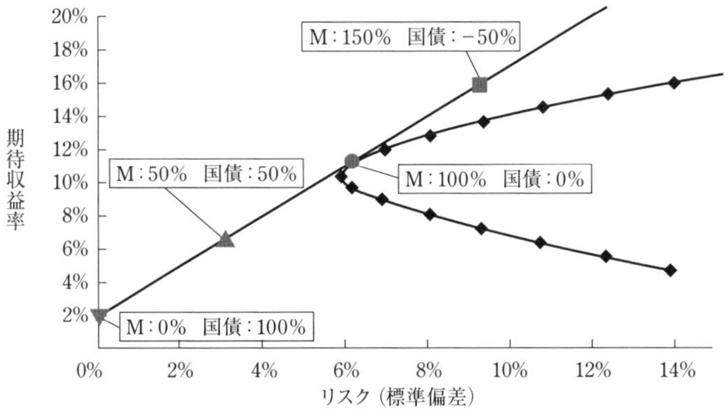

ここは少し難しいところなので、具体的な数字を使って考えてみましょう。いま、あなたは100万円を持っているとします。その100万円を、国債や市場ポートフォリオの組み合わせで投資することを考えます。100万円全額を、国債か市場ポートフォリオに投資してもいいですし、50万円ずつ、それぞれに投資してもいいわけです。

あなたが、もっとリスクをとってもいいと考えたとしましょう。ただし、手元には100万円しかありません。ここで、50万円をリスクフリーレートで借りてきて、手元の100万円と合わせて150万円を市場ポートフォリオに投資することもできます。これを、「M：150%、国債－50%」と表現しています（上図の■）。借り入れを行なうのは、投資することと反対のことですから、マイナスがつくのです。

ここで、再度、まとめてみましょう。

資本市場線上のすべての点は国債などのリスクフリー資産と市場ポートフォリオのさまざまな組み合わせを表わしています。

国債の比率が下がれば、市場ポートフォリオの比率が上がります。市場ポートフォリオの比率が上がれば、リスクとリターンが上がっていくのです。そして、どれだけのリスクをとるかは、投資家であるあなた次第なのです。

このように、リスクに対する許容度が異なる投資家もリスク資産として投資するのは、市場ポートフォリオです（第１ステップ）。次に、リスクの許容度の違いは、市場ポートフォリオとリスクフリー資産の保有比率に反映されます

（第２ステップ）。この２つのステップに分離された最適ポートフォリオの決定理論は、トービン（J.Tobin）の「分離定理」[*11]と呼ばれています。

■接点ポートフォリオを求めよう

合理的な投資家は、そのリスクの許容度に応じて、資本市場線上のポートフォリオに投資します。資本市場線上のすべての点は、国債と市場ポートフォリオのさまざまな組み合わせを表わしています。前節で、資本市場線と効率的フロンティアの接点である接点ポートフォリオは、「株式A60％、株式B40％を組み入れたもの」と述べましたが、この組み入れ比率はどのように求めたのでしょうか。

その計算方法を説明する前に、**シャープレシオ**という言葉を知っておく必要があります。シャープレシオとは、**ポートフォリオがリスクに見合った運用実績を上げているかを見る指標**で、次のように求めます。

◆シャープレシオの求め方◆

$$シャープレシオ = \frac{リスクプレミアム（ポートフォリオの運用実績－リスクフリーレート）}{ポートフォリオのリスク（標準偏差）}$$

式の分子は、リスクをとることによって得たリスクプレミアム[*12]を意味しており、分母は、リスク（標準偏差）を意味しています。したがって、シャープレシオは、**リスクをとることによってどれだけ効率よくリターンを上げることができたか**を示します。**この値が大きいほど、運用の効率がよい**とされています。

たとえば、次ページの表では、株式Aに30％、株式Bに70％投資するポートフォリオの期待収益率は13.6％で、標準偏差は9.4％です。リスクフリーレートを国債の利回り２％とすると、リスクプレミアムは、11.6％（=13.6％ − 2.0％）となります（セルB8）。

＊11　この定理は、ノーベル経済学賞を受賞したトービンの1958年の論文で提唱されたもので、現代ポートフォリオ理論（Modern portfolio theory）の基礎になっています。
＊12　リスクのある資産に投資したことにより得られたリターンから、リスクフリーレートを引いたものをリスクプレミアムといいます。リスクプレミアムは、リスクをとったことに対する報酬ともいえます。

◆シャープレシオを求める

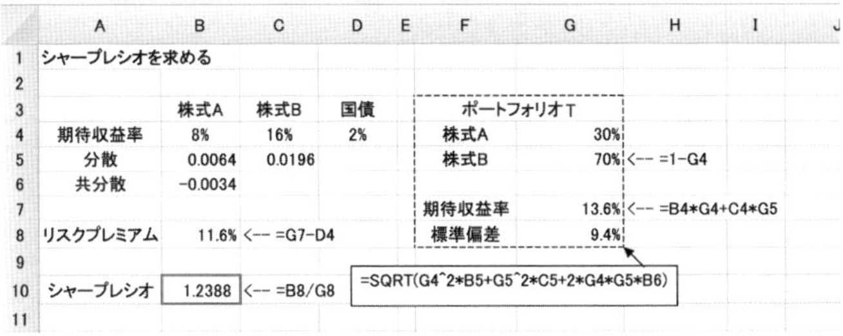

	A	B	C	D	E	F	G	H
1	シャープレシオを求める							
2								
3		株式A	株式B	国債		ポートフォリオT		
4	期待収益率	8%	16%	2%		株式A	30%	
5	分散	0.0064	0.0196			株式B	70%	<-- =1-G4
6	共分散	-0.0034						
7						期待収益率	13.6%	<-- =B4*G4+C4*G5
8	リスクプレミアム	11.6%	<-- =G7-D4			標準偏差	9.4%	
9								
10	シャープレシオ	1.2388	<-- =B8/G8					
11								

=SQRT(G4^2*B5+G5^2*C5+2*G4*G5*B6)

こうして求めたリスクプレミアム11.6%を、ポートフォリオのリスク（標準偏差）である9.4%（セルG8）で割ります。すると、シャープレシオは、1.2388（セルB10）と求めることができます。

ここから、ソルバーを使って、シャープレシオが最大となるポートフォリオを計算できます。「データ」→「ソルバー」をクリックすると、下のようなダイアログボックスが出てきます。「目的セルの設定：(T)」には、シャープレシオ（セルB10）を入力します。このシャープレシオを最大にする株式Aの比率（セルG4）を求めることから、「変数セルの変更：(B)」には、株式Aの比率（セルG4）を入力します。あとは、「解決（S)」をクリックするだけです。こうして求めたポートフォリオこそ、接点ポートフォリオなのです。

◆シャープレシオが最大となるポートフォリオ＝接点ポートフォリオ

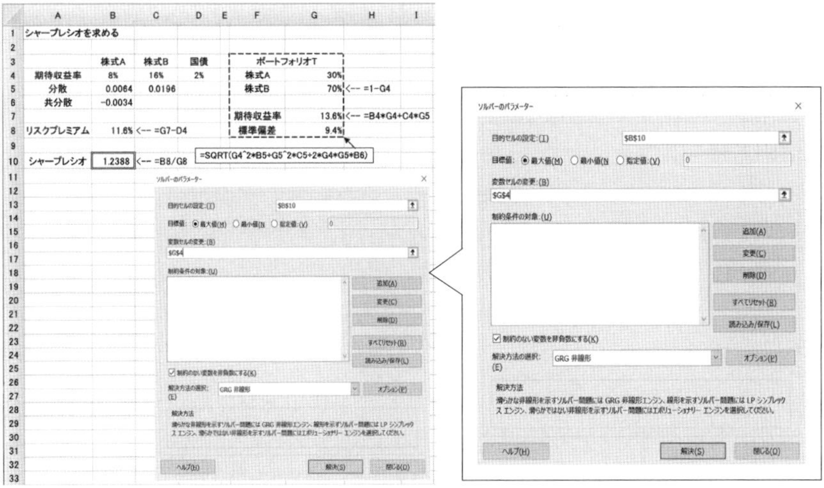

では、なぜ、シャープレシオが最大となるポートフォリオが、接点ポートフォリオになるのでしょうか？

実は、**シャープレシオは資本市場線（CML）の傾き**なのです。この傾きを最大にするポートフォリオこそが、接点ポートフォリオといえるのです。

◆シャープレシオ＝CMLの傾き

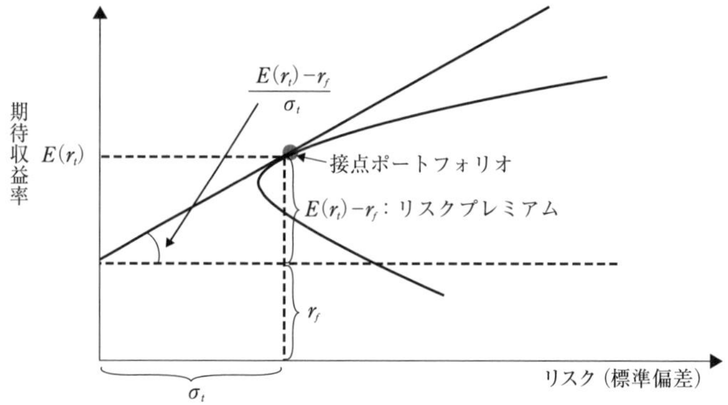

ソルバーによる計算の結果、シャープレシオが1.4871と最大をとる接点ポートフォリオの内訳は、株式Aが60％、株式Bが40％ということがわかりました。

Column

市場ポートフォリオとは

合理的な投資家は、市場ポートフォリオと国債などのリスクフリー資産を組み合わせたポートフォリオを保有することは理解できたと思います。いずれの投資家も、リスク許容度に差はあるものの、リスク資産として購入するのは、市場ポートフォリオです。

市場ポートフォリオは市場のすべての資産を時価総額に比例して保有しているポートフォリオです。たとえば、アップルの時価総額が株式市場の時価総額の5%を占めるとしましょう。すなわち、市場ポートフォリオを構成する株式の5%がアップルであるということです。ところが実際には、市場には不動産、未上場株式など、株式市場では取引されていない資産が多くあります。したがって、市場ポートフォリオはあくまでも抽象的な概念です。

しかし、投資家はリスクフリー資産と十分にリスク分散されたリスク資産を所有すべきだ、ということは間違いありません。このような考え方から、市場全体の動きを表わす「TOPIX」や「S&P500」などの株価指数に連動するファンドが生まれました。

■市場リスクと個別リスク

これまで見てきたように、**投資を分散化することにより、リスクを減少させることができます**。投資家が、ポートフォリオに組み込む銘柄の数を増やしていくと、それに伴いポートフォリオのリスクは減少していくわけです。しかし、株式がある一定の数を超えるとリスクは減少しなくなります。これは、株式のリスクのうち、**市場リスクと呼ばれるものは、分散化によっても取り除くことができない**からです。実は、株式のリスクは、**市場リスク**[*13]（market risk）と**個別リスク**（unique risk）の合計です。

◆株式のリスク◆

株式のリスク(トータルリスク)＝市場リスク(マーケットリスク)
＋個別リスク(ユニークリスク)

市場リスクは、経済全体に影響を与えるような景気、金利、為替の動向によって引き起こされるので、ポートフォリオで分散化しても減らすことはできません。

◆市場リスクは分散化によっても減らせない

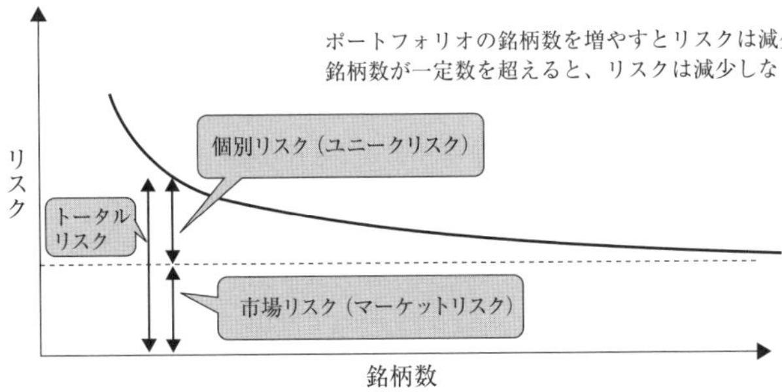

一方、個別リスク（ユニークリスク）は市場の動きによらないものです。その企業そのものや業界に関連した固別の要因によって発生するリスクといえます。投資家の立場からすれば、この個別リスクは、ポートフォリオの分散によって、つまり、組み入れる銘柄数を増やすことによって解消されていくものです。したがって、

*13　市場リスクはシステマチックリスク（systematic risk)、個別リスクはアンシステマチックリスク（unsystematic risk）と呼ばれることもあります。

十分に分散化されたポートフォリオのリスクは、そのポートフォリオに含まれる株式の市場リスクによって決まります。

■市場リスクとβ（ベータ）

このように、十分に分散化されたポートフォリオでは、市場リスクのみが問題となります。また、投資家が注目しているのは、この分散化できないリスクである市場リスクなのです。個別株式の市場リスクは、市場ポートフォリオ[*14]に対する感応度を表わすβ（ベータ）で測ることができます。

β（ベータ）は次のように定義できます。

◆β（ベータ）の定義◆

$$\beta = \frac{Cov(r_i, r_m)}{Var(r_m)} = \frac{\sigma_i}{\sigma_m} \times \rho_{im}$$

r_i：株式iのリターン、r_m：市場ポートフォリオのリターン、ρ_{im}：株式iと市場ポートフォリオの相関係数、σ_i：r_iの標準偏差、σ_m：r_mの標準偏差

株式iのβは、株式iと市場ポートフォリオのリターンの共分散$Cov(r_i, r_m)$を市場ポートフォリオの分散$Var(r_m)$で割った値です。ここで着目したいのは、βのもう１つの定義です。

$$\beta = \frac{\sigma_i}{\sigma_m} \times \rho_{im} = \frac{\text{株式}\,i\,\text{の標準偏差} \times \text{株式}\,i\,\text{と市場ポートフォリオの相関係数}}{\text{市場ポートフォリオの標準偏差}}$$

この分子の意味について考えてみましょう。βは市場ポートフォリオに対する感応度だといいました。βの定義式の分子には、株式iと市場ポートフォリオの相関係数があります。相関係数とは、株式iと市場ポートフォリオがどれだけ連動して動くかの指標でした。相関係数＋1が完全相関でした。たとえば、相関係数が0.8の場合は0.2の部分は市場ポートフォリオの動きとは関係ない個別リスクに当たる部分です。個別リスクが大きくなればなるほど、相関係数は低下します。その結果、βが低下することになります。

＊14　TOPIXやS&P500のように、株式市場全体の動きを表わす株価指数をいいます。本来の市場ポートフォリオは、取引されているすべての資産を含むと考えられているので、TOPIXやS&P500は、市場ポートフォリオの不完全な代理変数でしかないことに注意する必要があります。

投資家が1つの株式に投資する場合、その株式のトータルリスク（個別リスク＋市場リスク）、すなわち標準偏差の大きさに応じて、高い収益率を要求するはずです。ところが、投資家がポートフォリオに投資する場合、個別株式のトータルリスク（標準偏差）ではなく、分散投資によって除去できない市場リスクの大きさが重要になります。

βの計算式の分子で、株式iの標準偏差に「株式iと市場ポートフォリオの相関係数」を掛けているのは、株式iのトータルリスク（標準偏差）から市場全体に連動する部分（市場リスク）のみを切り出しているともいえます。このことは、トータルリスクが同じ株式だとしても市場ポートフォリオとの相関関係に違いがある場合、投資家の要求する収益率は異なることを意味します。

ここで、βをどのように求めるかを見てみましょう。

下の図は、TOPIX（市場ポートフォリオ）と三菱UFJフィナンシャル・グループ（MUFG）のそれぞれの月次リターンの散布図です。それぞれの点に一番フィットする直線[*15]は、

$$y = 1.3116\,x - 0.0055$$

であることがわかります。

◆TOPIXとMUFGの月次リターン散布図

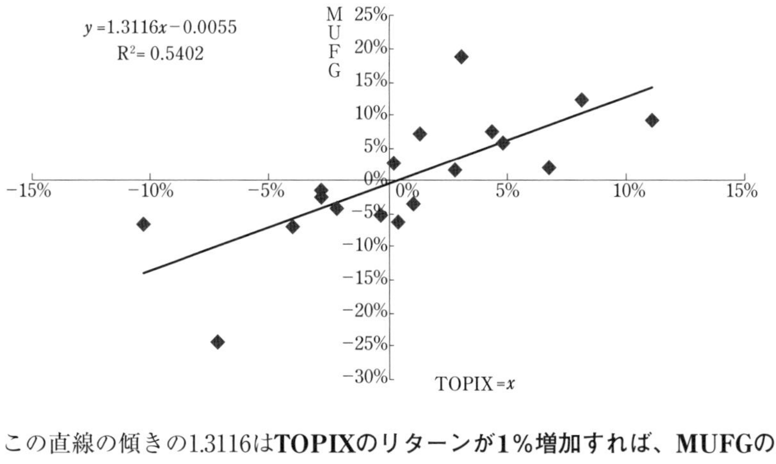

この直線の傾きの1.3116は**TOPIXのリターンが1％増加すれば、MUFGの月次リターンが1.3116％増加する**ことを表わしています。反対に、TOPIXのリ

＊15　散布図の点の1つをクリックして、その点をマークしたまま、右クリック。そして「近似曲線の追加（R）」をクリック。Excelが勝手に一番フィットする直線を見つけてきてくれます。

ターンが１％減少すれば、MUFGの月次リターンが1.3116％減少することを表わしています。実は、このときの直線の傾き1.3116をβというのです。傾きが１より大きいということは、MUFGの株式がTOPIXに対して感応度が高いということを示しています。

すなわち、

β（ベータ）とは、TOPIX（市場ポートフォリオ）のリターンが１％変化したときにその株式のリターンが何％変化するかという、TOPIXの値動きに対する感応度を表わしています。

◆β（ベータ）の値の特徴◆

TOPIXとまったく同じ値動きをする株式のβは1とする
例）TOPIXの値動きが±10%の場合
株式Aは±20%値動きする　→　β＝2
株式Bは±5%値動きする　→　β＝0.5

βは、分散化によって取り除くことはできない市場リスクを測るモノサシだということを覚えておいてください。

▣証券市場線の真実

●投資家はリスクに見合ったリターンを求める

ファイナンスの世界では、**投資家はリスク回避的（risk averse）である**のが前提にあります。つまり、投資家は、リスクが高い資産に投資するときは、そのリスクに見合ったリターンを求めるということです。したがって、ある資産に対する要求（期待）収益率は、次のような式で表わせます。

要求（期待）収益率＝リスクフリーレート＋リスクプレミアム

たとえば、リスクフリーレートである国債の利回りが１％で、株式投資の要求収益率は６％だとします。「国債に投資すれば、１％のリターンがあるのだから、リスクのある株式投資であれば、最低でも６％くらいのリターンがほしい」ということです。このとき、要求収益率とリスクフリーレートの差である５％を「リスクをとることに対する報酬」という意味で、**リスクプレミアム**といいます。リスク資産に投資するからには、リスクフリーレート以上のリターンを要求するのは、当たり前のことです。銀行のカードローンと消費者金融のローンとで金利が違うのも、顧客の信用リスクが違うからです。

しかし、ここで問題となるのは、リスクプレミアムをどのように求めればいいのかということです。

●βとリスクプレミアムの関係

株式の市場リスクを測るモノサシであるβ（ベータ）とリスクプレミアムとの間にはどのような関係があるのでしょうか？

まず、一番単純なケースからはじめてみましょう。国債は、リスクフリー資産なので、βは、ゼロになります。このときのリスクプレミアムもまた、ゼロになります。国債投資に「リスクをとることに対する報酬」などあるわけがありません。このように、βがゼロのときは、リスクプレミアムもゼロになります。

それでは、TOPIXやS&P500などの市場ポートフォリオのβは、どうでしょうか？　市場ポートフォリオは、平均的な市場リスクを有しており、βは1といえます。市場ポートフォリオの期待収益率を$E(r_m)$、リスクフリーレートをr_fとすれば、このときのリスクプレミアムは、$(E(r_m) - r_f)$となります（次ページ図）。この市場ポートフォリオの期待収益率とリスクフリーレートの差をマーケット・リスクプレミアムといいます。

したがって、βが1のときは、リスクプレミアムは$(E(r_m) - r_f)$ということがわかります。それでは、βが0や1以外の値をとるときのリスクプレミアムはどうでしょうか。この問いに答えてくれるのが**資本資産評価モデル**（CAPM（キャップエム）：Capital Asset Pricing Model）です。

CAPMは、ファイナンス理論の最も重要な概念の1つと考えられており、このモデルの発見者であるウィリアム・シャープは、1990年にノーベル経済学賞を受賞しています。CAPMによれば、**すべての資産のリスクプレミアムは、その資産のβに比例します**。これが意味することは、βが2倍、つまり、リスクが2倍になれば、リスクプレミアムも2倍になるということです。資産iのβをβ_iとすると、資産iの期待リスクプレミアム$(E(r_i) - r_f)$は、

$$E(r_i) - r_f = \beta_i \times (E(r_m) - r_f)$$

で表わされます。ここで$E(r_i)$は資産iに期待される収益率を表わしています。

この式の左辺のリスクフリーレートr_fを右辺に移項するとおなじみのCAPMの数式になります。

第2章　証券投資に関する理論

◆CAPM◆

$$E(r_i) = r_f + \beta_i \times (\underbrace{E(r_m) - r_f}_{\text{マーケット・リスクプレミアム}})$$

たとえば、国債の利回りが１％、市場ポートフォリオの期待収益率が５％の場合、βが1.5の株式iの期待収益率$E(r_i)$はどのようになるのでしょうか？

$$E(r_i) = r_f + \beta_i \times (E(r_m) - r_f) = 1\% + 1.5 \times (5\% - 1\%) = 7\%$$

それぞれの値をこのCAPMの式に代入すると、株式の期待収益率は７％であることがわかります。このように、資産iの期待収益率は、リスクフリーレートにβとマーケット・リスクプレミアムを掛けたものを加えることによって計算することができます。

このような一次式で表わされた直線を、**証券市場線**（SML：Security Market Line）といいます。

証券市場線で、すべての資産のリスクとリターンの関係を表わすことができます。

◆証券市場線（SML）

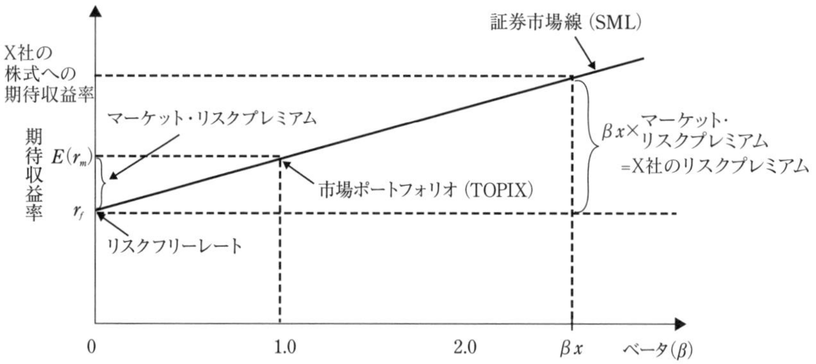

このSMLが出てきた瞬間に、先ほどの資本市場線（CML）との違いに頭を抱えることになります。ここで、その違いについて説明しておきましょう。まず第１に、CMLがリスクをトータルリスクの尺度である標準偏差で測っているのに対して、このSMLはリスクを市場リスクの尺度であるβで測っています。そして、第２に、CMLが描いているのは、リスク資産である市場ポートフォリオとリスクフリー資産との組み合わせからなるすべての投資家に共有さ

れる効率的ポートフォリオであるのに対して、SMLは、すべての個別株式や債券、ポートフォリオなどの期待収益率とβの関係を表わしているのです。言いかえれば、CAPMは、**すべての株式やポートフォリオは、SMLの上にある**と言っているのです。

◆資本市場線と証券市場線の関係

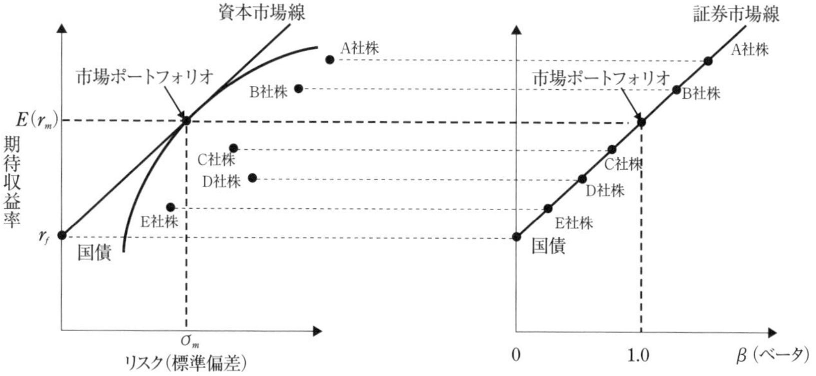

もちろん、すべての証券が常にSML上にあるとは限りません。証券によっては、割安や割高のまま放置されることもあるでしょう。ただ、CAPMの世界ではこれらの放置された証券も、いずれはSML上に並ぶと考えられているのです。

2.5 効率的市場仮説

過去の株価の推移から、将来の株価を予想することはできるでしょうか？ファイナンス理論では、「効率的な」市場で決定される株価はその時点で利用可能なすべての情報を反映しているため、過去の株価の推移から将来の株価を予想することはできないと考えます。

効率的市場では、新しい情報が発生すると、それを反映して、瞬時に株価は変動するわけです。つまり、投資家は、市場全体よりも価値のある情報を持たない限り、市場に勝つことが難しいということを意味します。実際に市場は、効率的市場なのでしょうか？　この問いに対して、効率的であると考えるのが、**効率的市場仮説**（EMH：Efficient Market Hypothesis）です。この仮説における情報のレベルには、次のように、ウィーク・フォーム、セミストロング・フォーム、ストロング・フォームがあります。

■ウィーク・フォーム（weak-form）

1つ目のレベルは、**ウィーク・フォーム**です。これは「マーケットの株価には、過去のすべての相場情報が反映されている」とする仮説です。これが成り立てば、過去の株価の動きから、将来の株価の動きを予想して儲けるのは不可能ということになります。このことは、ほとんどの市場関係者は納得しています。

これが真実だとすれば、3日間続伸すれば買いだとか、3日間続落すれば売りだとかいう金儲けのルールは、まやかしであるということになります。市場がウィーク・フォームで効率的だとすると、投資戦略のほとんどが眉唾(まゆつば)ものであるという印象をあなたは持つでしょう。

過去の株価の動きは、すべての人が手に入れられる情報です。もし、あなたがこれらの情報によって儲けられるとしたら、みんな儲かってしまいます。逆に、みんなが同じことをするわけですから、儲けることなどできないともいえるでしょう。過去の株価の動きのパターンを分析して、将来の値動きを予想する、いわゆる**テクニカル分析**はこの効率的市場仮説からすれば、「すべて無視すべきもの」ということになります。

■セミストロング・フォーム（semistrong-form）

２つ目のレベルが**セミストロング・フォーム**です。この仮説では、「マーケットの株価には、過去の相場情報に加えて、現時点で公表されているすべての情報が反映されている」とします。したがって、ウィーク・フォームと同様に、将来の株価を予測するのは不可能であると考えるものです。

私たちは情報の洪水にもまれています。日産自動車の有価証券報告書を読んで、金儲けなどできるのでしょうか？　おそらく、そんなことはできないはずです。日産自動車の株主は、それこそ数え切れないほどいるでしょうし、多くの証券アナリストも注目しています。日産自動車の有価証券報告書から得られる情報などは、すぐに知れ渡ってしまうでしょう。情報がどれだけ手に入りにくいかによって程度の差はあるものの、ほとんどの市場関係者が、市場はセミストロング・フォームで効率的だと考えています。

■ストロング・フォーム（strong-form）

３つ目のレベルは、**ストロング・フォーム**です。この仮説では、「マーケットの株価は公表されているか否かを問わず、すべての情報が反映されている」とするものです。日産自動車の有価証券報告書やアナリスト・レポート以外にも、未公開の情報もあるはずです。仮に日産自動車が、「ガソリン不要の空気だけで走る画期的なクルマの開発に成功したこと」*16を、社員であるあなたは知っているとします。この情報は、果たして、株価に反映されているのでしょうか？

市場がストロング・フォームで効率的だとすると、こうしたインサイダー情報も株価に反映されていることになります。ここまでくると、さすがに首を傾げたくなります。インサイダー情報を利用すれば、市場の平均よりも高い収益率を上げられるでしょう。インサイダー情報を使った取引が法律で禁じられていること自体が、市場はストロング・フォームで効率的ではないという証拠ともいえます。

もっとも、効率的市場仮説自体が、いまもなお決着がついていません。実証データにも、効率性を否定する証拠があったりします。たとえば、１週間のうち、月曜日のリターンが低く、金曜日のリターンが高いという「週末効果」や１月のリターンが他の月に比べて高いという「１月効果」などの「アノマリー

---

*16　もちろん架空の話です。念のため。

(anomaly)[*17]」と呼ばれる現象が有名です。私もビジネススクールの「行動ファイナンス[*18]」の授業では、「月の満ち欠けと株式市場のリターンの関係」についての論文を読んだりしたものです。

市場は、常に効率的であるとは限らないことに反対する人は多くはないでしょう。ここで重要なのは、市場の非効率性が投資家や経営者にとってどのような意味を持つのかということです。投資家にとっては、金儲けのチャンスがあるということになります。市場が非効率だということは、価格と価値に差が生じる可能性があるからです。

では、経営者にとってはどうでしょうか？　長期的に考えれば、企業の株価は、将来生み出すキャッシュフローの現在価値であるとするならば、企業にとって大切なことは、短期的な株価の動きではなく、あくまでも長期的な株価の動きです。つまり、たとえ市場が常に効率的であるとは限らないとしても、経営者は市場が効率的であるという前提で意思決定を行なうべきだということです。

＊17　アノマリー（anomaly）とは、理論的には説明できない規則的な変動をいいます。有名なところでは、時価総額が低い企業の株の収益率が理論値よりも高くなるという小型株効果があります。

＊18　行動ファイナンスとは、CAPMをはじめ、現代ポートフォリオ理論では説明できないマーケットの動きを、心理学的な視点から解き明かそうとする理論です。

第2章　まとめ

- リスクとは「想定される結果」のバラツキであり、予想することができない「不確実性」といえる。

- 株式のリスクは期待収益率（リターン）の標準偏差で測ることができる。

- 共分散は２変数の相関関係の方向性を示す指標であり、相関係数は相関関係の強さを表わす指標である。

- ポートフォリオの期待収益率（リターン）は、ポートフォリオに組み込まれた株式の期待収益率の加重平均となる。また、ポートフォリオのリスク（分散）は、株式間の共分散（相関関係の方向性）によって、分散効果の大きさが決まる。

- 効率的フロンティアは、同じリスク（標準偏差）であれば、期待収益率が最大であること、さらに同じ期待収益率であれば、リスク（標準偏差）が最小である投資機会の集合である。

- 相関係数とポートフォリオのリスク分散効果の関係は、相関係数が＋１の場合、リスク分散効果はない。一方で、相関係数が－1の場合は、2つの株価はまったく反対の動きをすることから、2つの株式の組み入れ比率によっては、リスクフリー（標準偏差ゼロ）にすることが可能である。

- すべての投資家の最適ポートフォリオは、国債と市場ポートフォリオを組み合わせたポートフォリオになる。市場ポートフォリオは市場にあるすべての株式と証券を一定割合で保有するポートフォリオである。

- 株式のリスクは、分散不可能な市場リスクと分散可能な個別リスクの合計である。十分に分散化されたポートフォリオのリスクは、そのポートフォリオに含まれる株式の市場リスクによって決まる。

- 株式の市場リスクはその株式のβ（ベータ）によって測ることができる。

- CAPM（キャップエム）によれば、すべての株式のリスクプレミアムは、次の式で表わせる。
  株式のリスクプレミアム＝β×マーケット・リスクプレミアム

第3章

企業価値評価

コーポレート・ファイナンスで、最も重要な概念である資本コストの考え方とその計算方法について説明します。また、投資家（株主と債権者）に帰属するフリーキャッシュフローの概念を説明し、企業価値評価算定のスキルを身につけます。また、株主資本コストを反映した業績指標であるEVAについて見ていきます。さらに事業別の割引率の設定方法やクロスボーダー案件の株主資本コストの算定方法について説明します。

3.1 加重平均資本コスト（WACC）とは

■株式による資金調達

●資金調達にかかるコスト

企業が事業を行なうには、資金が必要です。企業の資金調達の方法は、株式発行による**エクイティ・ファイナンス**（Equity finance）と、社債や銀行借入などの**デット・ファイナンス**（Debt finance）に分けることができます。当然のことながら、これらの資金調達には、それなりのコストが発生します。それでは、コストとは何を指すのでしょうか？　まず、すぐ思い浮かぶのは銀行などの債権者に対して支払う利息でしょう。銀行などの債権者は、借り入れに対するリターンとして利息支払を要求してくるからです。

利息支払だけでなく元本も返済する必要があるデット・ファイナンスに対し、エクイティ・ファイナンスで調達した資金は株主に返済する義務はありません。そのせいか、エクイティ・ファイナンスはコストが発生しない調達方法と考える経営者が多かったのですが、それは間違いです。株主に対しては、**配当（インカムゲイン）**や**株価上昇益（キャピタルゲイン）**という形で報いる必要があります。債権者や株主に対して企業が負担するこれらのコストを**資本コスト**といいます。実は資本コストは実際に企業が現金で支払うコストではありません。**債権者と株主にとっての機会コスト**[*1]です。資金を企業に融資や投資することは、他の事業で得られたであろうリターンを失っています。したがって、その機会コスト分を経営者は要求されていると考えなくてはいけないというわけです。

◆エクイティ・ファイナンスとデット・ファイナンスの特徴

項目	エクイティ・ファイナンス	デット・ファイナンス
リターン	配当・キャピタルゲイン	利息
税金	費用として税額控除なし	費用として税額控除可能 節税効果あり
議決権	あり	なし
倒産	配当しないからといって、倒産に追い込まれることはない	元本・利息の未払いは、倒産という結果を招く

＊1　機会コストについては、149ページで説明しています。

◆資本コストのイメージ

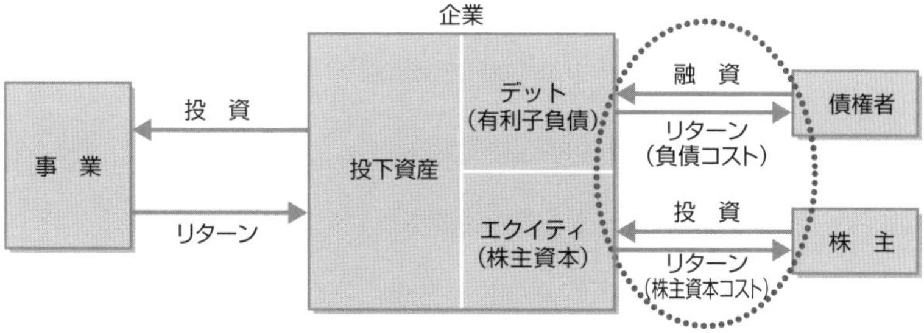

企業の資本コストは、株主の要求するリターン（経営者にとっての株主資本コスト）と債権者の要求するリターン（経営者にとっての負債コスト）を加重平均することによって計算できます。

このため、資本コストは、**加重平均資本コスト**（WACC：Weighted Average Cost of Capital）とも呼ばれています。

このように、WACCは企業が株主と債権者に対して負担しなければならないコストの加重平均です。別の見方をすれば、資本提供者の要求に応えるために企業が投下資産を活用して生み出すべき最低限の収益率といえます。当たり前のことですが、企業にとってのコストは、債権者や株主にとってはリターンになるわけです。

WACCは、コーポレート・ファイナンスの根幹をなすものであり、非常に重要な考え方です。では、「株主資本コストと負債コストはどちらが高い」のでしょうか？

ファイナンスの重要な原則に、**投資家は、リスクが高くなればなるほど、高いリターンを求める**、があります。**ハイリスク・ハイリターンの原則**です。したがって、先の問いはそのまま、「エクイティの提供者である株主とデットの提供者である債権者と、どちらがリスクをとっているのか？」という問いになります。

この問いに答える前に、いったん、企業の収益（売上）が関係者にどのように配分されていくかを見ていくことにしましょう。企業は売上を顧客から受け取り、そこから原材料費などの費用を取引先に、人件費を従業員に支払います。そして、社債や借入金の利息を金融機関等の債権者に支払い、法人税を支払ったあと、ようやく株主の番になります。

◆企業活動における主な費用とその支払い先

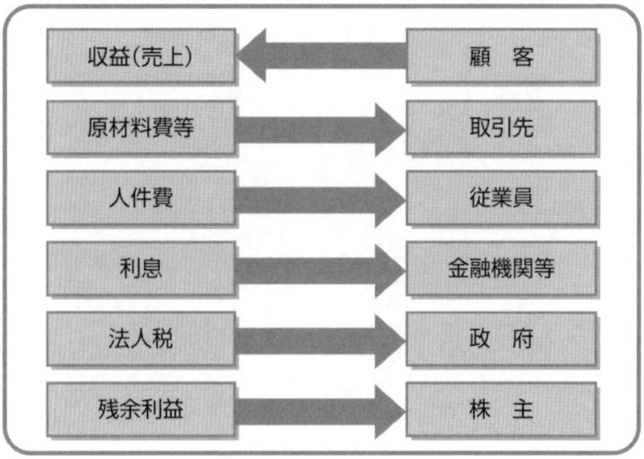

このように、株主は企業の利害関係者の中で、**収益の配分を受ける順番が最後**になります。そして、そもそも配当や株価上昇益は約束されているわけではありません。したがって、企業が、「来年は業績が厳しいから配当は行なわない」と判断することも十分にあり得るわけです。そうなれば、株主は配当を受け取ることができません（無配といいます）。このように、株主への収益の分け前は最後で、リターン（配当や株価上昇益）のバラツキは大きいのです。

これらのことからわかるとおり、株主のほうが債権者に比べて、リスクをとっているといえます。株主と債権者とで、どちらが高いリターンを要求するかは明白です。したがって、一般的に企業にとって、**株主資本コストのほうが負債コストよりも高くつく**のです。

それでは、実際にWACCを計算する式を見てみましょう。

◆WACC（ワック）の計算式◆

$$WACC = r_E \times \frac{E}{E+D} + r_D \times (1 - T_C) \times \frac{D}{E+D}$$

r_E ：株主資本コスト

r_D ：負債コスト

E ：エクイティ（時価）

D ：デット（時価）

T_C ：法定実効税率

難しそうな式が出てきましたが、この式がいっていることは単純です。「企業のWACCは、株主資本コストと負債コストをそれぞれの時価で加重平均することによって求められる」ということです。それぞれの項目の意味は次のとおりです。

[株主資本コスト]

株主が要求するリターン（収益率）。計算式の5つのパラメータの中で一番計算するのが難しいと感じるのがこの株主資本コストです。第2章で説明したCAPM（キャップエム）の理論を使って計算します。詳しい計算方法については、後述します。

[負債コスト]

企業が債権者に対して負担するコストです。裏を返せば、銀行などの債権者が要求するリターン（収益率）です。厳密にいえば、企業が**これから調達する場合のコスト**を指します。しかし、実務では簡便的に過去の資金調達コストを負債コストと考えるのが一般的です。具体的には次のように求めます。

負債コスト＝支払利息÷期首と期末の有利子負債の平均残高

その他、対象会社と同格付の水準にある企業が発行する社債利回りを参考に推定する方法もありますが、まずは上記の方法を覚えましょう。負債コストに（$1-T_C$）を掛けるのは、利息が税務上、損金に計上され、節税効果*2があるからです。たとえば、借入金利が5％、税率が30％とすると、実際には、5％×（1－30％）＝3.5％の金利負担で済むということです。

[エクイティ（時価）]

上場企業であれば、株主資本*3の時価は、「**株価×発行済株式数***4」で求められます。貸借対照表上の純資産にあるのは、あくまでも会計上の数字（**簿価**と呼びます）です。したがって、株価で求めるのが正解です。

---

*2　デットの節税効果については、186ページで再度説明しています。
*3　この株主資本は、日本では長らく、「自己資本」という名称で呼ばれてきました。これは、返済する必要がない「自分のお金」という感覚を経営者に与えてしまう名称です。中小企業のオーナー社長はそのような解釈でも構いませんが、これからは株主資本と呼んだほうがいいでしょう。
*4　正確にいえば、時価総額を求める際の株式数は、発行済株式数から自己株式数をマイナスしたものです。

[デット（時価）]

原則は、エクイティと同じ時価ベースですが、デットの時価と簿価は通常の場合、大きな差がなく、またデットの時価を計算するのは面倒なことから、実務ではデットの簿価で代用しています。ただし、外貨建ての債務は為替レートの影響を受けることから、時価を使う場合があります。

[法定実効税率]

税率は法定実効税率と限界税率*5のどちらを選択すればいいのかという論点があります。実務では法定実効税率を使うのが一般的です。法定実効税率は法人税、住民税、事業税によって計算され、現在では約30％です。

では、実際にWACCを計算してみましょう。

【演習問題】

あなたの会社の発行済株式数が20万株だとします。現在の株価は2,500円です。また、金利５％の借入金が150百万円あります。法定実効税率は30％、株主は年率20％のリターンを求めているとしましょう。このときのWACCはいくらでしょうか？

【解　答】

株主資本コスト：$r_E = 20\%$

負債コスト：$r_D = 5\%$

エクイティ（時価）：E ＝ 2,500円×200,000株＝500百万円

デット（時価）：D ＝ 150百万円

法定実効税率：$T_C = 30\%$

$$WACC = r_E \times \frac{E}{E+D} + r_D \times (1 - T_C) \times \frac{D}{E+D}$$

$$= 20\% \times \frac{500\text{百万円}}{500\text{百万円}+150\text{百万円}}$$

$$+5\% \times (1-30\%) \times \frac{150\text{百万円}}{500\text{百万円}+150\text{百万円}} = 16.19\%$$

＊5　限界税率は、企業において追加的に１円の課税所得が発生した場合に支払う税金額から算出されます。多額の繰越欠損金がある企業は利息を払うことによる節税効果はありません。このような場合は、限界税率を使うことになります。

いままで見てきたように、WACCは、株主や債権者に対して負担すべきコストを加重平均したものです。**企業は、このWACCを上回るリターン（収益率）を上げてはじめて、企業価値を高めることができます。**このことは、WACCと株価の関係を考えてみてもわかります。

企業がWACCを上回るリターン（超過リターン）を上げたとしましょう。債権者に対するリターン（＝支払利息）は契約で決まっており、一定ですから、超過リターンはすべて株主に還元されます。したがって、企業が株主の求める以上のリターンを生み出した場合、新たな投資家をひきつけることになり、その結果、株価は上昇します。

この意味では、**WACCとは、企業が株価を維持するために最低限生み出す必要のあるリターン（収益率）**ともいえるのです。

3.2 CAPMを使って株主資本コストを求めよう

WACC（ワック）を計算するために必要なパラメータのうち、最も算出するのが難しいと感じるのが、株主資本コストです。株主資本コストの算定については、CAPM（キャップエム）を使って計算するのが一般的です。CAPMの公式は次のとおりです。

◆CAPM◆

$$E(r_i) = r_f + \beta_i \times (E(r_m) - r_f)$$

株式i[*6]の期待収益率$E(r_i)$は、リスクフリーレートr_fにβ_iとマーケット・リスクプレミアム（$E(r_m) - r_f$）を掛けたものを加えたものです。この期待収益率$E(r_i)$こそが、株式iの株主資本コストです。言いかえれば株主が要求する収益率です。それでは、実際に株主資本コストを計算してみましょう。

【演習問題】

X社の株主資本コストを求めよ。ただし、各パラメータは以下のとおりとする。

X社のベータ：$\beta = 1.5$

市場ポートフォリオの期待収益率：$E(r_m) = 10\%$

リスクフリーレート：$r_f = 2\%$

株主資本コストは、

$$E(r_X) = r_f + \beta \times (E(r_m) - r_f) = 2\% + 1.5 \times (10\% - 2\%) = 14\%$$

と計算できます。意外と簡単だったのではないでしょうか。

次に、それぞれのパラメータの求め方について、見ていきましょう。

■リスクフリーレートr_f

最も一般的に使われているリスクフリーレートは、長期国債10年物の利回り

＊6　第２章でのCAPMでは、資産iの期待収益率と説明しましたが、本章では株主資本コストを扱うので、資産を株式に限定して議論を進めます。

です。この理論的な背景には、流動性が高いために利回りの信頼性が高いことがあります。また、企業が将来生み出すキャッシュフローの平均期間（デュレーション）が10年に近いことがあります。ただ日本では、日本銀行が金利操作を行なっており、金利がゼロ近辺にコントロールされています。こうした状況をふまえ、20年物国債の利回りを使用する場合もあります。スペインIESEビジネススクールのPablo Fernandez教授らが毎年国別にサーベイを行なっていて、2022年時点では、日本の実務家が採用しているリスクフリーレートの平均は0.5%、中央値は0.4%となっています。

■マーケット・リスクプレミアム（$E(r_m) - r_f$）

市場ポートフォリオの期待収益率からリスクフリーレートを差し引いたものを**マーケット・リスクプレミアム**[*7]といい、投資家が資金を国債などのリスクフリー資産から、リスクがある市場ポートフォリオに投資する際に要求する超過収益率のことを意味しています。

たとえば、あなたがTOPIX（東証株価指数）に連動するインデックスファンドに投資したとします。そのとき、あなたが要求する収益率は、リスクフリーレートより高いはずです。なぜなら、それだけのリスクをとっているからです。

このリスクをとっていることに対する報酬分（リスクプレミアム）をマーケット・リスクプレミアムといいます。したがって、マーケット・リスクプレミアムは一定期間におけるTOPIXの平均利回りと同一期間の長期国債（10年物や20年物）の平均利回りの差となります。

日本では、市場ポートフォリオとしてTOPIXを採用するのが一般的です。米国ではTOPIXの代わりにS&P500が使われます。

CAPMでは、マーケット・リスクプレミアムは、通常、長期間にわたる株式の平均収益率とリスクフリー資産の平均収益率の差として定義されます。

マーケット・リスクプレミアムは実務家の間でも推定方法が異なり、これだといったものがありません。先述したPablo Fernandez教授のサーベイでは、日本で使われているマーケット・リスクプレミアムの平均は5.9%、中央値は6.0%となっています。京都大学の砂川伸幸教授は2021年６月の時点では、６%±１%の範囲での利用を推奨しています[*8]。

---

*7　エクイティ・リスクプレミアム（ERP：Equity Risk Premium）や株式リスクプレミアムと呼ばれることもあります。ややこしいですよね。

*8　『バリュエーションの理論と実務』（日本経済新聞出版）

■ベータβの問題

●回帰分析の対象期間

βの値を提供している会社としては、イボットソン・アソシエイツ・ジャパンをはじめ、プルータス・コンサルティング、ロイター[*9]などがよく知られています。各社がさまざまな計算方法によって、βを算出しています。ここでは、βの計算にまつわる注意点について見ていきましょう。

私たちが、個別株式のβを求める場合、その株式のリターンとTOPIXのリターンとの回帰分析を行なう必要があります。ここで問題となるのは、回帰分析の対象とする期間です。ブルームバーグは2年間のヒストリカル・データを採用しているのに対して、多くのデータ提供会社が5年間のヒストリカル・データを採用しています。

●株式のリターンの間隔

次に「株式のリターンの間隔をどうとるか」という問題があります。株式のリターンは、年次をはじめ、月次（月単位）、週次（週単位）、日次（日単位）でのリターンを使うことができます。日次リターンを使えば、サンプル数は増加するものの、銘柄によっては取引されない日を含むことでβの値が実際より、低く計算されてしまうという問題が生じます。一般的には月次リターンを使いますが、プライム市場企業のように毎日取引が頻繁に行われている場合は、週次リターンでもいいかもしれません。実務では、月次リターンの場合は5年分、週次リターンの場合は2年分のデータを使うのが一般的です。

●株価指数（インデックス）の選択

次の論点は、回帰分析に使う株価指数（インデックス）の選択の問題ですが、原則的には、あなたがβを求めようとしている株式が取引されている市場に関係する株価指数を使います。日本の株式はTOPIX、米国の株式はS&P500を使って回帰分析を行なうのが一般的です。ただ、売上が世界に分散しているようなグローバルな企業の場合、いくつかの国の市場の株式から構成された指数であるモルガン・スタンレー・キャピタル・インデックス（MSCI）[*10]を使うこともあり得ます。

＊9　ロイターのサイト（https://jp.reuters.com/investing/markets）で各銘柄のβを無料で調べることができます。

＊10　ちなみに、私が勤務していた当時の日産自動車では、年金運用資産のリスク調整後の運用成績を計算する場合は、TOPIXではなく、このMSCIを使っていました。

■CAPMの知られざる問題点とは

最後にCAPMにより株主資本コストを計算することの問題点をあげておきましょう。それは、CAPMが、過去のデータから求められている点にあります。当たり前のことですが、投資家の関心事は、過去のことではなく、将来、株式のリターンがどうなるかということです。過去のことは極端な話、どうでもいいわけです。

それに加えて、より重要なのは、CAPMの重要な因数であるβでとらえきれないリスクがあることです。先述したとおり、βは株式市場全体の変化に対する、その株式の相対的なリスクの大きさを表わすものです。たとえば、大規模なリコール発生のようなリスクは、その企業固有のリスクであって、βではとらえることができません。

CAPMでは、「投資家は、投資ポートフォリオを分散することにより、個別リスクを取り除くことができる。したがって、投資家は個別リスクに対するリスクプレミアムは要求しない」としています。これは、完全な資本市場ではあり得るかもしれませんが、現実には当てはまらないでしょう。

かの有名なウォーレン・バフェット氏は、『バフェットからの手紙』（パンローリング）の中でこのβについて次のように語っています。

「純粋なるベータ値の信奉者はリスクの計算に当たり、企業が何を製造し、そのライバル企業が何をし、またどれくらいの借入金があるのかなどを調査することなどには意味を見出さないでしょう。企業名さえも知ろうとしないかもしれません。彼らにとって大切なのは、その株式の過去データなのです。彼らとは対照的に、私たちは過去データなどを気にかけません。その代わり、企業の事業内容をより一層理解するために役立つ、すべての情報を集めたいと考えます」

このようなCAPMに対する批判を受けて、証券の収益率に影響をおよぼす複数のファクターを特定し、モデル化を試みたのが**マルチファクターモデル**[*11]です。ただ、証券投資分野はともかく、コーポレート・ファイナンスの分野では利用は進んでいません。株式市場でCAPMでは説明できないようなアノマリー（anomaly）と呼ばれる現象があるとはいえ、なぜこうした現象が発生するか理論的に説明できないからです。

いずれにしても、現代ポートフォリオ理論に裏付けされたCAPMがマルチファクターモデルよりも理論的に確立されていることや必要なデータもCAPMのほうがシンプルで入手しやすいことから、実務の世界では相変わらず、CAPMが使われているのです。

■事業リスクとリターンの関係

ここで投資判断ルールを復習してみましょう。

NPVルールでは、ハードルレートを割引率に適用して、

NPV ＞ 0 であれば、投資すべき、

NPV ＜ 0であれば、投資を見送るべき

IRRルールでは、

IRR ＞ハードルレートであれば、投資すべき、

IRR ＜ハードルレートであれば、投資を見送るべき

そして、ハードルレート＝WACC（ワック）＋ α です。

ここで大切なことは、**事業リスクに見合ったハードルレートを設定する**必要があることです。たとえば、総合商社のように事業リスクが異なる複数の事業に投資している企業がハードルレートを1つしか設定していないとどのようなことが起こるのでしょうか？

---

*11　マルチファクターモデルを理論面でサポートするものに裁定価格理論（APT：Arbitrage Pricing Theory）があります。また、ファーマ（F.Fama）とフレンチ（K.French）が開発した市場ファクター、小型株ファクター、バリュー株ファクターを含むファーマ＝フレンチの3ファクターモデルがあります。また、この3ファクターにモーメンタム・ファクターを加えたカーハート（M.Carhart）のファーマ＝フレンチ＝カーハートの4ファクターモデルも有名です。マルチファクターモデルに対して、CAPMは証券のリターンは β という1つのファクターによって決まるとするシングルファクターモデルといえます。

◆事業リスクとリターンの関係

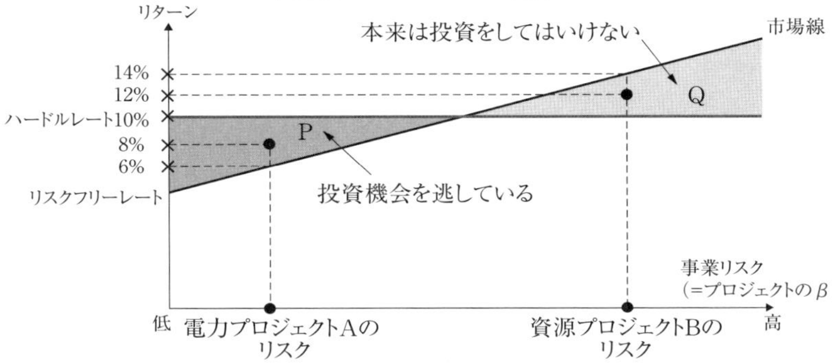

上図の横軸が事業リスクで、縦軸がプロジェクトのリターンです。斜めに引いてある線は市場線です。ハイリスク・ハイリターンというファイナンスの原則を表わしたのが市場線です。

この総合商社のハードルレートが仮に10%だとしましょう。そして、発電所を建設し運営する事業（電力プロジェクトA）に投資するとしましょう。電力プロジェクトの事業リスクは低く、電力プロジェクトAの期待されるリターンは８%です。総合商社として、市場線よりも高い収益率が要求できれば、経済合理性にかなった投資といえます。図でいえば、リターンが６%以上見込めればいいことになります。ところが、社内のハードルレートが10%なのでそれを達成しないプロジェクトはNGになってしまうのです。図のＰの領域は、本来であれば投資すべきであるのにその機会を逃している領域です。

では、原油や鉄鉱石などの資源ビジネスに投資する場合はどうでしょうか？資源の価格によって、将来のフリーキャッシュフローが大きくばらつく世界です。つまり、事業リスクが高いわけです。たとえば、資源プロジェクトＢの場合、本来であれば、総合商社としては、14%のリターンが見込めて初めて投資できる案件といえます。ところが、期待リターンが12%とハードルレート10%を超えていることから、社内では投資OKになってしまいます。図のＱの領域は、結果的に割高な投資になってしまう可能性があります。つまり、あるべき姿は**事業リスクに見合ったハードルレートを設定すべき**ということになります。ただ、自社の事業を細分化しすぎるのも考えものです。たとえば、事業が５つ、プロジェクト実施国が10か国あるとすれば、５事業×10か国で50個のハードルレートができあがってしまうからです。

■資本コストよりも低いハードルレート

企業は、事業リスクに見合ったハードルレートを設定すべきです。WACCは、その企業の平均的な事業リスクに見合ったものといえます。したがって、平均的な事業リスクよりも低い事業に対するハードルレートはWACCよりも低く設定することはあり得るのです。

$$\text{ハードルレート} = \text{WACC} + \alpha$$

つまり、上の式の中で、αはマイナスということもあり得ます。

たとえば、高リスク、中リスク、低リスクの３つのリスクカテゴリーの事業に投資をしている企業があるとしましょう。下図のように、それぞれの資産額（時価）は３分の１ずつです。この企業のWACCは10%です。高リスク事業のハードルレートは18%、中リスク事業12%、低リスク事業６%だとしましょう。

ハードルレートは要求収益率でもあります。この企業のそれぞれの資産の要求収益率を加重平均すると、12% $\left(=\frac{18\% + 12\% + 6\%}{3}\right)$ となります。WACC10%よりも高いので、それぞれの事業のハードルレートを超えるリターンを上げられる投資を実行すれば、結果的に企業価値を創造できることになります。こう説明すると、ときどき、こんなことを言う人がいます。

「WACC10%だとしたら、それより低い6%のリターンを目指す低リスク事業なんてやる意味あるのでしょうか。やめれば、ハードルレートの加重平均は15% $\left(=\frac{18\% + 12\%}{2}\right)$ になりますよね」

では、低リスク事業から撤退したとしましょう。WACCは**資産のリスクに応じて決まる**ことを忘れてはいけません。低リスク事業から撤退した企業に対しては、債権者と株主のリスク認識が高まるのではないでしょうか。低リスク事業は低リターンではあるものの安定的にキャッシュフローを生み出す事業だからです。株主は「ハイリスク・ハイリターンの原則」から高い収益率を要求することになるでしょう。つまり、WACCは高くなる可能性があるのです。

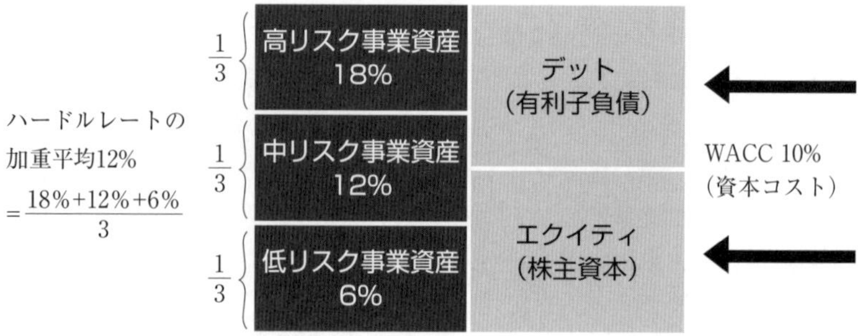

■事業別のハードルレート（割引率）の設定

事業リスクに見合ったハードルレート（割引率）の設定が大切といいました。各事業がこのハードルレートを超えるリターンをあげられるのかが大事になるわけです。このハードルレートの設定のために、事業別に資本構成、株主資本コスト、負債コストに関する前提をおく必要があります。

●資本構成

事業ごとにバランスシートを作成している場合は、事業別の資本構成（簿価）を採用することが考えられます。作成していない場合は、全社（自社）の資本構成を採用する方法があります。他には、デット（有利子負債）の活用度は業種ごとによって異なると考え、業種ごとに類似上場企業のD/Eレシオ（デットとエクイティの割合）の平均値を採用することも考えられます。

●株主資本コスト

CAPMでは、企業ごとの株主資本コストの差が出るのはβです。株価データから算出されるのは、その企業の資本構成の影響を受けているレバードβ（Leveredβ[*12]：β_L）です。デットがある企業の場合、βには、財務リスクの影響が反映されています。したがって、その影響を除いたアンレバードβ（Unleveredβ：β_U）を求め、それを検討事業の資本構成に基づき、レバード化（リレバードすると表現します）する必要があります。アンレバードβは事業リスクだけを反映したβといえます。

それでは、レバードβとアンレバードβとの関係式を見てみましょう。デットに関する前提の置き方の違いで関係式は2つあります。

デットの金額が一定の場合

$$\beta_L = \beta_U \times \{1 + (1 - T_C) \times D/E\}$$

企業価値に対してデットとエクイティの比率が一定の場合

$$\beta_L = \beta_U \times (1 + D/E)$$

レバードβは、アンレバードβよりも高いことがわかります。これは、レバ

＊12　金融の世界ではデットを活用することをレバレッジといいます。レバー（Lever）はまさに「てこ」です。デットがある企業のβをLeveredβといい、無借金の企業のβをUnleveredβといいます。

ードβは事業リスクに加え、レバレッジによる財務リスクが加味されているからです。T_Cは税率、D/Eはデットとエクイティの割合を表わします。

米国のファイナンスの教科書は後者の公式を使うことが多く、日本の実務ではなぜか前者の公式を使うことが多いようです。企業価値を評価[*13]する場合、WACC算定の基準となるデットとエクイティの比率は一定という前提をおきます。本書ではこれに合わせ、後者の公式を使用したいと思います。

事業別のβの算定プロセスは次のとおりです。

1. 類似上場企業を選定する
2. 各社のレバードβを算定する（ロイターで調べても構いません）
3. 各社のレバードβをアンレバードβに変換する
4. アンレバードβの平均値や中央値を当該事業のアンレバードβとする
5. 当該事業のD/Eレシオ[*14]を使って4で算出したアンレバードβをレバードβに変換する（リレバードする）

類似上場企業を選択する場合は、当該事業を専業で行なっている企業を取り上げます。このような企業を**ピュアプレイヤー**と呼びます。実際のところ、1つの事業だけをやっている企業は少ないことから、当該事業の比率が高い企業を選択することになります。

	B	C	D	E	F	G
1	X事業の株主資本コスト算定					
2						
3		レバードβ	D/Eレシオ	アンレバードβ		
4	A社	1.21	2.10	0.39	<-- =C4/(1+D4)	
5	B社	1.34	1.76	0.49	<-- =C5/(1+D5)	
6	C社	0.81	0.68	0.48	<-- =C6/(1+D6)	
7	D社	1.52	3.75	0.32	<-- =C7/(1+D7)	
8	E社	1.38	1.03	0.68	<-- =C8/(1+D8)	
9	F社	0.69	-	0.69	<-- =C9/(1+D9)	
10			平均	0.51	<-- =AVERAGE(E4:E9)	
11			メディアン	0.48	<-- =MEDIAN(E4:E9)	
12						
13		アンレバードβ	D/Eレシオ	レバードβ		
14	X事業	0.50	0.87	0.94	<-- =C14*(1+D14)	
15						
16		リスクフリーレート	MRP	レバードβ	株主資本コスト	
17	X事業	0.30%	6.00%	0.94	5.91%	<-- =C17+D17*E17
18				↗		
19				=E14		
20						

---

*13　企業価値評価については、154ページで説明します。

*14　プルータス・コンサルティングは、定期的に企業別β、業種別β、業種別D/Eレシオのデータに関するレポート（有料）を発行しています。このレポートを活用するのも手軽でいいかもしれません。

前ページの図をご覧ください。類似上場企業として、A社からF社の６社を選びました。各社のD/Eレシオからアンレバードβを求めています。各社のアンレバードβの平均は0.51、メディアン（中央値）は0.48になりました。そこでX事業のアンレバードβは0.50であると判断しました（セルC14）。これをX事業のD/Eレシオ0.87でリレバードして（セルD14）、レバードβが0.94と求まりました（セルE14）。あとは、CAPMを使って株主資本コストは、5.91%と求められます（セルF17）。これはX事業に株主が要求する収益率ともいえます。

●負債コスト

全社（自社）の負債コストを当該事業の負債コストとするのがいいでしょう。類似上場企業の負債コストの平均値や中央値を使用することも考えられます。ただし、各社の財務内容は異なることから信用リスクが異なるはずです。

負債コスト＝リスクフリーレート＋信用リスクに応じたプレミアム、です。したがって、類似上場企業の負債コストの平均値を使用するのは無理があると思います。いっそのこと、保守的に考え、負債コストは無視し、株主資本コストをハードルレートにしてもいいかもしれません。

■エーザイのハードルレート（割引率）の設定

ここではエーザイの投資判断基準*15を紹介します。

◆エーザイのハードルレート◆

ハードルレート＝投資国のリスクフリーレート＋β×6%

投資国のリスクフリーレートは各国10年物国債利回りの10年平均です。βはリスクによって３つのカテゴリーに分けています。

レベル３	投機的プロジェクト、ベンチャープロジェクト　β＝2.0
レベル２	新規リスクプロジェクト　β＝1.5
レベル１	既存製品の拡大・設備投資、子会社設立　β＝1.0

またマーケット・リスクプレミアムは世界の株式市場の統計データから求めた６%を使用しています。ハードルレートに負債コストを考慮していないのは、エーザイの純有利子負債（ネットデット：デットから非事業資産価値を差し引いたもの）がゼロで実質無借金だからだと考えられます。

＊15　エーザイの投資判断基準や財務政策について詳しく知りたい方は、『CFOポリシー〈第２版〉』（中央経済社）をお読みください。

3.3 クロスボーダー案件の株主資本コスト

■外国通貨建ての株主資本コストの算定

外国通貨建ての投資案件を評価する際には、日本と投資対象国の金利差やインフレ率の差に着目します。実はこの考え方の前提にあるのは、国は違えども、投資や企業が直面する事業リスクは同じであるということです。

実際は、日本で投資を行なう場合と海外で投資を行なう場合とでは事業リスクは異なります。たとえば、新興国と先進国とでは、政府や規制に対する信頼性が異なります。また、新興国の一部では、内乱やテロなどのリスクの存在も考えられるわけです。これらのリスクは国によって異なることから、**カントリーリスク**と呼ばれています。

このリスクをどのように株主資本コストに反映させればいいのでしょうか？ここではクロスボーダー案件の株主資本コスト、つまり、外国通貨建ての株主資本コストの考え方を見ていきます。

■クロスボーダー案件の株主資本コストの推計

資本市場がグローバルに統合されていて、投資家が海外のさまざまな国に、何の制約も受けず、自由に投資できる世界を考えてみましょう。このとき、成立するCAPMをグローバルCAPMといいます。国際的に統合されたグローバル市場では、グローバルな市場ポートフォリオが存在し、各国の個別リスク（カントリーリスクなど）は分散投資により解消され、グローバルな市場リスクだけが残るというのが**グローバルCAPM**の考え方です。

これに対して、リスク分散は国内市場に限定されるという前提で現地市場のデータに基づき株主資本コストを算定するのが**ローカルCAPM**です。日本企業の株主資本コストを算定する場合、市場ポートフォリオの代替はTOPIX、βは対TOPIXとの感応度を測定、マーケット・リスクプレミアムは日本の長期国債10年物の利回りとTOPIXの利回りの差です。これは日本市場のデータに基づいて株主資本コストを算定していることになりますので、私たちは、日本のローカルCAPMを利用しているといえます。両者の違いをまとめたのが次の図です。

◆ローカルCAPMとグローバルCAPMの違い

CAPMのタイプ	リスクフリーレート	β	マーケット・リスクプレミアム
ローカルCAPM	R_f^{local}（ローカル通貨建て）	ローカルの株価指数に対する感応度	$E(R_m^{local}) - R_f^{local}$
グローバルCAPM	R_f^{global}（米ドル建て）	S&P500やMSCI World Indexに対する感応度	$E(R_m^{global}) - R_f^{global}$

資本市場がグローバルで統合されていると考える場合はグローバルCAPMを使用し、資本市場が国や地域ごとに分断され、自国内で完結していると想定する場合はローカルCAPMを使用するのが基本的な考え方です。ただし、日本をはじめとする一部の先進国以外でローカルCAPMを使用するのは適切ではありません。新興国には株式市場の長期にわたる時系列データがなく、マーケット・リスクプレミアムが算定できないからです。また、CAPMで想定される市場ポートフォリオは規模が大きく十分に分散化された市場ですが、新興国の市場はそのような条件を満たす市場ではないため、株価指数（インデックス）を使うこともできません。

したがって、新興国企業の株主資本コストは、グローバルCAPMで算定された株主資本コストに一定の修正を加えることによって算定するのが一般的です。まずは、グローバルCAPMの構成要素を見ていきましょう。グローバルCAPMは次のように表わすことができます。

$$R_e^{global}=R_f^{global}+\beta^{global}\times\{E(R_m^{global})-R_f^{global}\}$$

●グローバル市場

グローバル市場として想定されているのは、流動性が高く、データの入手性も高い米国市場です。そして、グローバルな市場ポートフォリオの代替として一般的に使用される株価指数はS&P500です。他には、先進国24か国を含む約70か国を対象とした株価指数MSCI World Indexを使用することも考えられます。ただ、1969年12月以降のデータしかないことから、過去の平均収益率からリスクプレミアムを求めるヒストリカル・リスクプレミアムの推計には適していないといわれています。

●リスクフリーレート

グローバルCAPMにおけるリスクフリーレートは、10年物の米国長期国債利回りを使います。

●β（ベータ）

市場ポートフォリオの値動きに対する評価対象企業の株価の値動きの感応度からベータを算出します。ただし、先ほども述べたように市場ポートフォリオに流動性が乏しい新興国の株価指数（インデックス）を使うのは適切ではありません。S&P500などのグローバルな株価指数を使うべきです。S&P500が米ドル建てですから、ベータ算出の際には対象企業の株価も米ドル建てに変換する必要があります。ただ、実務では、新興国の企業のベータ算出には先進国の同業他社のベータを参考にするか、業種ベータを使用するのが一般的です。

●マーケット・リスクプレミアム（エクイティ・リスクプレミアム）

グローバルな市場ポートフォリオの代替として一般的に使用される株価指数はS&P500です。したがってマーケット・リスクプレミアムは、米国長期国債10年物の利回りとS&P500の利回りの差です。

グローバルCAPMは、つまるところ米国のローカルCAPMだということになります。新興国の株主資本コストを求める場合は、このグローバルCAPMを修正する形になります。

マーケット・リスクプレミアムは、海外では、エクイティ・リスクプレミアムと呼ばれることが多く、ERP（Equity Risk Premium）と略されることがあります。ここでは、それにならって以下、この項ではエクイティ・リスクプレミアム（ERP）と表現します。

■グローバルCAPMの修正方法

グローバルCAPMを修正する方法には、次の２つの方法があります。

① エクイティ・リスクプレミアム（ERP）を修正する方法

$$R_e^{global} = R_f^{global} + \beta^{global} \times ERP$$

② カントリー・リスクプレミアム（CRP）を加算する方法

$$R_e^{global} = R_f^{global} + \beta^{global} \times \{E(R_m^{global}) - R_f^{global}\} + CRP$$

１つ目は、エクイティ・リスクプレミアム（ERP）を新興国の値に修正する方法、もう１つは、グローバルCAPMで求めた株主資本コストにカントリー・リスクプレミアム（CRP）を加算して、新興国の企業の株主資本コストとする方法です。それぞれの方法を順に見てみましょう。

●エクイティ・リスクプレミアム（ERP）を修正する方法

ここでは、米国市場のエクイティ・リスクプレミアム（ERP）に新興国のカントリー・リスクプレミアム（CRP）を反映することで新興国のエクイティ・リスクプレミアム（ERP）を求める方法をご紹介します。

新興国Xのエクイティ・リスクプレミアム（ERP）とカントリー・リスクプレミアム（CRP）の関係は次のとおりです。

$$ERP_X = ERP_{US} + CRP_X$$

まずは、新興国Xのカントリー・リスクプレミアム（CRP_X）を求めてみましょう。

【ステップ1】

米国市場のERPは4.24％となっています（2022年１月現在）。本書ではニューヨーク大学の名物教授のダモダラン先生の無料のデータベース＊16をフル活用します。

【ステップ2】

CRPを推定するために、まずはデフォルトスプレッドを求めます。デフォルトスプレッドは国債が債務不履行（デフォルト）を起こすリスクに応じたスプレッドです。

ある国のデフォルトスプレッドを推定する方法としては、

A）Moody'sの格付（ローカル通貨）に応じたスプレッドを用いる方法

B）CDS（クレジット・デフォルト・スワップ）のスプレッドを用いる方法

の２つがあります。

CDSとは企業や国のデフォルトリスク（債務不履行になるリスク）を対象にした金融派生商品です。CDS市場のおかげで、債券保有者はその債券のデフォルトに対して保険をかけることができます。保有者は対象となる債券の想定元本または額面の何％（スプレッド）かをCDSの売り手に支払います。もちろん、債券がデフォルトに陥った場合は、CDSの売り手はカバーされている金額を債券保有者に補償する必要があります。

それでは、デフォルトスプレッドの話に戻ります。たとえば、ベトナムのMoody'sの格付Ba3に対応するデフォルトスプレッドは3.06％です。また、

＊16　サイトのURL：damodaran.com

CDSのスプレッド（ただし米国のスプレッド差引後）は1.37％になっています（いずれも2022年１月現在）。この数字もダモダラン教授は年２回アップデートしてくれています。

【ステップ3】

ステップ２で求めたデフォルトスプレッドからカントリー・リスクプレミアム（CRP）を算出する方法には次の２つがあります。

A）CRP＝デフォルトスプレッドとする方法

B）CRP＝デフォルトスプレッド×相対ボラティリティとする方法

ここでは、B）について説明しましょう。格付やCDSから求められたデフォルトスプレッドはCRPの代替となり得ます。ただ、デフォルトスプレッドは債券を対象に算出されたものであるため、株式を対象とするエクイティ・リスクプレミアム（ERP）のほうが大きい可能性があります。そこでデフォルトスプレッドに相対ボラティリティを掛ける方法が考えられました。相対ボラティリティの定義は、当該国の株価指数のボラティリティを債券価格のボラティリティで割った値になります*17。通常は１より大きい数字になります。ダモダラン教授によれば、ベトナムの相対ボラリティは2022年１月現在で1.16となっています。

これまでのステップで、ベトナムのカントリー・リスクプレミアムは４つ算出されました。

◆ベトナムのカントリー・リスクプレミアム

	格付スプレッド	CDSスプレッド
相対ボラティリティなし	3.06％	1.37％
相対ボラティリティあり	3.55％	1.59％

ここでは、保守的に格付から求めたデフォルトスプレッド3.06％に相対ボラティリティ 1.16を掛けた3.55％を採用することとします。スプレッド算出時点の米国のエクイティ・リスクプレミアム（ERP）は4.24％ですから、ベトナムのエクイティ・リスクプレミアム（ERP）は7.79％と求められました（次ページ図のセルC20）。

---

*17　ちなみにダモダラン教授は相対ボラティリティとして評価対象国の数値を使っていません。債券については、BAML Public Sector Emerging Markets Corporate Plus Index Yield、株価については、S&P Emerging BMI Indexの過去５年の日次データから算出した標準偏差を用いています。

◆エクイティ・リスクプレミアム（ERP）を修正する方法

	A	B	C	D	E
1		エクイティ・リスクプレミアム（ERP）を修正する方法			
2					
3		例）ベトナムの場合			
4		【ステップ1】			
5		ERP（米国）	4.24%		
6					
7		【ステップ2】			
8		デフォルトスプレッドの推定			
9		Moody's格付に応じたスプレッド	3.06%		
10		CDSスプレッド（米国スプレッド差引後）	1.37%		
11					
12		【ステップ3】			
13		CRP（カントリーリスクプレミアム）の推定			
14		①デフォルトスプレッド（格付）	3.06%	<-- =C9	
15		②デフォルトスプレッド（CDSスプレッド）	1.37%	<-- =C10	
16		③ボラ調整後デフォルトスプレッド（格付）	3.55%	<-- =C14*$C$18	
17		④ボラ調整後デフォルトスプレッド（CDSスプレッド）	1.59%	<-- =C15*$C$18	
18		相対ボラティリティ（ボラ）	1.16		
19					
20		ベトナムのエクイティ・リスクプレミアム（ERP）	7.79%	<-- =C16+C5	
21					

【株主資本コストの算定（具体例）】

最後に「ベトナムにある自動車部品を製造する企業」の株主資本コストを求めてみましょう。ベータについては、先述したとおり、実務では先進国の同業他社のベータを参考にするか、業種ベータ[*18]を使用します。またもや、ダモダラン教授は業種ベータを算出してくれています。米国の自動車部品（Auto Parts）の業種ベータ（Average Levered Beta）は1.4です。また、このときのリスクフリーレート（T.Bond rate）は1.51%です。

したがって、当該企業の株主資本コストは次のとおりとなります。

株主資本コスト＝リスクフリーレート＋業種ベータ×ベトナムのERP

＝ 1.51% ＋ 1.4×7.79% ＝ 12.42%

注意しなくてはいけないのは、この株主資本コストは米ドル建てであることです。したがって、割り引く対象となるキャッシュフローも米ドル建てに変換する必要があります。

●カントリー・リスクプレミアム（CRP）を加算する方法

これまで、米国市場のERPを修正することによって新興国のERPを求める方法を説明してきました。次に、グローバルCAPMによって求めた株主資本コ

*18　厳密にいえば、業種別のアンレバードβを当該企業の資本構成に基づいてリレバード化すべきですが、ここでは単純化のため業種の平均レバードβを採用しました。

ストにカントリー・リスクプレミアム（CRP）を加算する方法も見てみましょう。

$$R_e^{global}=R_f^{global}+\beta^{global}\times\{E(R_m^{global})-R_f^{global}\}+CRP$$

CRPには、先ほど【ステップ3】で説明した格付やCDSのスプレッドから求めたものの他にソブリンスプレッドが考えられます。これはしばしば、ソブリンスプレッドモデルと呼ばれます。つまり、グローバルCAPMによって求めた株主資本コストにソブリンスプレッドを加算したものです。国債や政府保証債はソブリン債と呼ばれ、各国のドル建てソブリン債の利回りと米国国債の利回りの差がソブリンスプレッドです。

ソブリンスプレッドはカントリー・リスクプレミアムの代表的な指標です。ただ、問題はすべての国が米ドル建ての長期国債を発行しているとは限らないことです。その場合はソブリン格付が同等の国で米ドル建て国債を発行している国を探してきて代用するのが一般的です。

3.4 企業価値評価のための会計の基礎

ファイナンス理論は、「利益」ではなく、「キャッシュフロー」をベースに成立しているといえます。キャッシュフローの説明の前に、財務諸表の基本を押さえたいと思います。財務諸表とは、企業の財務状況を表わすもので、**貸借対照表、損益計算書、キャッシュフロー計算書**の３つから構成されています。

■貸借対照表（B/S）を解剖する

貸借対照表（B/S：Balance Sheet）は、バランスシート、あるいはビーエスと呼ばれます。下図を見るとわかるように、B/Sの左側には「資産」、右側には「負債」と「純資産」がきます。資産、負債、純資産の間には、常に次の関係が成り立ちます。

資産＝負債＋純資産

それぞれの残高（Balance ＝バランス）が記載されていることから、バランスシートと呼ばれます。

これは、企業における資金の「調達」と「運用」を表わしています。つまり、その企業が、どうやって資金を調達しているのか――負債という形か、純資産という形か――、そして、その調達した資金をどのように運用しているのかを示しています。なお、負債は借入金や社債など利息が発生する有利子負債や買掛金などの債務のことを指し、純資産は株主が出資したお金（資本金）やいままでの利益が積み上がったもの（利益剰余金）のことを指します。負債なり純資産なりで調達したキャッシュを資産サイドでぐるぐる回して（＝運用して）リターンを生み出す。これをスナップショットで見せてくれるものがB/Sです。

◆貸借対照表(B/S)の構造

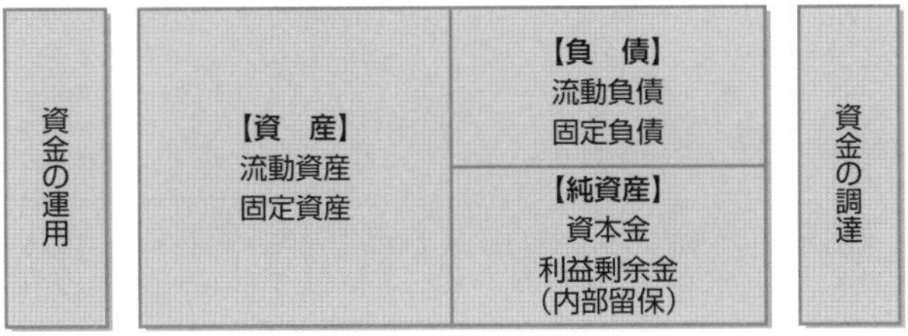

■損益計算書（P/L）を解剖する

次に損益計算書（P/L：Profit and Loss Statement）ですが、これは、実務ではピーエルと呼ばれることが多いです。損益計算書を見れば、企業が1年間にわたる事業年度でどれだけ稼いだかがわかります。

◆損益計算書(P/L)の仕組み

売上高	100
売上原価	70
売上総利益	30
販売費及び一般管理費	10
営業利益	20
営業外収益	2
営業外費用	9
経常利益	13
特別利益	2
特別損失	2
税引前当期純利益	13
法人税等	5
当期純利益	8

損益計算書を読む人の多くが、売上高と利益にしか興味がありません。実際のところ多くの人が、利益と手元の現金（キャッシュ）が一致しないことを知りません。

利益とキャッシュが一致しないといってもわかりにくいかもしれませんね。そこで、こんな例はどうでしょう。あなたは屋台のラーメン屋さんです。ラーメンを提供したとき、すなわち売上が上がったときに、現金が入ってきます。仕入れも現金で行なうのであれば、手元に残ったキャッシュは利益と一致します。

しかし、多くのビジネスでは、現金商売というわけにはいきません。たとえば、商品は発送したけれど、支払いは6か月後ということもあるかもしれません。この場合、商品を発送した時点で売上を計上し、それに応じた利益も出るのですが、取引先から入金があるのは6か月後になるわけです。このような場合は、**売上が上がって利益は出ているのに、手元にキャッシュはない**＊19のです。

企業は、売上が上がっても現金が入ってこなければ仕方がないのです。これ

＊19　私も銀行員時代に、よく社長さんに、「うちは、利益が出ているんだけれど、なぜか資金繰りが厳しいんだよねぇ」なんて言われたものです。正直言って、帳簿上で利益を上げるのは簡単です。たとえば、「支払いは5年後でいいから、クルマを買ってください」なんて言えば、多くのお客さんは喜んで買ってくれて、売上、利益は上がります。でも、キャッシュは行き詰まります。

は極端な例かもしれませんが、利益とキャッシュの不一致が起こることから、利益が出ているのにキャッシュが足りなくなり倒産してしまう「黒字倒産」なんてことも起きてくるのです。

■キャッシュフロー計算書を解剖する

貸借対照表は、お金の運用方法と調達方法を表わすものでした。一方で、損益計算書は、企業がどれだけ儲けているか、利益を上げているかを表わすものです。次に、キャッシュフロー計算書について説明します。

キャッシュフロー計算書とは、企業活動のお金の流れ（現金収支）を表わしたものです。つまり、お金がどこから入り（現金収入）、どのように使われたのか（現金支出）がわかるようになっています。貸借対照表は、ある時点（決算時点）のスナップショットであるのに対して、キャッシュフロー計算書は会計期間中のお金の流れをすべて映し出すビデオカメラのような役割を果たします。

たとえば、決算期の初めに、借入金残高が100万円あるとします。６か月後にいったん50万円返済し、期末にまた50万円借り入れました。貸借対照表上では、決算期末の借入金残高は100万円で、決算期の初めの100万円とまったく同じです。つまり、貸借対照表上では、キャッシュフロー計算書と異なり、50万円返済して、また50万円の借り入れを行なったという一連の財務活動が記録されないのです。

また、キャッシュフロー計算書が大事だといわれるのは、各国の会計ルールや企業の会計処理方法によって変化してしまう財務会計上の利益と違い、**キャッシュは調整できない**からです。このことが、よく、「キャッシュは嘘をつかない」といわれる所以(ゆえん)です。

キャッシュフロー計算書は、

① 営業活動によるキャッシュフロー
② 投資活動によるキャッシュフロー
③ 財務活動によるキャッシュフロー

の３つに分けられています。

●営業活動によるキャッシュフロー

「営業活動によるキャッシュフロー（営業CF）」は、企業がどれだけのキャッシュを生み出す能力を持っているかを表わしているもので、３つの中で一番重要なものといえます。営業CFがプラスであれば、本業が儲かっているといえます。この営業CFの水準が同業他社に比べて高いほど、強い競争力を持っていると考えられます。

反対に、営業CFがマイナスの場合、本業が儲かっておらず、経営上、問題がある可能性があります。ただし、会社設立して間もない頃は、一時的にマイナスになることもあります。

●投資活動によるキャッシュフロー

「投資活動によるキャッシュフロー（投資CF）」は、「何にいくら投資しているか」、を表わしています。投資CFの中の「固定資産取得による支出（設備投資額）」と営業CFの中の「減価償却費」とを比較することによって、設備投資を積極的に行なっている時期かどうかを知ることができます。

たとえば、「減価償却費＜設備投資額」の場合は、設備投資に積極的であることが読み取ることができるのです。企業の成長がストップし成熟ステージに入ると、設備投資をするといっても減価償却と同額か、それ以下の投資しかしなくなる傾向が出てきます。つまり、最低限の設備を維持するだけの投資しかしなくなります。

また、営業CFとのバランスも大切です。営業CFと投資CFの合計がマイナスになることもありますが、それが２期、３期と続くと要注意です。なぜなら、投資したものが営業活動に結びついていないことを意味するからです。

この営業CFと投資CFの合計をフリーキャッシュフロー（FCF：Free Cash Flow）といいます。このFCFは主に実績値を求めるときに使います。このFCFは、次項で取り上げる、投資判断や企業価値評価に使うFCFとは異なります。

●財務活動によるキャッシュフロー

「財務活動によるキャッシュフロー（財務CF）」を見ることによって、キャッシュの過不足の状況や資金の調達方法、財務政策を把握することができます。まずは、財務CFがプラスか、マイナスかを見ます。プラスの場合は、必要な資金が不足しており、新たに調達したことを表わしています。反対にマイナスの場合は、有利子負債の返済や配当・自社株買いなどによる株主への還元が行なわれた可能性があります。

また、資金調達の内容を見ることで、長期・短期借入、社債、株式発行のどれにウエイトを置いて資金調達を行なっているかがわかります。

◆キャッシュフロー計算書の3種類のキャッシュフロー

	キャッシュフロー計算書の内訳	(億円)		考え方
フリーキャッシュフロー(FCF)	**Ⅰ.営業活動によるキャッシュフロー**			・企業がどれだけのキャッシュを生み出す能力をもっているかがわかる ・このキャッシュフローの水準が同業他社比で高い場合、競争力があるといえる(他社とは営業CF/売上高や営業CF/投下資本などの比率で比較するとよい) ・このキャッシュフローがマイナスの場合、経営上、危険な状態にある(ただし、企業の事業ステージが導入期の場合はこの限りではない)
	1. 税引前当期利益	361		
	2. 減価償却費	232		
	3. 投資有価証券売却損益(△は益)	△11		
	4. 固定資産売却損益(△は益)	0		
	5. 売上債権の増減額(△は増加)	△65		
	6. たな卸資産の増減額(△は増加)	△50		
	7. 支払債務の増減額(△は減少)	23		
	8. その他の資産、負債の増減額	138		
	9. 法人税等の支払額	△231		
	営業活動によるキャッシュフロー	397	—①	
	Ⅱ.投資活動によるキャッシュフロー			・何にいくら投資しているかがわかる ・減価償却費と固定資産取得による支出を比較してみると、設備投資に積極的であるか把握できる ・営業CFとのバランスに注意が必要(FCFが二期連続マイナスは黄色信号)
	1. 定期預金の純増減額(△は増加)	96		
	2. 固定資産売却による収入	0		
	3. 固定資産取得による支出	△532		
	4. 投資・有価証券取得による支出	△42		
	5. 投資・有価証券売却による収入	17		
	投資活動によるキャッシュフロー	△461	—②	
	Ⅲ.財務活動によるキャッシュフロー			・キャッシュの過不足の状況や資金調達方法、財務政策を把握することができる ・プラスの場合は、必要な資金が不足しており、新たに資金調達したことがわかる ・マイナスの場合は、営業活動で十分なキャッシュを稼いでおり、有利子負債の削減や配当・自社株買いなどによる株主への還元が行なわれたことがわかる
	1. 短期借入金の純減少額	△11		
	2. 長期借入による収入	289		
	3. 長期借入金の返済による支出	△21		
	4. 配当金の支払額	△50		
	財務活動によるキャッシュフロー	207	—③	
	現金及び現金同等物の増減額	143	(=①+②+③)	
	現金及び現金同等物の期首残高	523		
	現金及び現金同等物の期末残高	666		

3.5 フリーキャッシュフローとは

■フリーキャッシュフロー（FCF）とは

次に、フリーキャッシュフロー（FCF：Free Cash Flow）を見てみましょう。FCFとは、**企業が事業活動を行なったあとに、資金提供者である株主と債権者が自由に使えるキャッシュフロー**のことです。さらにいえば、FCFの中から債権者に元利金（借金の元本と利息）を支払ったあとに残ったキャッシュフローこそが株主が「自由」に使えるキャッシュフローです。

このFCFは、投資判断や企業価値評価の際に用いられますが、キャッシュフロー計算書をベースにして考える「営業活動によるキャッシュフロー」と「投資活動によるキャッシュフロー」を合計した実績値とは異なります。

キャッシュフロー計算書では、「営業活動によるキャッシュフロー」は、一般的に税引前当期純利益からスタートしています。したがって、債権者への分配金である支払利息がすでに差し引かれてしまっています。また、これに関連して、支払利息を計上することによって発生する節税効果も調整する必要があります。また、「投資活動によるキャッシュフロー」は、事業活動以外の有価証券の取得や売却によるキャッシュフローが含まれています。投資判断や企業価値評価に使うFCFとは以下のように定義します。

◆フリーキャッシュフロー◆

FCF＝EBIT×（1－税率）＋減価償却費－設備投資－運転資本の増加額

EBIT（イービット）（Earnings Before Interest and Taxes）は、そのまま訳せば、利払前・税引前利益です。具体的には、営業利益に事業のために保有している資産から生み出される営業外収益等を加算減算して求めます。営業外収益の代表例は受取利息や受取配当金です。EBITに含める（営業利益に加算する）のは、事業に関連するものだけです。詳細は155ページの演習問題で説明します。このように、フリーキャッシュフローの計算には、借入金や社債の債権者への分配金である利息を支払う前のEBITを使います。

FCFの算出は、この営業利益に近い利益であるEBITからはじまります。支払利息による節税効果を除いて計算するために、このEBITに対して、直接課税された場合の税金（みなし法人税）を計算します。この税金を差し引いたあとの利益、つまり、税引後のEBITを**NOPAT**（ノーパット）（Net Operating Profit After Tax）といいます。

NOPAT ＝ EBIT －みなし法人税(=EBIT×税率)

FCFを算出するためには、さらに、NOPATに対して、次のような３段階の修正が必要になります。

① 減価償却費などの実際に現金が出ていかない費用を足し戻す
② 設備投資*20を差し引く
③ 運転資本の増加額を差し引く

◆フリーキャッシュフロー◆
FCF ＝ NOPAT ＋減価償却費－設備投資－運転資本の増加額

このFCFの定義は投資判断や企業価値評価の際に用いられます。**企業が将来、営業活動や投資活動によってどれだけのキャッシュを生み出すことができるのか**を表わすものです。これに対し、キャッシュフロー計算書は、企業の営業活動、投資活動、財務活動の３つの活動の現金の収入と支出がどうだったのか、キャッシュフローの過去の実績を見るものです。

●なぜ、減価償却費を加える必要があるのか？

銀行員のときに、よく先輩に「減価償却は実際にキャッシュが出ていかない費用だから、キャッシュフローを計算するときには足し戻す必要があるんだよ」と言われて、よく理解できなかったものです。

減価償却は、何年間か使用できる設備を購入した際に、その設備が使える年数（**耐用年数**と呼びます）に分けて毎期、費用計上しようという考え方です。たとえば、３年間使える設備を300万円で購入した場合、300万円全額を今年の費用にするのではなく、３年間にわたって100万円ずつ費用計上するのです。実際に、**現金300万円が１年目に出ていくことには変わりはありません**が、会計上、設備の費用計上を平準化することによって、「損益のブレをなくそう」というのが目的です。

＊20　設備投資は、「キャペックス」といったりします。これは、英語のCapital Expenditure（CAPEX）に由来します。

たとえば、あなたが、いま３年間使える設備を300万円で購入し、印刷業を営むとします。売上は毎期200万円あります。話を簡単にするために、ここでのコストはこの機械だけにかかるものとします。下の図のとおり、減価償却なしの場合は、設備を購入する１期目の営業利益が－100万円、２期目、３期目は各200万円の営業利益が計上されます。この方法は、営業利益とキャッシュフロー（CF）が一致していてわかりやすいのですが、営業利益が大きく変動します。同じ設備を使って同じ売上で、営業利益がこれほどブレるのは確かにおかしいですよね。

◆減価償却費の影響

（万円）

減価償却なし－損益ブレあり

年度	1	2	3
売上高	200	200	200
設備投資	−300	0	0
営業利益(CF)	−100	200	200

減価償却あり－損益ブレなし

年度	1	2	3
売上高	200	200	200
減価償却	−100	−100	−100
営業利益	100	100	100

営業利益に減価償却を足し戻す

年度	1	2	3
営業利益	100	100	100
減価償却	100	100	100
設備投資	−300		
CF	−100	200	200

実際には、設備自体は３年間使用するわけですから、その費用を３年にわたって100万円ずつ費用計上する、つまり、減価償却の考え方を取り入れるとどうなるでしょうか？　すると、すべての期の営業利益が100万円となり、損益のブレがなくなります。実は、減価償却の存在が会計上の利益とキャッシュフローとの差異を生む原因の１つになっています。

実際のキャッシュフローは１年目が－100万円、２年目が200万円、３年目も200万円と続きます。そこで、キャッシュフローを算出する場合は、営業利益に減価償却費を足し戻すことによってこの差異を調整する必要があるのです。

具体的な調整方法を見てみましょう。ここでは、利益に対する税金はかからないものとします。各期の営業利益100万円に減価償却費100万円を足し戻します。設備の代金を支払ったのは１期目ですから、１期目には、設備投資を－300万円計上します。これで、やっと実際のキャッシュフローと合わせることができました。

このように減価償却費は、実際の現金支出が伴わない費用であるため、「投資判断のキャッシュフローには減価償却は関係ない」と言う人もいます。ところが、税金が関係してくると事情は違ってきます。減価償却は、課税額に影響をおよぼしていることから、先述のように一度費用として計上し、課税額を算出して税金を控除したあと、足し戻す必要があるのです。

具体例を見てみましょう。話を簡単にするために、損益計算書を単純化しています。売上高は100万円です。販売費及び一般管理費などのコストを差し引くと、税引前利益は50万円となります。この50万円に対して、税率を30%とすれば法人税が15万円かかりますから、最終的な税引後利益は35万円、営業キャッシュフローも35万円となります。

◆減価償却費の法人税への影響を見る

（万円）

	減価償却なし	減価償却あり
売上高	100	100
（－）販売費及び一般管理費	50	50
（－）減価償却費		10
税引前利益	50	40
（－）法人税（税率30%）	15	12
税引後利益	35	28
（＋）減価償却費		10
営業CF	35	38

それでは、減価償却費10万円がある場合を考えてみましょう。今度は、売上高100万円に対して、コストに減価償却費10万円が加わりますから、販売費及び一般管理費と合わせて費用の合計は60万円です。税引前利益が10万円減りましたが、そのおかげで法人税も３万円減少しています。税引後利益28万円に減価償却費10万円を足し戻すことによって、営業キャッシュフローを計算すると38万円になるわけです。減価償却は税引前利益を減らし、結果的に税金を減らします。

このように減価償却には**節税効果**（tax shield）があるので、キャッシュフロー予測の際には、減価償却費を考慮する必要があるのです。

●運転資本の増加額をマイナスする理由

結論から言いましょう。運転資本の増額をマイナスするのは、EBITをキャッシュベースにするためです。

企業の事業活動とは、製造業でいえば、原材料を仕入れ、加工して製品を作り、販売し、そしてキャッシュを手に入れるまでのサイクルを回していくことといえます。クルマを例にお話しすると、車をつくるためには鉄などの原材料を仕入れます。仕入れてから代金を支払うまで、代金は「支払債務」としてバランスシートに計上されます。一方で、仕入れた原材料は製造プロセスを経て、仕掛品（半製品）、完成車へと姿を変えます。原材料を仕入れてから、販売されるまで「在庫」としてバランスシートに計上されます。

◆運転資本とは

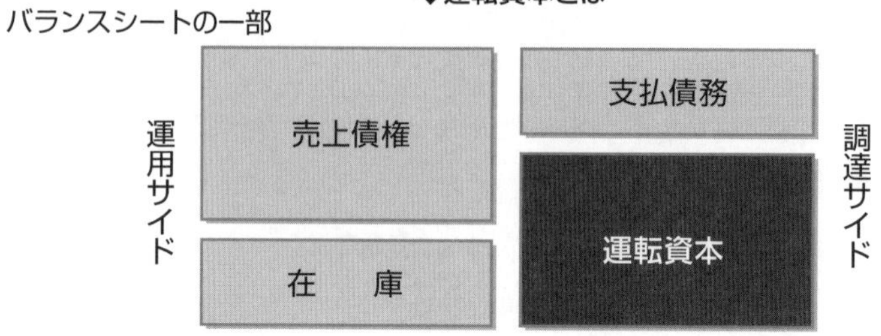

販売店に並んだクルマが売れました。お客様と契約を取り交わし、納車しました。この時点でPLには売上として計上されます。ただし、お客様から代金をいただくまで「売上債権」として計上されます。

さて、話をもとに戻しましょう。この運転資本はつぎのように定義されます。

運転資本＝売上債権（売掛金・受取手形）＋在庫
－支払債務[*21]**（買掛金・支払手形）**

そして、売上債権や在庫の増加は手元現金の減少を意味します。また、支払債務の増加は手元現金の増加を意味します。運転資本の増加額をマイナスすることによって、こうした調整を行なってEBITをキャッシュベースにしています。

■キャッシュフロー予測の注意点

いままで、キャッシュフローの予測そのものには、ほとんど何も言及してきませんでした。いかに投資判断が優れていたとしても、プロジェクトのキャッシュフローの予測が間違っていたら元も子もありません。つまり、ビジネススクールでよくいわれる“garbage in, garbage out[*22]”です。キャッシュフロー予測がいい加減であれば、投資判断指標をいくら正確に計算したところで意味

＊21　仕入債務と言われる場合もあります。
＊22　ガーベッジ・イン、ガーベッジ・アウト、ごみ入れごみ出し。コンピュータに不完全なデータを入力すれば、不完全な答えしか得られないという意味。

がないのです。

しかし、投資に関連するキャッシュフローの予測ほど、難しいものはありません。なぜなら、判断指標の計算は、覚えてしまえばほぼ機械的にできるのに対して、キャッシュフローの予測は、ビジネス上の判断が必要だからです。キャッシュフロー予測の際に注意すべきことを押さえておきましょう。

●埋没したコストとは

あなたが担当しているプロジェクトに追加投資が必要になりました。費用対効果を慎重に考慮した結果、あなたは、プロジェクトの中止を社長に打診しました。これに対し、社長が次のように答えたら、あなたはどうするでしょうか？

「これまでいくらこのプロジェクトに投資してきたと思っているんだ。いまさら、やめるわけにはいかないだろう！」

現実には、しばしばこの手の発言が通ってしまうことがあります。こんなとき、**サンクコスト**（sunk cost：埋没コスト）の考え方を知っていれば、間違った意思決定を避けることができます。サンクコストとは**すでに支払ってしまったコスト**のことです。この先、プロジェクトを実施するか、しないかを判断するのに、すでに支払ったコストはまったく関係ありません。したがって、先の社長の発言は明らかに間違っています。

いまの時点でコントロールできないキャッシュフローを無視する[*23]ことは、キャッシュフローを予測する際には、非常に重要です。

●機会コストとは

機会コスト（opportunity cost）は、損益計算書にも出てこない見えないコストなので、みなさん忘れがちです。だからこそ、とても大事なのです。**何かをすれば、その一方で何かを失っている。これを機会コストといいます。**

ビジネススクールで好んで使われる説明は、MBA取得のためのコストの計算方法です。私がMBAを取得するためのコストは、学費と２年間の生活費とで1,000万円以上かかっています。しかし、実際のコストはそれだけではあり

＊23 「ふられた彼女のことは早く忘れるのに限る」というのと同じことです。ちょっと、違うか。

ません。

MBAを取得しない場合のことを考えてみましょう。この２年間に会社で給料を稼ぐことができたわけです。また、ビジネス上の経験を積むことができたはずです。つまり、会社を辞めて留学することによって、２年間分の給料を得る、経験を積むという機会を失っているのです。MBA留学を投資と考える場合、投資額には1,000万円の実払い経費以外にも、「２年間分の給料や経験」という機会コストを考慮しなくてはいけないのです。

●シナジー効果とは

キャッシュフロー予測の際には、プロジェクトを実施した場合の**シナジー効果**[*24]を考える必要があります。たとえば、あなたはショッピングモールに映画館を導入しようと考えています。ところが、設備投資が思いのほか必要になり、プロジェクトのNPVを計算するとマイナスになってしまいました。

NPVルールで考えれば、このプロジェクトは実行すべきではないことになります。

しかし、ショッピングモールに映画館が入った場合のシナジー効果を考慮する必要があります。つまり、映画を見るために訪れた人たちを上手にショッピングモールに誘導することができれば、買い物客が増えることによって、キャッシュフローが増加することもあるからです。ただし、映画館の建築スペースに既存店舗がある場合は、その立退き費用のみならず、店舗からの賃貸収入という機会コストも考える必要があることは言うまでもないことです。

シナジー効果は、もちろん、いいことばかりではありません。たとえば、新しいゲーム機を発売した場合、既存のゲーム機の売上には、どのように影響するでしょうか？　既存のゲーム機を購入しようと考えていた消費者の一部は、確実に新しいゲーム機に流れるはずです。こうして、既存のゲーム機の売上は減少する可能性が高いでしょう。ちなみに、このように自社の製品同士が共食いしてしまう状況を**カニバリゼーション**（cannibalization：略してカニバリ）といいます。カニバリの影響も、キャッシュフロー予測のときは考慮しなくてはいけません。

＊24　(1) 共同作用。相乗作用。(2) 経営戦略で、販売・設備・技術などの機能を重層的に活用することにより、利益が相乗的に生み出されるという効果（『大辞林』より）。

●管理部門のコスト

経理・財務部や法務部などの管理部門のコストを、業績評価上の観点から各プロジェクトに割り振ることがあります。しかし、プロジェクトへの新規投資によって、これらの管理部門のコストが変わらなければ、プロジェクトのキャッシュフロー予測の際に考慮する必要はありません。つまり、新規投資の実施に伴い、**新たに発生するコストのみをキャッシュフローの予測に含めるべき**なのです。

■「With-Withoutの原則」とは

この「With-Withoutの原則」はとても重要です。Withとはプロジェクトを実施した場合のことをいい、Withoutとはプロジェクトを実施しない場合のことをいいます。プロジェクトのNPVやIRRを計算するフリーキャッシュフロー（FCF）は、WithとWithoutのFCFの差額であることは実務家でもうっかり忘れる人がいますから要注意です。

具体的にお話ししましょう。みなさんの会社が大規模駐車場を保有しているとしましょう。

この駐車場にショッピングモールを建設することにしました。次ページの図の①がこのプロジェクトを実施したとき（With）のFCFになります。時点0に下向きに出ているのが建設時に伴うキャッシュアウトで、時点1からショッピングモールのテナント事業で得られるFCFが上向きに並んでいます。1年前に市場調査をした費用もキャッシュアウトとして下向きに出ています。一方、②はこのプロジェクトを実施しなかったとき（Without）のFCFになります。この場合はこれまでどおり駐車場経営から得られるFCFになります。

③プロジェクトのFCFは、WithとWithoutの差額ですから、1年前の市場調査のキャッシュアウトは消えてしまいます。これがサンクコストです。

◆With-Withoutの原則とは

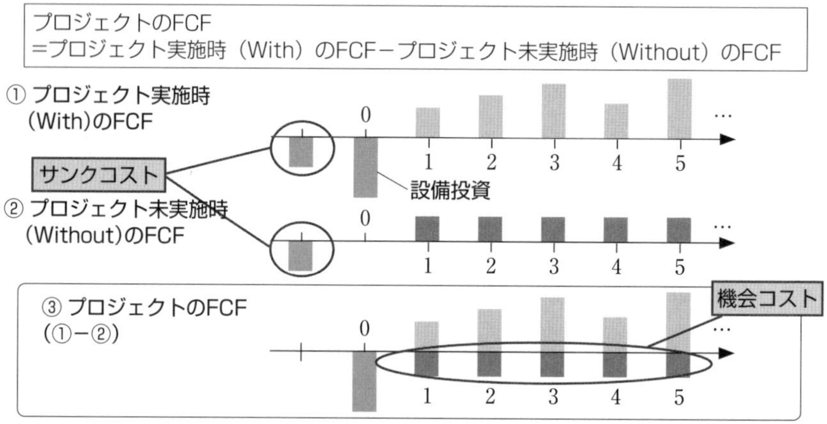

そして、駐車場経営から得られるFCFが下向きになります。これが機会コストです。なぜなら、プロジェクトを実施する場合は、駐車場から得られるFCFを失うからです。

正直なところ、私はこのWith-Withoutの原則を腹落ちするまで理解できていませんでした。過去のことは気にしない、未来を見るのがファイナンスです。サンクコストはともかくとして、なぜ機会コストを考えなければいけないのか。なぜ、設備投資のキャッシュアウトとショッピングモールのテナント事業から得られるキャッシュフローだけでNPVを計算したら間違いなのか。私はコンサルタントとして実際の案件を見て、初めて理解できたのです。

ある会社の工場に10億円かけて生産ラインを増設するという案件がありました。NPVがプラスということですでに投資は実行済みでした。ところが、その稟議書が間違っていたのです。10億円の設備投資に対して、稟議書のFCFはなんと工場全体から生み出されるFCFだったのです。

なぜそれが駄目なのかというと、工場全体から生み出されるFCFというのは、既存の生産ラインから生み出されるFCFが入ってしまっているからです。

10億円という追加投資に対して、工場全体から生み出されるFCFをみてしまうと、インプット（設備投資）とアウトプット（投資によって生み出されるFCF）が対応していないのです。その担当者が本来やらなければいけなかったことはWithoutのFCFをマイナスすることです。つまり、10億円をかけて生産ラインを増設しなかったら工場全体のFCFがどうなるのかを予測し、With（投資した場合）のFCFからマイナスすれば、10億円の設備投資をすることによって、増えるFCFがあぶり出されるわけです。

With-Withoutの原則という言葉がお気に召さない方は、次のように説明しているファイナンスの教科書もあります。

「**投資判断は、常に増し分FCFで考えなければいけない**」

言いかえれば、**その投資によって変化する部分に着目する必要がある**のです。機会コストを考慮する必要があるのは、この変化する部分を算出するためだったのです。With-Withoutの原則がわかっていなければ、いくら精緻にNPVやIRRを算出しても意思決定を誤る可能性があるので注意してください。

3.6 企業価値評価とDCF法

企業価値の算定は英語では**バリュエーション**(valuation)といいます。

最近、経営環境の急激な変化に伴い、不採算部門の売却や企業買収などのドラスティックな戦略が必要になることが多くなってきました。こうした状況では、自社の企業価値のみならず、他の企業の価値水準を知らなければ、適切な意思決定ができません。今後、ますます企業価値評価のスキルは大切になっていくでしょう。

■企業価値は誰のものか？

ファイナンスにおける企業価値は、資金提供者である債権者と株主にとっての価値です。つまり、企業価値＝債権者価値（デット）＋株主価値の関係にあります（次ページ図）。あなたの会社のデット（有利子負債）は債権者の立場からすれば価値あるものになります。株主価値はあなたが評価するものです。その価値に対して市場がつけているのは、株式時価総額という価格です。価値＜価格の場合、この会社の株は「割高」、価値＞価格の場合「割安」ということになります。こうして、お買い得かどうかを判断するわけです。

■企業価値は何でできているか？

ここで視点をかえて、企業価値が「何でできているか？」を考えてみましょう。企業価値とは、事業価値と非事業資産価値を合計したものになります。事業価値とは、まさに企業が行なっている事業の価値を指します。一方、非事業資産価値とは、事業とは直接関係のない資産の価値のことです。たとえば、現金、遊休不動産、絵画、ゴルフ会員権や政策保有株式[*25]ではなく純粋に投資目的のために保有する株式などが非事業資産にあたります。

＊25　政策保有株式とは、取引先との関係維持や買収防衛といった経営戦略上の目的で保有する株式のことです。

◆企業価値の正体とは

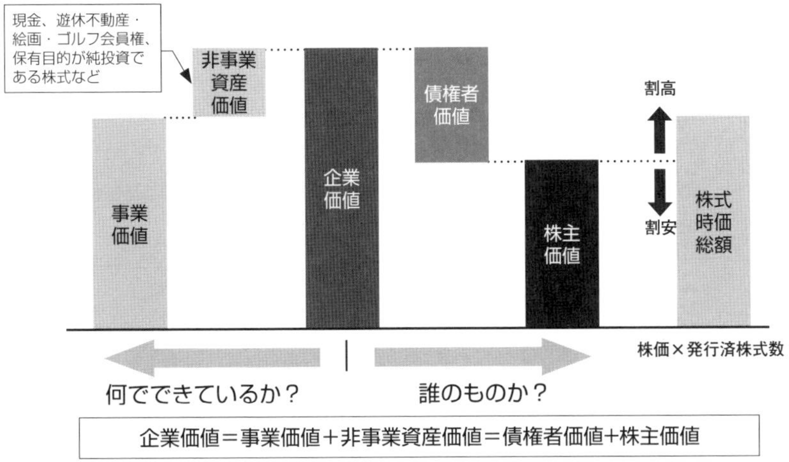

事業価値は、将来のフリーキャッシュフロー（FCF）を現在価値に割り引くことによって、求められます。こうした評価法を**DCF法**（Discounted Cash Flow Method）といいます。DCF法は、最初にビジネススクールで学ぶ一番オーソドックスな企業価値評価の方法といえます。

非事業資産がある場合は、それを処分することによって、キャッシュフローを得ることができます。したがって、非事業資産の価値を時価評価し、事業価値に加えることによって、企業価値を求めることができるわけです。

それでは、実際にDCF法を使ってみましょう。あなたは、次のような、会社の５年間の事業計画を策定しました。あなたの会社の企業価値、理論株価を計算してみましょう。

【演習問題】

1．以下の前提条件のもとにX社の事業計画[*26]を完成させなさい。

2．次のワークシートを活用し、X社のFCFを計算し、企業価値、理論株価を計算しなさい。ただし、発行済株式数は500,000株とする。

＊26　これらの表を含むすべてのExcelファイルは、私のサイト（https://ontrack.co.jp/）からダウンロードできます。

フリーキャッシュフロー（FCF）	0	1	2	3	4	5
年度	実績	2023	2024	2025	2026	2027
営業利益		0	0	0	0	0
受取配当金		0	0	0	0	0
EBIT		0	0	0	0	0
税金		0	0	0	0	0
NOPAT		0	0	0	0	0
減価償却		0	0	0	0	0
設備投資		0	0	0	0	0
運転資本の増加額		0	0	0	0	0
フリーキャッシュフロー		0	0	0	0	0

理論株価	0	1	2	3	4	5	6
年度	実績	2023	2024	2025	2026	2027	2028
フリーキャッシュフロー		0	0	0	0	0	0
継続価値						0	
FCF（合計）		0.00	0.00	0.00	0.00	0.00	
割引係数（DF）		0	0	0	0	0	
PV of FCF（合計）		0	0	0	0	0	
事業価値	0						
非事業資産	350						
企業価値	0						
債権者価値（有利子負債）	2,000						
株主価値（百万円）	0						
発行済株式数	500,000						
理論株価（円）	0						

【前提条件】

① X社の事業計画は、次のとおりです。

（ア）売上増加率　5％

（イ）売上原価率　60％

（ウ）販売管理費率　27％

（エ）2023年から５年間の減価償却費、受取利息、受取配当金、支払利息、設備投資額は下図のとおりと予測しました。

事業計画						単位：百万円
年度	実績	2023	2024	2025	2026	2027
売上高	7,600					
売上原価	−4,256					
売上総利益	3,344					
販管費（除く減価償却費）	−2,052					
減価償却	−265	−270	−270	−280	−280	−280
営業利益	1,027					
受取利息	1	1	2	2	2	2
受取配当金	20	20	20	20	20	20
支払利息	−75	−75	−80	−75	−75	−75

運転資本の推移予測						単位：百万円
年度	実績	2023	2024	2025	2026	2027
売上債権（+）	1,520					
在庫（+）	426					
支払債務（−）	−851					
運転資本	1,094					
運転資本の増加額						

設備投資の推移予測						単位：百万円
年度	実績	2023	2024	2025	2026	2027
設備投資額	500	320	370	380	380	380

② 法人税等の実効税率　30％

③ 運転資本の前提条件は、次のとおりです。

（ア）売上債権（売掛金・受取手形）は、毎年の売上の20%の金額が残るとします。
（イ）在庫は、毎年の売上原価の10%の金額が残るとします。
（ウ）支払債務（買掛金・支払手形）は、毎年の売上原価の20%の金額が残るとします。

④ WACCは10%を使用します。
⑤ 2028年以降は、成長はほぼストップし、減価償却と同額の設備投資を行ない、運転資本は増加しないものとします。つまり、NOPATとフリーキャッシュフロー（FCF）が同じになるということです。2028年以降は、FCFは、インフレ率程度の毎年１%で増加していくものと仮定します。
⑥ 2022年末時点での現金、遊休地などの非事業資産は、350百万円あるとします。
⑦ 2022年末時点での有利子負債額は、2,000百万円です。
⑧ 企業価値ならびに理論株価は、2022年末時点で行なうものとします。

【解　説】

事業計画と運転資本の推移の表を埋めていくのは、それほど難しくはないはずです。ただ、運転資本の計算方法を忘れてしまっていた人もいるかもしれません。運転資本は、次の計算式で求めることができます。

運転資本＝売上債権（売掛金・受取手形）＋在庫
－支払債務（買掛金・支払手形）

運転資本の増加額をマイナスすることによってEBITをキャッシュフローに変換します。前年よりも増加していれば、マイナスですし、反対に減少していれば、プラスします。

次ページ上図は、事業計画と運転資本の推移予測を埋めたものです。財務モデルを作成する場合のコツは、あとから変更する可能性のある変数は、外に出しておくということです。

たとえば、2027年の売上高9,700（セルH16）を見てみましょう。

売上増加率５%という前提条件ですから、「= G16＊(1+5%)」としてしまいそうですが、ここでは、数式「=G16＊(1+$C$4)」としています。こうしておけば、あとになって、売上増加率を変えるときに便利です。

	A	B	C	D	E	F	G	H	I	J
1		企業価値評価(DCF法)　演習問題								
2										
3		前提条件								
4		売上増加率	5.0%							
5		売上原価率	60.0%							
6		販管費率	27.0%							
7		税率	30.0%							
8		売上債権/売上	20.0%							
9		棚卸資産/売上原価	10.0%							
10		支払債務/売上原価	20.0%							
11		WACC	10.0%							
12		永久成長率	1.0%							
13										
14		事業計画						単位：百万円		
15		年度	実績	2023	2024	2025	2026	2027		
16		売上高	7,600	7,980	8,379	8,798	9,238	9,700	<— =G16*(1+$C$4)	
17		売上原価	−4,256	−4,788	−5,027	−5,279	−5,543	−5,820	<— =-H16*$C$5	
18		売上総利益	3,344	3,192	3,352	3,519	3,695	3,880	<— =SUM(H16:H17)	
19		販管費(除く減価償却費)	−2,052	−2,155	−2,262	−2,375	−2,494	−2,619	<— =-H16*$C$6	
20		減価償却	−265	−270	−270	−280	−280	−280		
21		営業利益	1,027	767	819	864	921	981	<— =SUM(H18:H20)	
22		受取利息	1	1	2	2	2	2		
23		受取配当金	20	20	20	20	20	20		
24		支払利息	−75	−75	−80	−75	−75	−75		
25										
26		運転資本の推移予測						単位：百万円		
27		年度	実績	2023	2024	2025	2026	2027		
28		売上債権(+)	1,520	1,596	1,676	1,760	1,848	1,940	<— =H16*$C$8	
29		在庫(+)	426	479	503	528	554	582	<— =-H17*$C$9	
30		支払債務(−)	−851	−958	−1,005	−1,056	−1,109	−1,164	<— =H17*$C$10	
31		運転資本	1,094	1,117	1,173	1,232	1,293	1,358	<— =SUM(H28:H30)	
32		運転資本の増加額		23	56	59	62	65	<— =H31−G31	
33										
34		設備投資の推移予測						単位：百万円		
35		年度	実績	2023	2024	2025	2026	2027		
36		設備投資額	500	320	370	380	380	380		
37										

これらのデータを元に、フリーキャッシュフロー（FCF）を計算してみます（次ページの図）。FCFは、次の式で求めることができます。

FCF＝NOPAT＋減価償却費－設備投資－運転資本の増加額

NOPAT（ノーパット）はEBIT（イービット）からみなし法人税をマイナスしたものでした。EBITは営業利益に営業外収益を加算します。ただし、加算するのは事業資産から生み出されるものだけです。

営業外収益に計上されている受取利息は非事業資産である現預金から生み出されるものとします。受取配当金は取引先との持ち合い株式（政策保有株式）によるもので、事業資産から生み出されるものと考え、EBITに含めます。このように、**受取配当金をFCFに含める場合、当該有価証券（持ち合い株式）を非事業資産としてカウントするとダブルカウントになるので注意が必要です。**

EBITに、実効税率30％を掛け合わせて、EBITに課税された場合のみなし法人税を計算します。EBITから、このみなし法人税を差し引くと、NOPATが計算できます。

	A	B	C	D	E	F	G	H	I	J	K
38		フリーキャッシュフロー(FCF)	0	1	2	3	4	5			
39		年度	実績	2023	2024	2025	2026	2027			
40		営業利益		767	819	864	921	981	<-- =H21		
41		受取配当金		20	20	20	20	20	<-- =H23		
42		EBIT		787	839	884	941	1,001	<-- =SUM(H40:H41)		
43		税金		−236	−252	−265	−282	−300	<-- =-H42*$C$7		
44		NOPAT		551	587	619	659	701	<-- =SUM(H42:H43)		
45		減価償却		270	270	280	280	280	<-- =-H20		
46		設備投資		−320	−370	−380	−380	−380	<-- =-H36		
47		運転資本の増加額		−23	−56	−59	−62	−65	<-- =-H32		
48		フリーキャッシュフロー		478	432	460	497	536	<-- =SUM(H44:H47)		
49										継続価値算出用	
50		理論株価	0	1	2	3	4	5	6		
51		年度	実績	2023	2024	2025	2026	2027	2028		
52		フリーキャッシュフロー		478	432	460	497	536	708	<-- =H44*(1+C12)	
53		継続価値						7,863	<-- =I52/(C11-C12)		
54		FCF(合計)		478	432	460	497	8,399	<-- =SUM(H52:H53)		
55		割引係数(DF)		0.91	0.83	0.75	0.68	0.62	<-- =1/(1+$C$11)^H50		
56		PV of FCF(合計)		435	357	346	339	5,215	<-- =H54*H55		
57		事業価値	6,692	<-- =SUM(D56:H56)							
58		非事業資産	350								
59		企業価値	7,042	<-- =SUM(C57:C58)							
60		債権者価値(有利子負債)	2,000								
61		株主価値(百万円)	5,042	<-- =C59-C60							
62		発行済み株式数	500,000								
63		理論株価 (円)	10,084	<-- =C61*1000000/C62							
64											

このNOPATに減価償却費を足し戻し、設備投資と運転資本増加額を差し引けば、フリーキャッシュフローが求められます。次に継続価値を求めましょう。

◆継続価値を求める

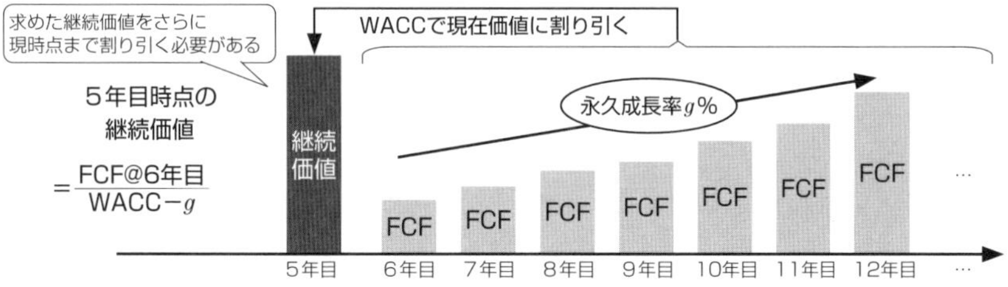

この事業計画では、5年間のフリーキャッシュフローを予測しています。本来ならば、5年間だけでなく、将来にわたるフリーキャッシュフローを予測する必要がありますが、それはあまり現実的ではありません。したがって、5年目時点での企業の継続価値を予測するわけです。

継続価値とは6年目以降のFCFの5年目時点での現在価値の合計をいいます。ちなみに、6年目以降のFCFは、永遠に一定の割合で成長すると考えます。成長型永久債の現在価値を求める公式が$PV = \dfrac{C}{r-g}$であることを思い出してください。継続価値を求める場合はこの公式を活用します。

$$\text{継続価値} = \frac{\text{予測期間最終年の翌年のFCF}}{\text{WACC} - \text{永久成長率}} = \frac{FCF_6}{WACC - g} = \frac{FCF_5 \times (1+g)}{WACC - g}$$

第3章 企業価値評価

５年目時点に立って、翌年６年目のFCFを分子に持ってきます（セルI52）。

つまり、継続価値を求める式は次のとおりです。

例題の継続価値は、$WACC = 10\%$、$g = 1\%$として、$\frac{701 \times (1+1\%)}{10\% - 1\%} = 7{,}863$百万円（セルH53）と計算できます。

継続価値の計算は、あくまでも、５年目の時点で算出したものです。したがって、５年目のFCFに加算して、５年分割り引くことになります。最終年度以降は、設備投資は減価償却と同額、運転資本は一定であると仮定することが一般的です。言いかえれば、FCF=NOPATになっていると考えるということです。

だからこそ、継続価値算出のための2028年のFCFは2027年度のNOPAT701百万円を永久成長率１％で増加させたものになっているのです（セルI52）。

このようにして、予測した将来のFCFをWACC10％で割り引いて求めた現在価値は6,692百万円（セルC57）となります。これで、事業価値が計算できました。事業価値に現金と遊休地などの非事業資産350百万円の価値を加えて、企業価値が7,042百万円と計算できました。

企業価値から債権者価値（有利子負債）をマイナスすると株主価値が算出できます。株式数は500,000株ですから、理論株価は10,084円となります。この理論株価はあくまでもあなたが評価したものです。それに対して、株価は市場（他人）がつけたものといえます。もし、算定した理論株価より実際の株価のほうが高ければ、割高ですからあなたは手を出さないはずです。

DCF法の手順についてまとめてみましょう。

◆DCF法で企業価値を算出する手順◆

① WACCを計算し、FCFを予測する

② 継続価値を求める

③ FCFと継続価値をWACCで現在価値に割り引き、事業価値を求める

④ 遊休地や有価証券、現金などの非事業資産を時価評価する

⑤ 上記③で求めた事業価値に④の非事業資産価値を加えて企業価値を計算する

⑥ 上記⑤の企業価値から債権者価値（有利子負債）をマイナスして株主価値を求める

⑦ 上記⑥の株主価値を発行済株式数で割ることによって理論株価を計算する

これまで見てきたように、バリュエーションはさまざまな数字の前提で成り立っています。このようなとき感度分析を行なえば、変数がどのように企業価値に影響をおよぼすのかを把握できます。感度分析はExcelのデータテーブルという機能を使えば、簡単にできます。

下の表にある感度分析は、永久成長率とWACCの変化が株価にどのような影響を与えるかを見たものです。WACCが増加するにつれて、株価が下落していきます。WACCが増加していくにつれて、FCFの現在価値は減少していくはずですから、これは驚くに値しません。

永久成長率に関していえば、成長率が高くなればそれだけ継続価値が増加しますから、株価も上昇することになります。

	A	B	C	D	E	F	G	H
64								
65		永久成長率とWACCの理論株価に与える影響（感度分析）						
66						WACC		
67			10,084	6.0%	8.0%	10.0%	12.0%	14.0%
68			0.0%	18,185	12,438	9,020	6,764	5,169
69			0.5%	19,866	13,297	9,524	7,086	5,388
70		永久成長率	1.0%	21,885	14,278	10,084	7,438	5,624
71			1.5%	24,351	15,410	10,709	7,824	5,880
72			2.0%	27,435	16,730	11,413	8,248	6,156
73								

■どうすれば、企業価値は高まるのか？

企業価値を高めていく具体的な方法のヒントは、まさにフリーキャッシュフロー（FCF）の計算プロセスにあります。企業価値を高めるためには当たり前のことですが、FCFをできるだけ増加させ、割引率である資本コストを下げることが必要です。

◆企業価値を高めるフリーキャッシュフローと資本コスト

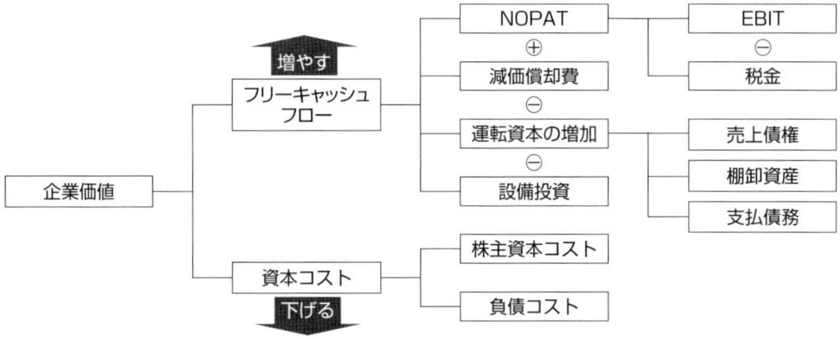

その方法について、フリーキャッシュフローを構成するそれぞれの要素にブレークダウンして見ていきましょう。

●EBITの増加と税率の引き下げ

EBITは営業利益に近い本業の儲けを表わすものです。つまり、FCFを増加させるためには、売上をいかに増加させ、一方でコストを削減し、営業利益を増やすかにかかっているわけです。これもまた当たり前のことです。

FCFの計算にはEBITからみなし法人税を差し引いたNOPATが使われることから、FCFを増やすには、税率を引き下げればいいことがわかります。

日産自動車では、法人税の実効税率の引下げ（tax optimizationと呼んでいました）は、重要な課題になっていました。財務部にあるタックス・チームは、海外での事業展開を行なう場合、各国の税制を考慮しながら、常に最適解を求めるべく奮闘努力していたのです。

●減価償却費の計上のタイミング

実は、減価償却の金額を大きくしても、FCFには直接影響はありません。なぜなら、減価償却費というのは、EBITを計算する過程で、すでに費用として差し引かれたものを足し戻しているにすぎないからです。つまり、減価償却の金額を大きくしても、その分だけ、EBITの額が少なくなってしまうのです。

そうはいっても、減価償却費は税金の計算上は費用ですから、早いタイミングで費用計上することによって、現在の税金支払いを少なくすること（=税金支払いの先延ばし）ができます。税金支払いを遅くすることによって、キャッシュフロー上でプラスに働きます。

たとえば、下の図は減価償却を一括で実施する場合と毎年定額で実施する場合の法人税を比較したものです。どちらも３年間の法人税支払額の合計は252万円と変わりませんが、割引率を５％として法人税額の現在価値を計算すると、減価償却費を一括で費用計上したほうが法人税支払額が約１万円少なくて済むことがわかります。

◆減価償却費の計上時期による法人税への影響

〈減価償却（一括）〉

	1	2	3
売上高	300	300	300
(−)減価償却費	60	0	0
税引前利益	240	300	300
(−)法人税(税率30%)	72	90	90
税引後利益	168	210	210

法人税の現在価値@5%　228

〈減価償却（定額）〉　（万円）

	1	2	3
売上高	300	300	300
(−)減価償却費	20	20	20
税引前利益	280	280	280
(−)法人税(税率30%)	84	84	84
税引後利益	196	196	196

法人税の現在価値@5%　229

税金の支払いは、できるだけ先延ばしにするのがお得というのは、ここでもいえるわけです。こうしたことから、減価償却費は税金面で最適になるように計上していく必要があるのです。

●運転資本の管理

運転資本とは、売上債権に在庫を加えたものから、支払債務を引いたものです。FCFを増加させるためには、極力、この運転資本を増加させないようにしなくてはいけません。つまり、**売上債権と在庫を圧縮し、支払債務を大きくする**ことが大切なわけです。

日産自動車も、日産リバイバルプラン[*27]では、この運転資本の管理を徹底して行ないました。売上債権の圧縮とは、たとえば、クルマの販売代金を早期に回収することです。営業担当者への教育・研修の実施、販売会社別にクルマを売った代金の回収期間のモニタリングの実施など、地道な活動を行なっていったわけです。

取引先との力関係もありますが、売上債権を圧縮するには、他にも取引先と交渉して、回収時期を早めたり、請求書の締日を月１回から２回にしたり、信用リスクが高いと考えられる取引先との取引条件を見直したりする方法があります。

日産自動車では、在庫の圧縮については、原材料の調達から顧客への販売までの一連の流れを最適化する手法である、サプライチェーンマネジメントを導入しました。特に海上在庫、つまり船の上にある在庫を削減する取り組みを行ないました。たとえば米国で販売するクルマを日本で製造していた場合、生産拠点を米国や米国近隣国に移すことで、日本から米国まで船で運んでいた時間を短縮しました。こうして受注から販売までのリードタイムを短縮することで在庫を削減したのです。また、自動車部品の在庫を削減するために、設計そのものを見直し、クルマの部品点数を減らしたり、部品の共通化を図ったりしました。

一方で、支払債務を大きくするために、単に支払いまでの期間を延ばせばいいというものではありません。支払いを遅くすることでキャッシュフローが好転するというメリットと、早期支払いを行なうことで仕入先に値下げを交渉できるというメリットと、どちらが有利なのかを検討しながら、バランスをとることが大切です。

＊27　1999年にカルロス・ゴーンCOO（当時）が日産再建のために発表した事業計画です。

●設備投資の選別

投資は、企業価値創造の源泉です。したがって、設備投資を単に圧縮することは、将来のFCFの増加を犠牲にする可能性があります。ですから、むやみに設備投資を縮小すればいいというわけではありません。すでに説明したNPVやIRRという投資判断指標を有効活用することによって、投資の選別をきちんと行なっていくことが大切です。

●WACCを引き下げる

企業が将来生み出すFCFの割引率であるWACCを低くすることによっても、企業価値、ひいては株主価値を高めることができます。負債コストと株主資本コストでは、通常、負債コストのほうが圧倒的に低いわけです。とは言っても、WACCを低下させるために、有利子負債の比率を増やすのが得策かといえば、物事はそう単純でもありません。WACCが最低となる最適資本構成については、第4章で扱います。

その他の方策として、IR（Investor Relations）の充実もあります。IRは、「投資家向け広報」と訳されますが、広報ではありません、投資家との関係を築くのがIRの仕事です。実は、**IRのミッションは、WACCを下げること**にあります。

投資家は、わけのわからないものには投資したくありません。「リスク認識」が高い場合は、企業に対して要求するリターンが高くなります。つまり、企業にとってのWACCが高くなるわけです。WACCを下げるには、IRを通して、業績の良し悪しにかかわらず、適切な情報を適切なタイミングで開示する必要があります。企業がそのような誠実な姿勢で投資家とコミュニケーションをとることによって、投資家の「リスク認識」を下げることができます。

企業の業績発表で、株価が乱高下するのは、それだけ投資家とのコミュニケーションがとれていないこと、つまり、IRが機能していないことを意味します。

3.7 EVAって何？

■株主資本コストを考慮した業績評価指標

企業価値を創造していくための具体的な方法については、前項で説明しました。企業経営の目的は、**企業価値の最大化にある**ことは十分理解できたと思います。しかし、企業の業績は相変わらず損益計算書の利益で評価されたりしています。実は、損益計算書には、投資家の一方である債権者に支払うコスト、つまり支払利息しか出てきません。もう一方の投資家である株主に支払うコストが反映されていないわけです。したがって、たとえ当期純利益が黒字だとしても、株主が求めているものに応えられていない可能性があります。

当然のことながら、株主資本コストが考慮されていない業績評価指標なんて意味がないという議論が出てきました。そこで登場したのが、**経済付加価値**（EVA*28：Economic Value Added）と呼ばれる指標です。

順を追って説明していきましょう。まずは企業の運用成績、つまり、利回りの計算方法です。

$$\text{利回り} = \frac{\text{アウトプット}}{\text{インプット}}$$

で計算できます。アウトプットは企業が1年間で稼ぎ出すNOPATです。次の計算式で求められます。

NOPAT = EBIT －みなし法人税（=EBIT×税率）

インプットの考え方は2つあります。調達サイドでいえば、デットとエクイティを合計したもので、これを**投下資本**といいます。運用サイドでいえば、運転資本と固定資産・投資その他を合計したもので、これを**投下資産**といいます。

*28　EVAはスターン・スチュワート社の登録商標。有名なマッキンゼーの本『企業価値評価』（ダイヤモンド社）では、EP（Economic Profit）といっています。このEVAを日本でいち早く導入したのが花王です。

◆企業（事業）のインプット

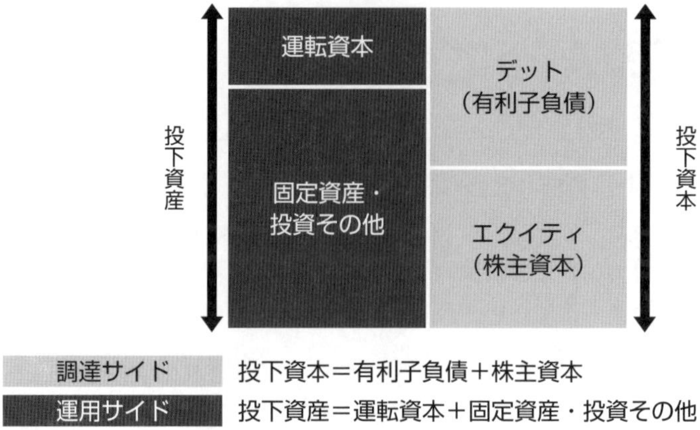

上の図にあるとおり、企業は右側からデットとエクイティで資金調達し、それを資産に投下し、運用しているといえます。企業にとってのアウトプットはNOPAT、インプットは投下資本なので、アウトプット/インプットでリターンが求まります。この運用リターンが**ROIC**（Return On Invested Capital：投下資本利益率）です。デットとエクイティの調達に必要なコストはWACCです。企業はWACCより高いROICを稼いで初めて企業価値を創造できます。ROICとWACCの差を**EVAスプレッド**といいます。

経営者の使命はこのEVAスプレッドをプラスにする。そして、さらに拡大することにあるといえます。このように考えれば、売上や営業利益ばかり追って自社のWACCも答えられない経営者は失格だ、というのもうなずけるはずです。

このEVAスプレッドに投下資本を掛けることによって、EVAを計算できます。

$$\mathbf{EVA = \underbrace{(ROIC - WACC)}_{\text{EVAスプレッド}} \times 投下資本}$$

EVAは、1年間でどれだけの企業価値が増加したかを表わす指標です。EVAスプレッドがマイナスだと、いくら資本投下しても意味がありません。企業価値を毀損することにつながってしまいます。EVAは式を変形すれば、次のようにも計算できます。

EVA = NOPAT −投下資本×WACC
　　　　　　　　　　資本コスト額

　EVAは、日本企業では、花王などが20年以上、業績評価指標として採用し、数値を開示し続けています。EVAを高めるためには、次の3つの方策が考えられます。

① NOPATを高める

　本業の儲けである営業利益を増加させ、実効税率を可能な範囲で低下させることが必要です。

② 投下資本を減らす

　デットやエクイティで調達して投下している資産部分を適正に圧縮することが必要です。たとえば、運転資本の圧縮、非事業資産の売却により得た現金による有利子負債返済、自社株買い[*29]があります。

③ WACCを下げる

　財務破綻リスクが高まらない範囲で、ある程度のD/Eレシオ（デットとエクイティの割合）を高めることも必要でしょう。これについては、第4章で詳しく説明します。

　EVAは必ずしも企業全体だけに使うものではありません。実際に、各事業ごとのROICやWACCをもとにEVAを計算し、「EVAが3年連続してマイナスの場合は、事業から撤退」というルールを定めている企業もあります。

　EVAは単年度ベースの価値創造額を表わします。したがって、業績評価の指標として適しています。

　当期から将来にわたるEVAの現在価値を合計したものを**市場付加価値**（MVA：Market Value Added）といいます。

　MVAはキャッシュフローの現在価値の合計であるNPVと一致するという重要な特徴があります。次ページの図は、MVAとNPVの一致を示したものです。初期投資が120万円のプロジェクトで、減価償却は、定額法・期間5年・残存価額ゼロとしています。割引率10%で計算するとNPVは132.8万円になります。

　同じプロジェクトのEVAの現在価値の合計を求めたのが図の下の部分です。NOPATから、資本コスト額（投下資本×WACC）を差し引くことによって、EVA

＊29　自社株買いについては、203ページで説明します。

を計算しています。毎年、減価償却額24万円が計上されることで、有形固定資産の簿価は24万円減少することから、投下資本は24万円ずつ減少していきます(下図の21行)。毎年のEVAを10%で割り引き合計すると132.8万円というMVAを求めることができるのです。随分と単純化したケースですが、EVAの現在価値の合計であるMVAのコンセプト自体は、NPVと何ら変わらないものであることはわかるでしょう。

◆EVAの現在価値の合計(MVA)がNPVと一致する

	A	B	C	D	E	F	G	H	I	J
1		EVAの現在価値の合計がNPVと一致する								
2										
3		WACC	10%							
4		税率	30%							
5										
6		NPV法								
7		年度	0	1	2	3	4	5		
8		売上高		100.0	100.0	100.0	100.0	100.0		
9		費用		−15.0	−15.0	−15.0	−15.0	−15.0		
10		減価償却		−24.0	−24.0	−24.0	−24.0	−24.0		
11		EBIT		61.0	61.0	61.0	61.0	61.0	<-- =SUM(H8:H10)	
12		法人税		−18.3	−18.3	−18.3	−18.3	−18.3	<-- =-H11*$C$4	
13		NOPAT		42.7	42.7	42.7	42.7	42.7	<-- =SUM(H11:H12)	
14		減価償却		24.0	24.0	24.0	24.0	24.0	<-- =-H10	
15		キャッシュフロー	−120.0	66.7	66.7	66.7	66.7	66.7	<-- =SUM(H13:H14)	
16		NPV(@10%)	132.8	<-- =NPV(C3,D15:H15)+C15						
17										
18		EVA法								
19		年度	0	1	2	3	4	5		
20		NOPAT		42.7	42.7	42.7	42.7	42.7	<-- =H13	
21		投下資本		120.0	96.0	72.0	48.0	24.0	<-- =G21+H10	
22		WACC		10%	10%	10%	10%	10%		
23		WACC×投下資本		−12.0	−9.6	−7.2	−4.8	−2.4	<-- =-H21*H22	
24		EVA		30.7	33.1	35.5	37.9	40.3	<-- =H20+H23	
25		MVA	132.8	<-- =NPV(C3,D24:H24)						
26										
27										

3.8 類似会社比較法（マルチプル法）

■自社と同じような上場企業をベンチマークする

企業価値を算定する方法は、何もDCF法に限ったものではありません。ここでは、投資銀行などスピードを要求されるビジネスの現場で使われることの多い**類似会社比較法**（comparable company analysis）について見ていきましょう。類似会社比較法は**マルチプル（倍率）法**とも呼ばれ、企業価値評価をいつも行なっている現場では、よく使われている手法です。米国では、経営者やCFOが類似会社比較法を使って、常に、業界と自社の企業価値の水準を把握しているといわれています。忙しい経営者やCFOが計算できるくらいですから、そんなに難しい計算ではないということです。

類似会社比較法は、類似上場企業をベンチマークとして、その企業の事業価値や時価総額などの財務指標から評価倍率を求め、企業価値を推定する方法です。要するに、「同じような財務体質の会社であれば、同じような価値があるだろう」という考えを前提としているわけです。

この方法は、比較的、簡単に計算できるのですが、DCF法に比べるとさまざまな前提条件を織り込んだ感度分析がやりにくいというデメリットがあります。とはいうものの、株式市場における取引価格をベースに評価することから、客観性があり、実務ではDCF法と併用されることが多い手法でもあります。それでは、簡単な例を使ってEBITDA倍率による株主価値算出のプロセスを見てみましょう。

◆類似会社比較法（EBITDA倍率）による株主価値算定例

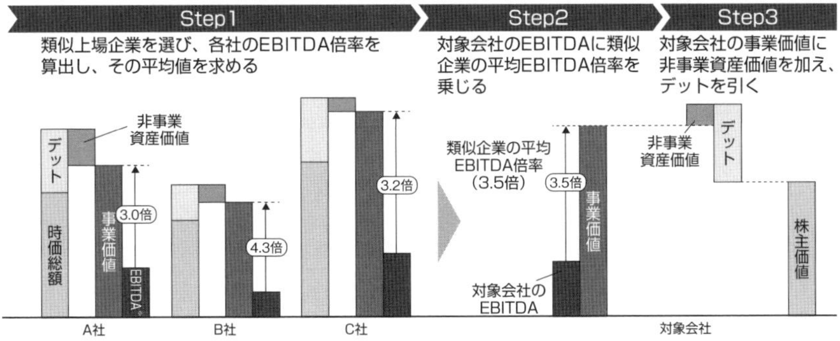

※EBITDA=営業利益+償却費（減価償却費やのれん償却費）とする

◆類似会社比較法の手順◆

① **類似上場企業を選んで、各社（ここではA社、B社、C社）のEBITDA倍率を算出しその平均値を求める**

② **評価対象会社の来期のEBITDAに上記①で求めたEBITDA倍率を掛けることで、対象会社の事業価値を求める**

③ **上記②で求めた事業価値に非事業資産価値を加え、デットをマイナスし、株主価値を求める**

この方法で注意すべき点は、比較対象企業の選択です。選択に際しては、業種にとらわれることなく、その企業の業界でのポジション、収益の水準、成長性、顧客ターゲットなど、企業のファンダメンタルズ（基礎的条件）を十分に吟味し、その類似性を判断する必要があります。

類似会社比較法で使用されるマルチプルは、EBITDA倍率の他に、EBIT倍率、売上高倍率、PER*30、PBR*31があります。これらの中でも一番人気のあるEBITDA倍率についてさらに詳しく説明しましょう。

EBIT（Earnings Before Interest and Taxes）は、営業利益に該当する利益で、いわば本業での儲けを意味していました。このEBITにDAがくっついたものがEBITDA*32で、具体的には支払利息、税金に加えて、固定資産の減価償却費*33（Depreciation & Amortization）を差し引く前の利益のことをいいます。したがって、**営業利益に減価償却費を足し戻したもの**と考えて差し支えありません。概念としては営業キャッシュフローに近く、事業価値に大きな影響を与える指標であること、また償却に関する会計処理が違う場合もその影響を排除できることから、M&Aの現場で最も使われます。

EBITDA倍率とは、次の式のとおり、事業価値（EV：Enterprise Value）がEBITDAの何倍かを示す指標です。EV/EBITDA倍率とも呼ばれます。

＊30　株価収益率(PER：Price Earnings Ratio) = $\frac{\text{株式時価総額}}{\text{当期純利益}} = \frac{\text{株価}}{\text{1株当たり利益}}$

＊31　株価純資産倍率(PBR：Price Book-value Ratio) = $\frac{\text{株式時価総額}}{\text{純資産}} = \frac{\text{株価}}{\text{1株当たり純資産}}$

＊32　このEBITDA（Earnings Before Interest and Taxes, Depreciation & Amortization）は、イービッダーとかイービットディーエーと発音されます。どちらがいいかはあなたの好み次第です。

＊33　正確にいえば、有形固定資産の減価償却費（Depreciation）と無形固形資産の償却費（Amortization）の合計ですが、ここではまとめて、減価償却費としています。

◆EBITDA倍率◆

$$\text{EBITDA倍率}=\frac{\text{事業価値（=株式時価総額＋ネットデット）}}{\text{EBITDA（=営業利益＋減価償却費）}}$$

※ネットデット（Net Debt）とは、デットから、非事業資産価値をマイナスしたものです。

ここで注意しなくてはいけないのは、類似上場企業のデータを計算するときには、できる限り、**今期や来期の予想で計算する必要がある**ということです。たとえば、株価収益率（PER）は、投資家にとって、非常に重要な指標ではあるものの、実績ベースの株価収益率は、あくまでも過去のものであって、これからの企業価値を評価するのには使えません。

■価値算定の事例

それでは類似会社比較法を使って、X社の株主価値を具体的に算定してみましょう。この評価手法で必要なデータは、下図にあるとおり、類似上場企業5社の株価、発行済株式数、有利子負債、現金及び預金、有価証券、売上高、営業利益（EBIT）、減価償却費、当期純利益、純資産です。まずは、類似上場企業5社の事業価値を算定します。

	A B C D	E	F	G	H	I	J	K L M
1	類似会社比較法による株主価値算出問題							
2								
3	1.類似会社の株価倍率を算定せよ							
4	類似上場会社		A	B	C	D	E	
5	株式							
6	株価	円	1,211	829	234	5,702	2,311	
7	発行済株式数（自己株式を除く）	千株	15,292	34,873	32,456	9,112	58,237	
8								
9	事業価値							
10	株式時価総額	百万円	18,519	28,910	7,595	51,957	134,586	<-- =J6*J7/1000
11	有利子負債	百万円	6,173	9,637	2,532	17,319	44,862	
12	現金及び預金	百万円	1,045	445	878	3,128	288	
13	有価証券	百万円	821	524	429	328	2,843	
14	事業価値	百万円	22,826	37,578	8,820	65,820	176,317	<-- =J10+J11-J12-J13
15								
16	業績数字							
17	売上高	百万円	68,923	349,122	48,591	68,572	228,475	
18	営業利益（EBIT）	百万円	2,948	4,485	1,214	4,899	7,923	
19	減価償却費	百万円	3,222	6,672	1,932	4,582	9,943	
20	EBITDA（営業利益＋減価償却費）	百万円	6,170	11,157	3,146	9,481	17,866	<-- =SUM(J18:J19)
21	当期純利益	百万円	980	2,134	587	1,875	5,299	
22	純資産	百万円	16,017	25,460	5,523	42,210	85,600	
23								

株式時価総額は発行済株式数（自己株式を除く）に株価を掛けることによって求めることができます。時価総額に有利子負債を加えることで企業価値が計算できます。この企業価値から非事業資産（ここでは現金・預金と有価証券）を引くことによって事業価値を求めることができます。

次に、類似上場企業の業績数字から、事業価値ベースの倍率（売上高倍率、

EBIT倍率、EBITDA倍率）を算定します。スタートアップ企業など、利益が赤字の場合、事業価値が売上高の何倍かを示す売上高倍率を使ったりします。

	A	B	C	D	E	F	G	H	I	J	K	L	M
24			株価倍率										
25				売上高倍率	x	0.33x	0.11x	0.18x	0.96x	0.77x	<-- =J14/J17		
26				EBIT倍率	x	7.74x	8.38x	7.26x	13.44x	22.25x	<-- =J14/J18		
27				EBITDA倍率	x	3.70x	3.37x	2.80x	6.94x	9.87x	<-- =J14/J20		
28				株式時価総額/当期純利益(PER)	x	18.90x	13.55x	12.94x	27.71x	25.40x	<-- =J10/J21		
29				株式時価総額/純資産(PBR)	x	1.16x	1.14x	1.38x	1.23x	1.57x	<-- =J10/J22		
30													

事業価値が売上高、EBIT、EBITDAの何倍になっているのかを計算し、それぞれの平均を求めます。売上高倍率は0.47倍、EBIT倍率は11.82倍、EBITDA倍率は5.34倍となりました（下図）。また、株主価値ベースの倍率（PERとPBR）も計算しましょう。株式時価総額が当期純利益や純資産の何倍になっているかを計算し、平均をとります。PER倍率は19.70倍、PBR倍率は1.29倍となりました。

	A	B	C	D	E	F	G	H	I	J	K	L	M
31		2.類似会社の株価倍率の平均値を業界の株価倍率と仮定し、各倍率を用いたときのX社の株主価値を算定せよ											
32			株価倍率										
33				売上高倍率	x	0.47x	<-- =AVERAGE(F25:J25)						
34				EBIT倍率	x	11.82x	<-- =AVERAGE(F26:J26)						
35				EBITDA倍率	x	5.34x	<-- =AVERAGE(F27:J27)						
36				株式時価総額/当期純利益(PER)	x	19.70x	<-- =AVERAGE(F28:J28)						
37				株式時価総額/純資産(PBR)	x	1.29x	<-- =AVERAGE(F29:J29)						
38													
39			X社の財務数値										
40				売上高	百万円	47,676							
41				営業利益(EBIT)	百万円	850							
42				減価償却費	百万円	1,388							
43				EBITDA(営業利益＋減価償却費)	百万円	2,238	<-- =SUM(F41:F42)						
44				当期純利益	百万円	680							
45				純資産	百万円	7,799							

次のステップは、X社の財務数値（売上高、EBIT、EBITDA）に先ほどの各倍率の平均値（売上高倍率、EBIT倍率、EBITDA倍率）を掛けてそれぞれの指標に基づく事業価値を算出します。

求められた各指標に基づく事業価値に非事業資産（現金及び預金と有価証券）を加算し、有利子負債をマイナスしてやれば、X社の株主価値が算出されることになります。

=F40*F33

X社の株主価値								
		事業価値	現金及び預金	有価証券	有利子負債	株主価値	
売上高倍率	百万円	22,426	280	176	1,700	21,182	<-- =F49+G49+H49-I49
EBIT倍率	百万円	10,043	280	176	1,700	8,799	<-- =F50+G50+H50-I50
EBITDA倍率	百万円	11,943	280	176	1,700	10,699	<-- =F51+G51+H51-I51
株式時価総額/当期純利益(PER)	百万円					13,395	<-- =F44*F36
株式時価総額/株主資本(PBR)	百万円					10,092	<-- =F45*F37

また、X社の当期純利益、純資産にそれぞれPER倍率、PBR倍率を掛けると株主価値が算出されます。このとき、事業価値ではなく、ダイレクトに株主価値が算出されるところは注意が必要です。

株主価値の数値を見ると各倍率で大きく異なっています。どの値を採用するかは、まさにケースバイケースですが、DCF法による評価を参考にしながら、XX円～XX円のようにレンジで評価するのが一般的です。

◆企業価値評価の方法と長所・短所

	類似会社比較法	DCF法
長所	●市場参加者の総意であり、客観性があり、納得感を得やすい ●恣意性が入りにくい	●将来の収益力、成長力を反映できる ●企業固有の特徴を反映できる
短所	●株式市場のゆがみ等により、正しい企業価値が求められない可能性がある ●類似上場企業を見つけるのが案外難しい	●事業計画、割引率等の前提によって株価が大きく変動する ●継続価値が企業価値の大半を占める

ここまで類似会社比較法を説明してきました。上図のとおり、類似会社比較法、DCF法でそれぞれ長所と短所があり、評価の目的やデータの入手可能性によって評価方法を使い分けます。実際のM&Aの現場では、DCF法と類似会社比較法の両方で評価するのが一般的です。

3.9 企業買収の効果の測り方

■買い手企業にとってのNPVで判断する

企業買収の効果はどのように測ればいいのでしょうか？

結論からいえば、NPVで判断します。M&A（Mergers and Aacquisitions：企業の合併・買収）の買い手企業にとってのNPVは次のように表わせます。

買い手企業にとってのNPV ＝買収によって獲得する価値－買収価格

NPV＞0ならば買収すべき、NPV＜0 ならば見送りです。それでは、買収によって獲得する価値はどう算出すればいいのでしょうか。

M&Aのプロセスを順を追って見てみましょう。まずは売り手企業が策定した事業計画（フリーキャッシュフロー）に基づいて価値を算出します。間違えやすいのは、**このときに適用するWACCは、買い手企業のWACCではなく、あくまでも売り手企業のWACCであること**です。企業の価値は誰が買うかで決まりません。保有資産のリスクによって決まるのです。そのリスクが反映されているのは売り手企業のWACCです。

◆M&Aの経済効果の測り方

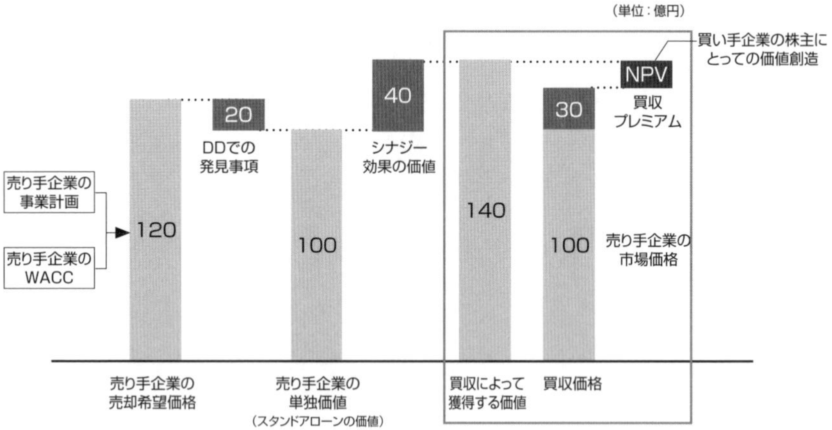

一般的に売り手企業が策定した事業計画には、売り手の意向が反映されているでしょう。そこで買い手企業は、**デューデリジェンス**（DD：Due Dilligence）[*34]を実施します。財務デューデリや法務デューデリは聞いたことがある人もいるかもしれません。私はコンサルティング会社にいたころ、ビジネスデューデリによく駆り出されました。ビジネスDDでは、事業内容や競争環境などさまざまな角度から事業計画を精査して、買収対象企業の単独価値を算定します。この単独価値を**スタンドアローンバリュー**といいます。いってみれば、対象会社の本来の価値といえます。この価値には、買収後のシナジー効果は含みません。

シナジー効果の価値は、買い手企業が買収することで売り手企業や買い手企業自身のキャッシュフローの増加という形で現われます。買収によって獲得する価値は、売り手企業のスタンドアローンバリュー（前ページ図では100億円）にこのシナジー効果の価値（40億円）を加えた140億円です。

一方、買収価格は売り手企業の市場価格（100億円）に買収プレミアム（30億円）を加えた130億円です。したがって、

買い手企業にとってのNPV＝
買収によって獲得する価値（140億円）－買収価格（130億円）

となり、NPVは10億円となりますので、買収すべきとなります。

今回の例のように、スタンドアローンバリュー（単独価値）と市場価格が同じと仮定すると、シナジー効果の価値が買収プレミアムより大きい場合に、はじめて買い手企業にとってのNPVはプラスになります。買収プレミアムとして30%支払う場合、買い手企業はそれ以上のシナジー効果を実現しないとNPV>0にはなりません。そう考えると、M&Aが成功するのは、なかなかハードルが高いことがおわかりいただけるでしょう。

＊34　デューデリジェンスは、投資を行なう際に、買収対象企業の企業価値やリスクを調査することで、DD（ディーディー）やデューデリといいます。デューデリジェンスに関するコストは買い手企業が負担します。

3.10 ESGは企業価値を増やすのか

ESGとは、環境（Environment）、社会（Social）、ガバナンス（Governance）の頭文字です。最近、ESGに積極的に取り組んでいる企業に投資をしていこうという**ESG投資**の流れが加速しており、企業はこの流れに対応する必要があります。

ここで忘れてはならないのは、ESG投資の根底にあるのは**環境、社会、そしてガバナンスにしっかり取り組む企業は、中長期的に企業価値を創造できる**と投資家が考えていることです。

企業価値を増やすには、フリーキャッシュフロー（FCF）を増やすこと、そして、WACCを下げることです。ESGへの取り組みと企業価値向上はどう結びついているのでしょうか？

■フリーキャッシュフロー（FCF）の増加

環境と社会、そしてガバナンスに取り組むことは、まさに事業機会の創出、ひいてはFCFの増加につながる可能性があります。

たとえば、大量生産、大量消費の時代から何の疑問も感じずに続けてきた薄利多売のビジネスモデルの見直しにつながるかもしれません。いまでは、消費者側も「安くていいもの」だけでなく、「多少高くても、環境に配慮したもの」を評価するようになってきています。

こうした環境、社会の変化をとらえた新しい製品、商品やビジネスが生まれるかもしれません。社会からの高い評価やブランド価値の向上で顧客層も増えるかもしれません。

また、ESGに対する積極的な取り組みによって優秀な人材をひきつけ、つなぎ止めることができるかもしれません。さらに、こうしたESGへの取り組みが従業員のモチベーションを向上させ、ひいては生産性の向上につながることも考えられます。その結果としてFCFの増加に結びつく可能性だってあるわけです。

■WACCの低下

ESGに真摯に取り組んでおり、ESGと企業理念、企業戦略とが一貫したものとなっていることがわかれば、投資家のリスク認識は下がり、WACCは下がる可能性があります。

企業戦略を立案する際には、「外部環境」と「内部資源」について分析するのが一般的です。

外部環境は、従来は市場や顧客、競合他社の動向、政治、経済環境の動向をどう考えるかでした。今後は自然環境（気候変動、炭素排出、エネルギーなど）や社会（サプライチェーン全体の雇用環境の問題など）が加わるわけです。

内部資源は、従来は自社の強みなどの競争優位性に関する分析でしたが、これに社会（従業員などの人的資本の活用、人財投資、ダイバーシティなど）やガバナンスへの対応などが加わります。

ここで大事なことは、ESGを企業理念や企業戦略と切り離して論じるべきではないということです。

ESGに関して、「ESGに積極的な企業は、もともと経営がしっかりしているから企業価値が増えるのは当たり前だ」という意見もあります。つまり、ESGに取り組むから、企業価値が高まるわけではないとする見方です。

ESGの企業価値に与えるインパクトに関する研究はまだ始まったばかりです。まだ、その因果関係については流動的です。ただ、私たちは、ESGが今後のビジネスのルールになると認識しておく必要があります。

第3章　まとめ

➡ 企業の資金調達方法には、デット・ファイナンスとエクイティ・ファイナンスがある。債権者は資金提供の見返りとして利息を求め、株主は配当（インカムゲイン）や株価上昇益（キャピタルゲイン）を求める。債権者と株主が要求するリターンを加重平均して、WACC（加重平均資本コスト）を求める。

➡ 企業はWACC（Weighted Average of Cost of Capital）を上回るROIC（Return On Invested Capital）を上げてはじめて企業価値を高めることができる。

➡ クロスボーダーの投資案件の株主資本コストの算定には、グローバルCAPMやローカルCAPMなどの考え方がある。また、政情不安、内戦やテロなど、その国特有のリスク（カントリーリスク）を考える必要がある。

➡ フリーキャッシュフローは企業が事業活動を行なったあとに残るキャッシュフローであり、債権者と株主が自由に使えるものである。フリーキャッシュフローを予測する場合、サンクコスト、機会コスト、シナジー効果など考慮する必要がある。

➡ 企業価値の評価方法ではDCF法（Discounted Cash Flow Method）が一番使われる。これは企業が将来生み出すフリーキャッシュフローをWACCで割り引いたものを事業価値とし、非事業資産（現預金や遊休地など）の価値をプラスして企業価値を算定する方法である。

➡ 事業価値を高めるには、フリーキャッシュフローをいかに高めるか、割引率である資本コストをいかに下げるかという２つの方向がある。

➡ EVA（Economic Value Added：経済付加価値）は、企業（事業）が1年間でどれだけの企業価値を増やしたかを測る業績評価のための指標である。

第4章

企業の最適資本構成と配当・自社株買い

企業の最適資本構成について説明します。資本構成とは、有利子負債と株主資本の割合のことです。ここでは、企業価値を高める最適な資本構成とは何かについて見ていきます。

配当や自社株買いは、いずれも株主に還元する方法です。配当や自社株買いが株価や企業価値にどのような影響を与えるかを説明します。

4.1 資本構成と企業価値（MM 命題）

資金調達の代表的な方法は、「株式発行による調達」、「社債発行」、「銀行借入」の３つです。「株式発行による調達」を**エクイティ・ファイナンス**（Equity finance）、「社債発行」や「銀行借入」を**デット・ファイナンス**（Debt finance）といいます。

ここでは、これらの資金調達の方法が企業価値にどのような影響を与えるかについて考えていきます。実は、どんな資金調達をするかは、そのまま企業の**資本構成**（capital structure）の問題になります。資本構成とは、有利子負債（デット）と株主資本（エクイティ）の割合のことです。そこで、企業価値を高める最適な資本構成とは何かについて、見てみましょう。

■財務レバレッジとは

企業の効率性を表わす指標に**ROA**（Return On Assets：総資産利益率）と**ROE**（Return On Equity：株主資本利益率）があります。ROAは、当期純利益を総資産（負債＋株主資本）で割ったもので、投下した「資産」に対して、どれだけの「当期純利益」を上げたかを表わしています。いってみれば、**ROAは経営者の立場から見た経営効率を測る指標**といえます。

一方、ROEは、当期純利益を株主資本で割ったもので、株主が投下した「資本」に対して、どれだけの「当期純利益」を上げたかを表わしています。**ROEは、株主の立場から見た投資効率を測る指標**といえます。なぜ、ここでROEを持ち出してきたのかと思う人もいるかもしれません。実は、このROEは、事業の収益性だけでなく、**企業の資本構成からも影響を受ける**からなのです。

企業の資金調達の方法は、先述したとおり、デット・ファイナンスとエクイティ・ファイナンスに大きく分けられます。企業が生み出した当期純利益は、最終的には株主のものになりますから、企業がデットを増やして、少ないエクイティで経営を行なえば、株主の投下資本当たりの利益（ROE）は大きくなります。

このことは、ROEを次のように分解するとよくわかります。

$$\text{ROE}=\frac{\text{当期純利益}}{\text{株主資本}}=\frac{\text{当期純利益}}{\text{売上高}}\times\frac{\text{売上高}}{\text{総資産}}\times\frac{\text{総資産}}{\text{株主資本}}$$
$$=\text{売上高当期純利益率}\times\text{総資産回転率}\times\text{財務レバレッジ}$$

３つ目の総資産を株主資本で割ったものを**財務レバレッジ**（financial leverage）といいます。レバレッジとは「てこの作用」のことですが、ファイナンスではデットを意味します。つまり財務レバレッジを高めることは、ROEを高めることになります。言いかえれば、**有利子負債を増やせば、ROEは高くなる**ということです。

ただし、同時にリスク（ROEのバラツキ）を増加させてしまうという点には注意が必要です。

●財務レバレッジの仕組み

この財務レバレッジの仕組みを具体的に見ていきましょう。あなたは、X社の財務担当者です。あるプロジェクトに200万円投資しようと考えています。ベストシナリオでは、20万円の営業利益を稼げる一方で、ワーストシナリオでは、４万円になる見込みです。単純化のために税金は無視します。財務戦略Aは、デットは利用せず、全額エクイティ（株主資本）で調達します。この場合のROEは、ベストシナリオで10%、ワーストシナリオでは２%になります。

財務戦略Bは、160万円を５%で借り入れ、エクイティ調達は40万円です。つまり、D/Eレシオは４倍です。この場合のROEは、ベストシナリオで30%、ワーストシナリオでは－10%にまで落ち込みます。

◆財務レバレッジとリスクリターンの関係

（単位：万円）

	財務戦略A		財務戦略B	
投資額	200		200	
内訳 エクイティ	200		40	
内訳 デット（5%）	0		160	
営業利益	20	4	20	4
支払利息	0	0	8	8
当期純利益	20	4	12	－4
ROE $\left(\frac{\text{当期純利益}}{\text{エクイティ}}\right)$	10% $\left(\frac{20}{200}\right)$	2% $\left(\frac{4}{200}\right)$	30% $\left(\frac{12}{40}\right)$	－10% $\left(\frac{-4}{40}\right)$

ベストシナリオでは、財務戦略AのROEは10%なのに、財務戦略Bでは、レバレッジの働きでROEは30%になります。ところがワーストシナリオでは、財務戦略AのROEが２%とかろうじてプラスを維持しているのに対し、財務戦略Bでは利息を負担しきれずに赤字になりROEは－10%となります。

おわかりのとおり、財務レバレッジは、ROEの変動性を高める効果があります。まさにレバレッジ（てこ）の原理が効いているということです。

このように、**財務レバレッジには、ROEを高める働きと同時に株主にとってのリスクも高める働きがあります。**なぜなら、デットの利用（レバレッジ）によって、株主は「事業リスク」に加えて、「財務リスク」を負担することになるからです。財務リスクとは、事業そのものではなく、デットがもたらすリスクです。

◆財務レバレッジの特徴◆

- **財務レバレッジによって、ROEを増加させることができる**
- **一方で、財務レバレッジによって、ROEのバラツキ（リスク）が増加する。これは、株主が事業リスクに加えて、財務リスクを負担することによる**

■MM 命題[*1]とは

これまで見てきたように、財務レバレッジによって、ROEのバラツキ（リスク）が変化します。どうやら株主は、自己の許容できるリスクに応じて、企業価値が最大になる資本構成を選ぶことができそうです。

実際に、1950年代までは「企業価値を最大にする最適資本構成は存在する」といわれていました。その後、1960年代初頭になると、フランコ・モジリアーニとマートン・ミラーという２人の経済学者が、

「税金や取引コストなどがない完全資本市場では、企業価値は（バランスシートの左側の）資産価値のみによって決まり、（右側の）資本構成は企業価値と無関係である」

という画期的な論文を発表しました。これは、２人の頭文字をとって、**MM（Modigliani and Miller）の第１命題（MM Proposition I）**といわれているものです。

このMMの証明では、マーケットにおける裁定取引[*2]の機能を使っています。具体例を使って、この命題を説明しましょう。

ここに、同じ資産内容を持つ２つの企業、U社とL社があるとしましょう。その資産から生み出すキャッシュフローも同じであれば、両社の企業価値は同じはずです。違うのはU社は有利子負債（デット）がない（Unlevered：アンレ

＊1　MM 命題は、現代貨幣理論（MMT：Modern Monetary Theory）とは関係ありません。
＊2　市場間、あるいは現物と先物の価格の差を利用して、リスクなしに利益を上げる行為。同じ価値のものが異なる価格で売りに出されている場合、割安なものを買い、割高なものを売ることで利益をねらう取引をいいます。

バード）会社であり、L社は有利子負債がある（Levered：レバード）会社という点です。

この資本構成の違いは本当に企業価値に影響がないのでしょうか？　今度は投資家の目線になって考えてみましょう。ここで、あなたはU社が発行する株式の100%に投資することを考えます。これを戦略Aとしましょう。戦略Bは、L社が発行する株式と有利子負債のそれぞれ50%ずつに投資するというものです。

◆資本構成が異なる2つの会社への投資

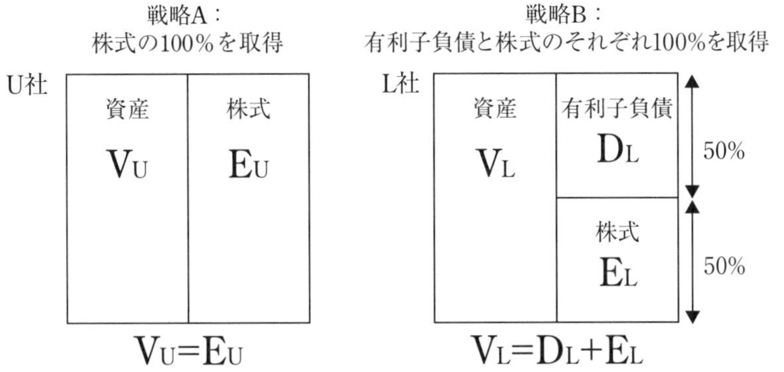

戦略A	〈投資額〉	〈期待収益〉
株式	E_U (=V_U)	営業利益

戦略B	〈投資額〉	〈期待収益〉
有利子負債	D_L	利息
株式	E_L	営業利益－利息
合計	D_L+E_L (=V_L)	営業利益

同じ価値

戦略Aの場合は、株式のすべてをあなたは持っていますから、営業利益のすべてがあなたのものになります。

戦略Bの場合はどうでしょうか？　まず、デットのすべてを融資しているあなたは、そのリターンである利息のすべてを要求する権利があります。そして、営業利益から利息を引いた残りは、株主のものです。

株式のすべてを持っているあなたは、その「営業利益－利息」を要求できるわけです。したがって、これらを合算すると、戦略Bの期待収益も営業利益となります。

税金や取引コストのない完全資本市場を前提とすると、同じ収益が期待できる戦略Aと戦略Bの投資額は同じはずです。したがって、戦略Aの投資額E_Uと戦略Bの投資額「D_L+E_L」は同額となり、U社の企業価値V_UとL社の企業価値V_Lは同じになることがわかります。

もし、ここで、この２つの戦略の投資額が異なっている場合は、同じ収益を生み出す企業が違う価格で売られていることになります。同じモノが違う価格で売られているときには、裁定取引が行なわれ、それは２つの企業の価格が同じになるまで続けられることになります。

投資家の裁定取引が機能することによって、期待収益が同じＵ社とＬ社の価格（投資額）は同じになるため企業価値は等しくなります。つまり、**完全資本市場を前提とすれば、企業価値は、資本構成の影響を受けない**ということです。

ここで企業のWACC（r_{WACC}）の計算式を思い出してください[*3]。

$$r_{WACC}=r_E\times\frac{E}{E+D}+r_D\times\frac{D}{E+D}$$

この式をr_Eについて整理すると、以下の式になります。

$$r_E=r_{WACC}+(r_{WACC}-r_D)\times\frac{D}{E}\quad\cdots\cdots\text{式①}$$

第１命題によれば、D/EレシオによってWACCは変化しないことから、デットがないＵ社のWACCをr_Uとすれば $r_{WACC}=r_U$が成立します。したがって、式①は以下のようになります。

$$r_E=r_U+\underbrace{(r_U-r_D)}_{Ⓐ}\times\frac{D}{E}\quad\cdots\cdots\text{式②}$$

この式からわかるとおり、MMは株主資本コストとD/Eレシオの関係について「**株主資本コストはD/Eレシオの上昇にしたがって高くなる**」ことを証明しました。これを**MMの第２命題（MM Proposition Ⅱ）**といいます。

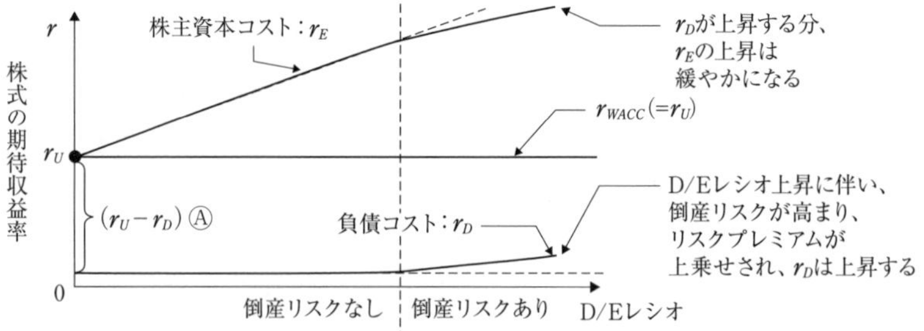

上図は横軸にD/Eレシオ、縦軸に株式の期待収益率をとって式②を図示したものです。縦軸のD/Eレシオが０のときの値はデットのないＵ社のWACCで、

＊3　ここでは、税金がない世界を想定しています。

これをr_Uとしています。r_Uは●印をつけた1点だけです。株主資本コストr_Eが、D/Eレシオに比例して上昇するのは、負債コストという固定的な支払が増加することによって、株主にとってのリスクが高まるからです。株主はこのリスクに見合う高い収益率を要求するわけです。

D/Eレシオが大きくなるにつれて、調達コストの低いデットの割合が高くなりますが、それを打ち消すかのごとく株主資本コストが上昇するためWACCが一定になります。r_Dは企業のD/Eレシオが低く倒産リスクがない領域では一定です。また、r_Eは右肩上がりの直線になります。D/Eレシオのさらなる増加によって、倒産リスクが高まると、r_Dはリスクを反映したリスクプレミアムが上乗せされ、徐々に上昇します。その結果、デットのないr_Uとの差（$r_U - r_D$）[*4]が減少し、株主資本コストr_Eはその分緩やかになります。

■WACCに関するよくある間違い

日本企業でもいまや普通になった、社債を発行して自社株買いを実施するという財務戦略をとりあげます（自社株買いについては203ページで説明します）。

ここに無借金の会社X社があります。資産、エクイティは時価500万円です（下図①）。現在、X社の株主資本コストは10％と推定しています。このX社が250万円の社債（デット）を発行して資金調達をしました。ここでは便宜的に、この社債の調達コスト（負債コスト）は2％だとしましょう。

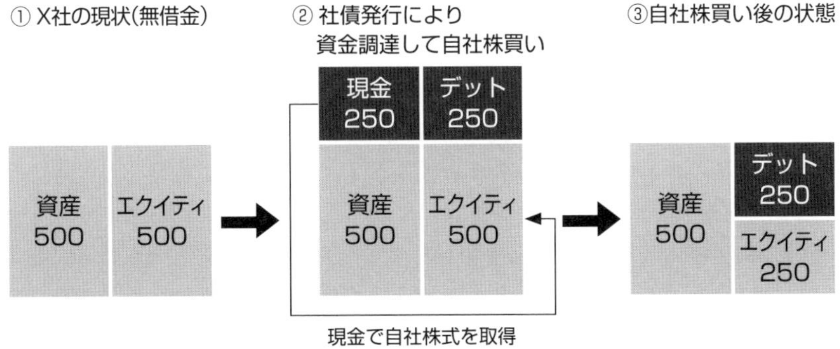

調達サイド（右側）のデット250万円に対して、運用サイド（左側）の現金250万円でバランスしています（上図②）。この現金を使って、自社株買いを実施すると、この分だけエクイティは減少し、X社の資本構成は上図③のように

＊4　式②とグラフのⒶの部分に該当します。また、株式のほうが、有利子負債よりもリスクが高いので、$r_U > r_D$になります。

変化しました。ここで問題です。資本構成が変化したX社のWACCは何%になるでしょうか？（ただし法人税は考慮しないとします）

よくある間違いは、WACCを6%（＝株主資本コスト10%×1/2+負債コスト2%×1/2）と計算し、**WACCがデットの利用で下がるのは、株主資本コストより、コストの低い負債コストの割合が増えるからだ**と考えることです。

これは株主資本コストの考え方が間違っています。X社にデットがない場合は、フリーキャッシュフローはすべて株主に帰属します。ところが、社債を発行した後は、フリーキャッシュフローの分配は債権者が優先されます。つまり、株主のリスクが高くなることを意味するのです。

MMの第2命題にあるとおり、**株主資本コストはD/Eレシオの上昇にしたがって高くなる**のです。

先ほど求めたように、株主資本コストr_EとD/Eレシオの関係式は次のとおりです。r_Uは、デットがない企業U社のWACC（株主資本コスト）でした。したがって、ここでは、$r_U = 10\%$になります。

$$
\begin{aligned}
r_E &= r_U + (r_U - r_D) \times \frac{D}{E} \\
&= 10\% + (10\% - 2\%) \times \frac{250}{250} \\
&= 18\%
\end{aligned}
$$

D/Eレシオが1倍になった結果、株主資本コストは18%に上昇することになります。したがって、WACCは10%（＝株主資本コスト18%×1/2+負債コスト2%×1/2）と変わらないことになるのです。

■法人税がMM 命題に与える影響

●デット（有利子負債）には節税効果がある

MM 命題の生みの親であるミラー教授が、ノーベル賞を受賞したとき、受賞内容を聞かれて、「1枚のピザを2つに切っても、4つに切ってもピザ全体の価値は変わらないということを発見しました」と答えたことはあまりに有名です。MM 命題が前提とする完全資本市場では、資本構成は、企業価値に影響をおよぼすことはありません。しかし、税金も取引コストも発生しないという完全資本市場というのは、現実には考えられません。

ここでは、法人税を考慮した場合のMMの命題を見てみましょう。法人税は、企業価値にどのような影響をおよぼすのでしょうか。ここで、もう一度、資本構成以外はまったく同じ財務内容を持つU社とL社に登場してもらいましょう。

U社は無借金ですが、L社は1,000万円を金利10%で借り入れています。営業利益は、どちらの企業も500万円です。業績は、資本構成の影響を受けないものとします。法人税率は30%としましょう。損益計算書は次ページの表のようになります。

◆デットの節税効果

（単位：万円）

	U社（デットなし）	L社（デット）
営業利益	500	500
支払利息（10%）	0	－100
税引前利益	500	400
法人税（30%）	－150	－120
税引後利益	350	280
投資家が受け取るキャッシュフロー	350	380
株主	350	280
債権者		100

※L社のデット1,000万円

最終的に、投資家（株主と債権者）が受け取るキャッシュフローは、Ｌ社のほうが30万円だけ多いことに気づくと思います。この30万円は、両社の法人税支払額の差額で、Ｌ社の支払利息100万円が、法人税の課税対象額から控除されることから生じています。

この働きを、**デットの節税効果**（tax shield）と呼びます。最終的に株主や債権者の手にわたるキャッシュフローは、この節税効果分だけ多くなるわけです。言いかえれば、国が受け取る税金が少なくなったともいえます。このキャッシュフローの違いは、当然のことながらＵ社とＬ社の企業価値の違いにつながります。つまり、Ｌ社の企業価値は、このデットの節税効果の現在価値分だけＵ社の企業価値を上回ると考えられます。

Ｌ社の営業利益と資本構成がこのまま一定だとすれば、後述するように、年間30万円の節税効果の現在価値は300万円となります。この300万円分だけ、Ｌ社の企業価値は、Ｕ社よりも高くなるわけです。

●節税効果の現在価値を求める

この節税効果の現在価値の求め方を考えてみましょう。まず、支払利息は、デットDに金利r_Dを掛けたDr_Dになります。デットの利用により、課税の対象となる税引前利益は、この支払利息分だけ少なくなります。したがって、この支払利息に法人税率T_Cを掛けた$T_C Dr_D$が節税効果になります。

先ほどの例でいえば、

法人税率30%×デット1,000万円×金利10%＝30万円というわけです。今後も、企業が毎期プラスの利益を計上すると仮定すると、デットの利用により、毎期$T_C D r_D$のキャッシュフローが生まれるということです。

このキャッシュフローは、利息を支払う限り生まれます。そのリスクはデットと同じとみなすことができます。したがって、負債コスト（支払利息の利率）r_Dで割り引くと、節税効果の現在価値*5は、

$$\frac{T_C D r_D}{r_D} = T_C D$$

となります。すなわち、先に述べた「支払利息30万円の節税効果の現在価値は、300万円となります」は、「税率30%×デット1,000万円＝300万円」と計算していたわけです。法人税が導入された場合のデットがある会社の価値をV_Lとし、デットがない会社の価値をV_Uとすれば、節税効果との関係は、次式で表わすことができます。この式が法人税を考慮したMMの第1命題（MM Proposition I, Corporate Taxes）です。

◆法人税を考慮したMM 第1命題◆

$$\boldsymbol{V_L = V_U + T_C D}$$

この式の前提には、L社が未来永劫、デットDを借り入れし、節税効果を享受する必要があります。いままでのMM第1命題に法人税が与える影響についての議論をまとめてみましょう。

法人税がある場合は、デットを利用すると支払利息による節税効果（tax shield）の現在価値分だけ企業価値が高まります。

また、法人税を考慮したMMの第2命題（MM Proposition II, Corporate Taxes）は次のとおりです。

$$r_E = r_U + (1 - T_C)(r_U - r_D)\frac{D}{E}$$

税金を考慮しない場合と同様に株主資本コストは、D/Eレシオの上昇にしたがって高くなります。ここで、MM 命題をまとめておきましょう。

MM 命題	法人税なし	法人税あり
第1命題	$V_L = V_U$ 企業価値は資本構成と無関係	$V_L = V_U + T_C D$ 企業価値はデットの利用で 節税効果の現在価値分だけ増加する
第2命題	$r_E = r_U + (r_U - r_D)\frac{D}{E}$ 株主資本コストはD/Eレシオとともに 増加する	$r_E = r_U + (1 - T_C)(r_U - r_D)\frac{D}{E}$ 株主資本コストはD/Eレシオとともに 増加するが、T_C分だけ、緩やかに増加する

＊5　ここでは、永久債の現在価値を求める公式「$PV = \frac{C}{r}$」を利用しています。

■節税効果と財務破綻コスト

法人税がある場合は、デットを利用すると支払利息による節税効果の現在価値分だけ企業価値が高まることを見てきました。これは、**企業は借り入れをすればするほど、企業価値を高められる**ことを意味します。ところが、デットをできるだけ増やしていこうという企業は、まずありません。なぜなら、デットを増やしすぎると財務リスクが高まるからです。デットには元本返済と利息支払の義務があります。もし、これらの義務が守られない場合、企業は、ある種の**財務破綻**（financial distress）的な状態に陥ったといえます。最悪の場合は、倒産ということもあり得るわけです。

後ほど説明するように、財務破綻にはさまざまなコストが発生します。このコストがデットの節税効果を減らす働きをします。財務的に破綻する可能性を考慮すれば、企業価値は次式で表わすことができます。

◆企業価値（税金・財務破綻コストを考慮したもの）◆

$$V_L = V_U + T_C D - \text{財務破綻コストの現在価値}$$

下図の右上がりの直線は、財務破綻コストがない場合の企業価値を表わしています。つまり、直線式は「$V_L = V_U + T_C D$」です。完全資本市場において、法人税を導入した場合の企業価値は、デットDを増加した分、つまり、$T_C D$分増加していきます。

◆最適資本構成を見る

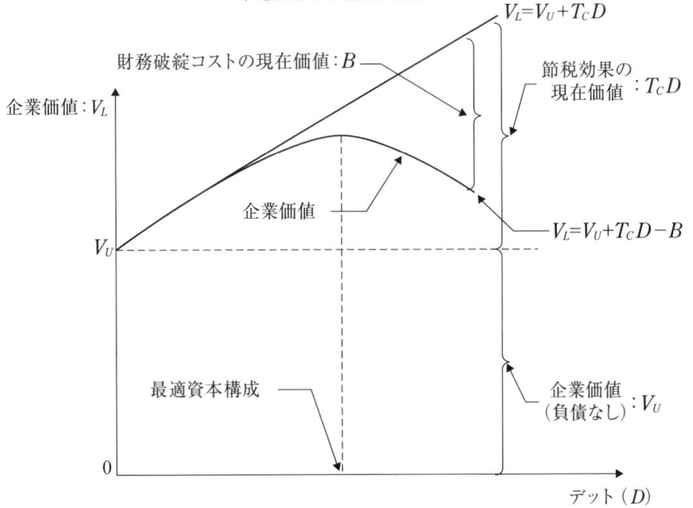

これに財務破綻コストを加味したのが、前ページの図の曲線です。デットが少ない段階では、財務破綻コストは無視できます。無視できる間は、デットが増加するにつれて、節税効果の現在価値分だけ企業価値は高くなっていきます。ところが、ある資本構成を境に、財務破綻コストの現在価値の増加分のほうが節税効果の現在価値の増加分を上回り、企業価値は減少に転じるわけです。この財務破綻コストの現在価値の増加分と節税効果の現在価値の増加分が等しくなる点が、企業価値を最大化する資本構成といえます。

最適資本構成は、**デットの持つ節税効果と財務破綻コストとのトレードオフ**によって決まるといえます。この考え方を**資本構成のトレードオフ理論**といいます。財務破綻コストは、いくつかの種類に分けられます。次に、これらのコストについて見ていきましょう。

■財務破綻コスト

財務破綻コストは、直接費用と間接費用に分けることができます。直接費用は、まさに破産前や破産手続中にかかる弁護士や会計士への報酬です。実は、企業にとって、直接的な財務破綻コストは小さなものです。それよりも間接的な費用のほうが大きいのです。それでは、間接的な費用にどんなものがあるかを見てみましょう。

企業が倒産の危機に陥った場合、当然のことながら、経営者のエネルギーは、債権者との関係の維持に注がれるでしょう。長期的な経営戦略どころではなくなってしまうわけです。また、たとえ企業価値を高めるような投資機会があったとしても、追加的な資金を調達することは難しいはずです。つまり、ここでも投資機会を失うという機会コストが発生しているといえます。

また、企業の業績は、株主や債権者以外のステークホルダー（利害関係者）の関心事でもあります。たとえば、従業員、取引先、そして顧客も業績に関心を持っています。これらのステークホルダーに対しても、企業の業績悪化は決していい影響は与えません。

次に、その他の間接的なコストであるエージェンシー・コストについて、説明しましょう。

■エージェンシー・コストとは

企業の業績が好調なときは、株主と債権者の利害は一致します。双方とも、企業価値を高めるべく、最適な投資を経営者が行なうことを望みます。ところが、ひとたび業績が悪くなると、株主と債権者との間に利害の対立が起き、経営者の意思決定に大きな影響をおよぼします。

債権者は、資金提供の見返りである利息を株主よりも優先的に企業に請求できます。ところが株主は、企業のデットに対しては有限責任である一方、残余利益に対する請求の上限はありません。

このため、株主は責任が限られているのをいいことに、一か八かの大勝負に出ることもあります。要するに、株主がリスキーなギャンブルに債権者を巻き込もうとすることがあるのです。こうした利害対立が発生した場合、経営者は必ずしも株主の意向どおりの意思決定をするとは限りません。株主の意向に沿わない経営は株主価値を毀損する可能性があります。このコストのことを、**エージェンシー・コスト**[*6]といいます。

経営者と投資家が対立するエージェンシー問題の代表的なものには、資産代替（Asset Substitution）とデット・オーバーハング（Debt Overhang）があります。資産代替とは、企業のデットが多すぎて倒産の可能性が高い場合、経営者は極めて投機的な投資を行なう可能性がある問題をいいます。反対にデット・オーバーハングはデットが多すぎて融資を受けられず、プラスのNPVを持つ魅力的な投資案件が実行されないという問題です。いずれも、企業価値の向上が阻害されることになります。

●資産代替とは

資産代替について、具体的に説明しましょう。あなたはオーナー経営者です。１年後に300万円の借金返済が迫っています。ところが会社には現預金が200万円しかありません。何もせずに返済期日がくるのを待っていても、あなたの会社は倒産し、現預金200万円は銀行のものになるだけです。ここに次のような投資機会があるとします。このプロジェクトのNPVは、5％の確率で900万円、95％の確率で－100万円です。したがって、このプロジェクトの期待NPVは－50万円（＝900万円×5％＋（－100万円）×95％）ですから、この投資に手を出してはいけないことになります。

＊6　現代では、企業を経営する人間と企業を所有する人間が異なります。これを「所有と経営の分離」といいます。経済活動では、ある主体（プリンシパル：本人）が他の主体（エージェント：代理人）に対して、何らかの対価を支払うことによって、業務を委託することがあります。たとえば、プリンシパルである株主が、自らの資金の運用をエージェントである経営者に任せるといったことです。このとき、業務を委託することによって発生するさまざまな追加的なコストを、エージェンシー・コストといいます。企業におけるエージェンシー関係としては、株主と経営者の関係以外に債権者（プリンシパル）と株主（エージェント）の関係もあります。

しかし、オーナー経営者であるあなたには魅力的にうつるはずです。

下図のとおり、プロジェクトが成功した場合、会社の資産は1,100万円になります。銀行に300万円返済後にあなたに残るのは800万円です。したがって、プロジェクトを実行しなかった場合と比べて、あなた（株主）が受け取るキャッシュは800万円増え、債権者が受け取るキャッシュは100万円（=300万円－200万円）増えます。一方、もし、プロジェクトが失敗したら、会社の資産は100万円になります。その結果、100万円を銀行に支払って終了です。先ほどと同様に、プロジェクトを実行しなかった場合と比べると、もともとあなたが受け取ることができるキャッシュはないため変化なし、債権者が受け取るキャッシュは100万円減ってしまいます。債権者は、プロジェクトをやらなければ、少なくとも会社の現預金200万円受け取ることができたはずなのにそれが100万円に減少してしまうわけです。

投資機会

シナリオ	成功	失敗	単位：万円
発生確率	5%	95%	
NPV	900	−100	
期待NPV	−50		

	プロジェクト実行		プロジェクト未実行
	成功	失敗	
現預金	200	200	200
NPV	900	−100	
資産合計	1,100	100	200
資産の分配			
銀行への返済	300	100	200
株主の受取額	800	0	0

債権者にとってこのプロジェクト実行によるNPVの増し分は、成功時100万円（= 300万円－200万円）、失敗時－100万円（= 100万円－200万円）です。したがって、期待NPVは－90万円（= 100万円×5% +（－100万円）×95%）です。

同様に株主にとってのこのプロジェクト実行によるNPVの増し分は、成功時800万円（= 800万円－0万円）、失敗時0万円（= 0万円－0万円）です。したがって、期待NPVは40万円（= 800万円×5% + 0万円×95%）です。企業にとってはNPV－50万円のプロジェクトも立場をかえれば、まったく違うNPVを持つプロジェクトになるわけです（次ページ図）。

企業にとっての期待NPV

シナリオ	成功	失敗
発生確率	5%	95%
NPV	900	−100
期待NPV	−50	

▶

債権者にとっての期待NPV

シナリオ	成功	失敗
発生確率	5%	95%
NPV	100	−100
期待NPV	−90	

＋

株主にとっての期待NPV

シナリオ	成功	失敗
発生確率	5%	95%
NPV	800	0
期待NPV	40	

実際のところ、このような投機的な行動をオーナー経営者にとらせないように、銀行は中小企業の経営者に借入金の連帯保証を要求するのが一般的です。

●デット・オーバーハングとは

それでは過少投資という問題を引き起こすデット・オーバーハングを具体的な例を使って説明しましょう。オーナー経営者であるあなたの会社は残念ながら倒産の瀬戸際です。１か月後に返済期日が到来する借金の総額は500万円です。ところが会社には資産らしいものは残っていません。このとき、信頼する友人から信じられないような案件が持ち込まれます。その案件は200万円の投資をすれば、1週間後に600万円のキャッシュフローが手に入るというものです。ただし、投資資金200万円は銀行から借りられず、あなたが出資という形でお金を用意しなくてはなりません。あなたはこのNPV400万円*7（＝600万円−200万円）の魅力的なプロジェクトをやるでしょうか。あなたでなくても多くの経営者はやらないと答えるでしょう。なぜなら、１週間後に600万円が入金されたとしても、500万円は銀行返済に回され、200万円を出資したあなたの手元に残るのは100万円だからです。この例でわかるとおり、多額のデットを抱えた企業が有望な投資機会があったとしても実行しないということがあり得るのです。

このように、経営者（株主）は自分たちの利益を追求するためには、企業価値が損なわれようがまったく関係がないといわんばかりの行動をとり得るわけです。特に問題なのは、このように投資すべきでないものに投資する、逆に投資すべきものに投資しない、というようなゆがんだ投資戦略が、企業の倒産の危険があるときほど採用されるということです。

■デットの思わぬ効用とは

ここでは、デットには、株主と経営者の間のエージェンシー・コストを引き下げる働きがあることを説明します。株主と経営者の利害が一致しないことを

＊7　１週間という短い時間なのでお金の時間価値は無視します。

理解するのは、それほど難しくはありません。ビジネススクールでは、教授がこんなたとえ話を使って説明してくれました。

あなただったら、こんな質問にどう答えますか？「自分のクルマとレンタカー、どちらを大切に乗りますか？」。たまに、「レンタカーのほうは借り物だから、余計に神経を使います」という奇特な人もいますが、一般的に、「自分のクルマのほうを大切にする」のが、人間の性（さが）といえます。同じように、会社の株式を所有していればいるほど、一生懸命になるのが人間の性といえるというわけです。このように考えると、株主がうっかりしていると、経営者は会社の資産を食いつぶすかもしれません。豪華なオフィスにそれほど必要でもないプライベートジェットを購入することだってあり得ます。これくらいならまだしも、経営者のエゴのために無意味な企業買収などやられたら、目も当てられません。

経営者が、なるべく株主への還元を減らす行動をとることは理解できないでもありません。手元に現金を増やすことによって、経営者は資金調達という面倒も避けることができますし、資金調達にかかわるコストも削減することができるのです。また、手元に現金があることで優良な投資機会に迅速に対応することもできるわけです。

そうはいっても、キャッシュフローが潤沢な会社であればあるほど、その余った現金をどう使うか、経営者と株主の間で議論が起きます。ここでの問題は、いかにして経営者が無駄な出費をしないで、株主に還元せざるを得なくするかということです。

前置きが長くなりましたが、実は、デットが解決策となり得ます。株主は経営者に借り入れをさせて、配当金の増額や自社株買いをさせるわけです。借り入れするわけですから、経営者は、借り入れの元本と利息を契約どおり支払わなければなりません。

■利害対立の影響は

ゆがんだ投資戦略をとるような企業には、債権者は、当然のことながら、直接・間接のコスト分を念頭に置いて、企業側に高い金利を要求してくるはずです。そこで、株主（企業）は負債コストを下げるために、しばしば債権者と契約を結びます。こうした契約は、**財務制限条項**（covenants：コベナンツ）と呼ばれています。

簡単にいえば、株主が債権者に、「俺はそんなに悪いヤツじゃないから安心してくれ。一筆入れるから、金利のほうは面倒見てよ」とお願いするものです。財務制限条項には、ほとんどの場合、「企業活動を制限あるいは禁止する」旨の次のような条項が含まれています。

◆財務制限条項の例◆

① ある一定以上の配当金を支払ってはいけない（配当制限条項）
② 他の債権者に、いかなる資産も担保提供してはいけない（担保提供制限条項）
③ ある一定以上の純資産の額を維持しなくてはいけない（純資産維持条項）

こうした財務制限条項は、たとえ企業活動の自由度を減らすとしても、結果的にエージェンシー・コストを引き下げることによって、企業価値を高めると考えられています。

■最適な資本構成を求めて

ここで、いままでの議論をまとめましょう。「企業価値を最大化する最適資本構成はあるのか」が、私たちのテーマでした。これに対して、MM 命題は、「完全資本市場では、企業価値は資本構成と無関連である」と論じています。

現実は、税金も取引コストもない完全資本市場はありません。そこで、私たちは、法人税がある場合を考えてみました。税金を伴うMM 命題は、非常にシンプルです。この理論を式で表わせば、次のようになります。

◆企業価値（税金を考慮したもの）◆

$$V_L = V_U + T_C D$$

この式によれば、**デットの利用による節税効果が企業価値を高める**ことがわかります。「では、できるだけデットを増やしましょう！」となるでしょうか？

物事は、それほどシンプルではありません。現実問題として、デットを増やそうと努力している企業など、見たことがありません。デットを増やせば、それだけ財務破綻の状態に陥る可能性が高くなるのは一目瞭然です。財務破綻コストを考慮すれば、企業価値は次式で表わせることがわかりました。

◆企業価値（税金・財務破綻コストを考慮したもの）◆

$$V_L = V_U + T_C D - \text{財務破綻コストの現在価値}$$

ここまででいえることは、企業は、デットの節税効果と財務破綻に伴うコストのバランスをとって、最適な資本構成を模索する必要があることです。ところが、この財務破綻に伴うコストを客観的に定量化することは困難です。したがって、実際に最適資本構成を求めることはできないことになるわけです。

結局、実際のビジネスの現場では、いままで議論してきた理論的なフレームワークを念頭に置きながら、現実的な点を踏まえて資本構成を決める必要があるということです。でも、ここで話が終わったら怒られそうですね。そこで、資本構成を考えるに当たって少しでも参考になればと、私たちの直感に訴えかけてくるペッキング・オーダー理論を紹介しましょう。

■ペッキング・オーダー理論とは

ペッキング・オーダー理論とは、企業が資金調達をどのような順番で行なうかに関する理論[*8]です。

この理論は、**企業が資金調達を必要とするときは、まず、自己資金[*9]を利用し、外部からの資金調達が必要な場合は、最も安全な証券から、発行すべきである**というものです。つまり、このペッキング・オーダー理論による資金調達の順番は、自己資金、銀行借り入れ、普通社債、転換社債、普通株式になります。

この理論には、最適な資本構成という考え方はありません。企業は、資金調達の必要性に応じて、まず自己資金に手をつけて、それでも足りない場合はデットで調達し、それでも間に合わない場合は、株式を発行するという順番になります。したがって、企業の現在の資本構成は、あくまでも、現在までにどれだけの外部資金を必要としたかの累積額を反映しているにすぎないというわけです。そうだとすると、利益を上げている業績のよい企業は、内部資金が潤沢ですからデットが少ないことになります。

ペッキング・オーダー理論を理解するために、こんな例を考えてみます。

経営者であるあなたは、株式を発行して資金調達することを検討しているとします。あなたが経営する会社の現在の株価は1,000円です。ところが、あなたが適正な株価（理論株価）は1,200円だと考えているとしたら、株式発行に

---

*8　ペッキング・オーダー（pecking order）とは、「トリのつつく順番」を意味しています。
*9　自己資金といっても、「自分のお金」と経営者が考えるのは間違いです。自己資金は本来、株主に還元すべきものを手元に置いてあるということだからです。

よる資金調達をやめるはずです。

いくら資金が必要だからとはいえ、1,200円の価値がある株式を1,000円で売るなんてあまりにバカげているからです。このように、**株式が過小評価されているとあなたが考えたら、新株の発行をやめるはず**です。

ところが、株価が1,400円だとしたら、どうでしょう。あなたは、喜んで新株を発行するでしょう。本来、1,200円の価値しかない株式を1,400円で購入しようという投資家がいれば、既存の株主のために200円儲けることができるからです。

これまで説明してきたことを可能にするのは、**情報の非対称性**（asymmetric information）の存在です。つまり、会社のことは、経営者であるあなたのほうが投資家よりも知っているということなのです。そして、あなたの算定した理論株価が、投資家のそれよりも確からしいことが前提にあるわけです。

投資家もまた、あなたのほうが企業の中身を知っていると考えたらどうでしょうか？　投資家は、こう考えるはずです。「もし、あなたの会社が株式を発行するなら、株価は過大評価されているに違いない。もし、株式ではなく社債を発行するなら、株価は過小評価されているに違いない」と。

情報の非対称性の存在により、経営者は、むやみに外部調達に頼ることができなくなります。企業が株式を発行することは、その株価が割高であると経営者が考えていることのシグナルになってしまいます。社債発行に頼ろうにも、財務リスクを考えれば、それほど増やすわけにはいきません。そこで、「あらかじめ余分な資金を持っておこう」という考えに経営者が行き着くことは、容易に想像できます。

これが、財務上の余裕、または**財務スラック**（financial slack）と呼ばれるものです。こうして企業は、現金や売却可能な有価証券を手元に持っておこうとするわけです。

投資機会に恵まれている企業にとっては、この財務スラックは価値のあるものでしょう。ただし、余剰資金を持ちすぎると、経営者の経営判断が甘くなるというおそれもあります。意味のないM&Aや無駄な経費を使ったりする可能性もあるからです。

■資本構成に影響を与える要因

企業が資本構成を考えるうえで、実際には次のような点を重視していると考えられます。

[収益性]

収益性が高い企業は、D/Eレシオが低くなる傾向があります。理論的には、収益性の高い企業は倒産する可能性が低いため、デットの節税効果を活用するのが合理的とされます。しかし、こうした財務政策をとる企業は、まず存在しません。ペッキング・オーダー理論にしたがい、まず豊富な自己資金を活用するからです。反対に、業績の悪い企業は増資ができず、デットに頼らざるを得ないことから、D/Eレシオが高くなる傾向があります。

[事業リスク]

事業活動から生み出す利益の変動が大きい企業は、仮にデットがなくても倒産危機に陥りやすいものです。したがって、事業リスクが大きい業種（製薬・化学・バイオ関連）は、財務リスクをとれないため、D/Eレシオが低くなる傾向があります。事業リスクが小さい電力会社などは、D/Eレシオを高めれば、節税効果のメリットを得ることができます。

[資産の種類]

土地や建物などの資産を所有している企業は、これらを担保にして比較的容易にデットを利用することができます。また、財務危機に陥った場合には、これらの資産を売却できる可能性がありますから、財務破綻コストを低く抑えることができます。反対に、研究開発やブランド力など無形資産のウエイトが高い企業は、担保提供するものがなく、業績が悪化した場合の売却資産もないことから、デットによる資金調達は困難です。

[社債の格付]

社債の格付決定の際の重要な財務指標の１つに、D/Eレシオがあります。社債の格付が下がれば、負債コストが上昇します。したがって、資本構成が格付に与える影響も考慮する必要があります。

[デットの調達余力]

一般的に、資金調達の機動性の点では、エクイティ・ファイナンスよりもデット・ファイナンスが優れていると考えられています。したがって、優良な投資機会が生まれたときに、デット・ファイナンスで機動的に資金調達を行なうことができるように、企業は望ましい資本構成よりもD/Eレシオを若干低めにしておくのがよいとされています。

■資本構成をどう見積もるか

企業価値をDCF法で評価する場合、FCF（フリーキャッシュフロー）をWACC（資本コスト）で割り引きます。WACCを算定する際の資本構成を見積もる方法は２つあります。

まずは、評価対象企業の時価を用いる方法です。これは、評価対象企業の資本構成が、将来にわたって変わらないことを前提に、評価時点の時価から算定される比率をそのまま用いる方法です。

次に、類似上場企業の平均値（あるいは中央値）を用いる方法です。これは、評価対象企業の資本構成が、長期的には類似上場企業の平均的な水準に等しくなるとの仮定に基づき、それらの企業の時価から算定される比率を用いる方法です。

ところが私たちは、WACCを算定する際の資本構成にあまり神経質になる必要はないかもしれません。なぜなら、MM 命題によれば、D/Eレシオを引き上げると財務リスクの上昇によって株主資本コストは高まり、その結果、WACCはほとんど変わらないからです。

それでは具体的な数字を使ってみてみましょう。下図をご覧ください。リスクフリーレートは0.3%、マーケット・リスクプレミアムは6.0%、税引後負債コストは1.0%で一定としています。

◆資本構成の変化に伴う資本コストの推移

	A	B	C	D	E	F	G	H	I	J	K
1		資本構成の変化に伴う資本コストの推移									
2											
3		デット（時価）ウエイト	0%	10%	20%	30%	40%	50%			
4		株式時価総額ウエイト	100%	90%	80%	70%	60%	50%	<-- =1-H3		
5		株主資本コスト	6.30%	6.97%	7.80%	8.87%	10.30%	12.30%	<-- =H6+H10*H7		
6		リスクフリーレート	0.3%	0.3%	0.3%	0.3%	0.3%	0.3%			
7		レバードβ	1.0	1.1	1.3	1.4	1.7	2.0	<-- =H9*(1+H8)		
8		D/Eレシオ（倍）	0.0	0.1	0.3	0.4	0.7	1.0	<-- =H3/H4		
9		アンレバードβ	1.0	1.0	1.0	1.0	1.0	1.0			
10		マーケットリスクプレミアム	6.0%	6.0%	6.0%	6.0%	6.0%	6.0%			
11		税引後負債コスト	1.0%	1.0%	1.0%	1.0%	1.0%	1.0%			
12		WACC	6.30%	6.37%	6.44%	6.51%	6.58%	6.65%	<-- =H4*H5+H11*H3		
13											

３行目、４行目はデット（時価）と株式時価総額のウエイトです。無借金（デットのウエイトが０％）の状態から、デットと時価総額が同じウエイト（50%）になるまで変化させています。株主資本コストは、CAPMを使って算出しています。アンレバードβを1.0と一定とし、D/Eレシオの変化に伴い、レバードβが上昇していることがわかります。

レバードβとアンレバードβとの関係式*10は以下を採用しました。

$$\beta_L = \beta_U \times \left(1 + \frac{D}{E}\right)$$

β_L：レバードβ　β_U：アンレバードβ

D/Eレシオの上昇に伴い、株主資本コストも上昇していることから、WACCはほぼ変わらないことがわかります（下のグラフ参照）。

◆D/EレシオとWACCの関係

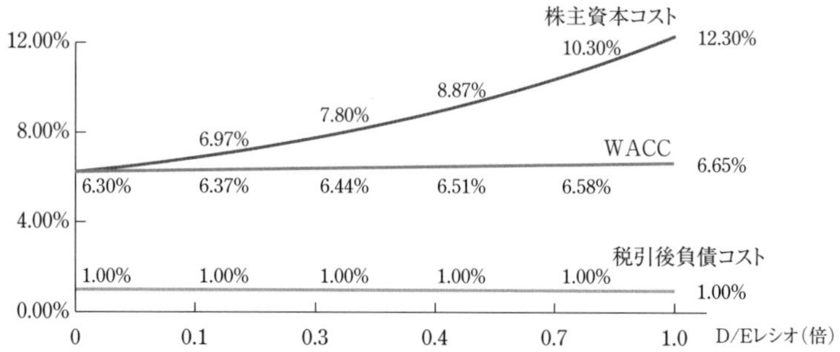

WACCを算定する際の資本構成を見積もる方法は2つあるといいました。どちらを選択するにしても、評価上大きな問題とはなりにくいといえます。

---

*10　この関係式は、MM 命題の前提としている完全資本市場を一部緩めることによって求めています。したがって、WACCは一定とはなりません。

4.2 ペイアウト政策と企業価値

企業が、事業活動の結果生み出すキャッシュフローは、毎期変動しています。経営者は、その生み出されたキャッシュフローをどのように活用するかの判断を常に求められているといえます。NPVがプラスになるような事業機会があれば、企業は投資を行ない、企業価値をさらに高めていくわけです。

反対に、NPVがプラスになるような事業機会がない場合は、経営者は手元現金を株主に還元することを求められます。株主は、受け取った現金を使ってもっと魅力的な企業や事業に投資できるかもしれないからです。この株主への還元に関する企業の方針のことをペイアウト政策といいます。

ペイアウト政策とは、現金を株主に「配当」として支払うか、現金を使って市場に流通している株式を購入する「自社株買い[*11]」をするかを決めることです。

■伝統的な議論とは

従来は、企業は配当性向[*12]を高めるべきだといわれてきました。投資家はリスク回避的であり、将来の不確実なキャピタルゲインよりも、いますぐ支払われる配当を好むと考えられていたからです。

実は、株主にとっての配当とは、単に現金の保管場所が変わったにすぎません。企業が配当を出せば、その配当の金額分だけ、株価は下がるからです。つまり、配当政策がどうであれ、株主にとっての価値は変わらないのです。

この「株主価値は、配当政策とは無関連である」ことを最初に主張したのは、またしても、ミラー教授とモジリアーニ教授です。**MMの配当無関連命題**と呼ばれます。

このことを具体的に見ていきましょう。単純化のために、時価ベースのバランスシートを用います。あなたの会社は、資産として現金200万円、その他資産を800万円保有しているとしましょう。ここでは、デットはないと仮定する

＊11　一般的に「自社株買い」と呼ばれますが、会社法上では「自己株式取得」です。
＊12　配当性向は、配当金額を当期純利益で割って計算します。つまり、当期純利益のうち、どれくらいの割合で配当に向けられたかを示す指標です。

と、エクイティの価値は1,000万円になります。時価ベースのバランスシートですから、このエクイティは時価総額でもあります。発行済株式数は100株ですから、株価は10万円になります。

◆配当前後でバランスシートを比較する

〈配当前〉（単位：万円）

現金	200	エクイティ	1,000
その他資産	800		
総資産	1,000	総資本	1,000

企業価値 (=株主価値)	1,000
株式数	100株
株価	10

〈配当後〉（単位：万円）

現金	100	エクイティ	900
その他資産	800		
総資産	900	総資本	900

企業価値 (=株主価値)	900
株式数	100株
株価	9

ここで、あなたの会社が、株主の要求に応じて１株当たり１万円の配当を実施すると、１万円×100株＝100万円の現金を支払わなければなりません。現金が100万円減った分、企業価値が900万円に減少しました。結果的に、配当実施後の株価は９万円に下落してしまいました。配当実施後、株価は１万円下がったものの、あなたの会社の株主は１万円の配当を受け取っていますから、トータルでは損得は発生していません。このように、配当してもしなくても、株主にとっての価値は配当を含めれば変わりません。いってみれば、株主にとっては１万円を企業に預けておくか、自分のポケットに入れておくかの違いにすぎない、というわけです。

■配当政策が株価に与える影響とは

ところで、一般的に、どこの企業の経営者も**安定配当政策**（stable dividend policy）をとる傾向があります。これは、株主に安定的な配当を支払うことを内外に知らしめることによって、経営者が十分な評価と報酬を得たいと考えているからに他なりません。

したがって、安定配当政策そのものが株主に対して経営者の考えを伝えていることになります。そのため、安定配当政策を変更することには重要な意味があります。たとえば、増配する場合は「経営者が今後とも安定的にキャッシュフローを生み出す自信がある」と伝えることになります。反対に、減配する場合は、経営者は将来の企業の業績が厳しいと考えていることを伝えることになります。このように、安定配当政策のもとでは、配当の多い少ないよりも、配当政策を変更すること自体が企業の業績予想を市場に伝えるという考え方があります。これを**配当政策のシグナリング効果**（signaling effect of dividend policy）といいます。

配当を出すことに対するシグナルはポジティブなものだけではありません。マイクロソフトが上場以来、初めての配当を出すと発表したとき、株価は約５％下がりました。マイクロソフトは成長するための投資機会がなくなったので、手元現金を配当に回しはじめたと受け取られたのです。

■自社株買いとは

株主に現金を還元する方法には、先に述べた配当と自社株買いがあります。自社株買いとは、企業が市場に流通している株式を買い戻すことをいいます。**自社株買い自体が無条件に株価にプラスに働くということはありません。**

自社株買いが配当と異なるのは、配当がすべての株主に対して、一律に現金が支払われるのに対して、自社株買いは、自社株買いに応じた株主にのみ現金が支払われる点です。**自社株買いとは、自社株買いに応じた特定の株主から応じなかった株主が株式を買い取ること**ともいえます。ここでは、自社株買いの働きと株価への影響について、具体例を用いて説明していきたいと思います。

■自社株買いと株主価値

企業が、配当の代わりに自社株買いを行なう場合を見てみましょう（次ページの図）。今回も時価ベースのバランスシートです。自社株買いを決定する前の株価は、10万円です。企業は、現金100万円で自社株を取得します。自社株の購入価格は、現在の株価10万円です。したがって、取得する株式数は10株になります。自社株買い後の企業の資産は900万円、発行済株式数は90株に減少していますから、自社株買い後の株価は10万円です。企業の自社株買いに応じた株主は、保有していた株式を10万円で売却することができました。一方で、応じなかった株主は10万円の株式を保有しています。したがって、**自社株買いは株価に影響を与えない**ことがわかります。ここでは、１株当たりの株主価値と株価が同じと仮定しています。実際には、自社株の買取価格によっては、自社株買いに応じた株主と応じなかった株主間で価値が移転する可能性があります。たとえば、企業が自社で算定した理論株価よりも割安で買い取った場合、自社株買いに応じなかった株主は利益を得て、応じた株主はそのコストを負担することになります。間違えてはいけないのは、自社株買いそのものは、価値を生み出さないということです。**価値が株主間で再配分される**だけです。

◆自社株買い前後でバランスシートを比較する

〈自社株買い前〉　(単位：万円)

現金	200	エクイティ	1,000
その他資産	800		
総資産	1,000	総資本	1,000

企業価値(=株主価値)	1,000
株式数	100株
株価	10

〈自社株買い後〉　(単位：万円)

現金	100	エクイティ	900
その他資産	800		
総資産	900	総資本	900

企業価値(=株主価値)	900
株式数	90株
株価	10

■自社株買いの目的

[資本構成の調整]

企業は、D/Eレシオが低すぎると考えるときに、デットで調達した資金を使い、自社株買いを行なうことがあります。このとき、デットを増やすことによる節税効果の影響で企業価値が高まり、結果的に株価が上昇することもあります。ここで間違えてはいけないのは、自社株買いそのものが株価を上げたのではなく、資本構成を変えるという財務政策が株価上昇の原因となっているという点です。反対に、D/Eレシオを下げるために株式発行が行なわれることもあります。この株式発行で得た資金で、デットを返済することによって、財務の安定性を高めるためです。

[シグナリング効果]

経営者と株主との間には、**情報の非対称性**、つまり、事業に関する内部情報や専門知識に大きな違いが存在します。経営者は、より詳細な内部情報や専門知識を持っているためより適切に株価評価ができるはずです。その前提に立てば、自社株買いを行なうということは、自社の株式が割安であるという確証を経営者が持っているからだと株式市場は受け取ります。したがって、企業が自社株買いを発表すると株価が上昇します。このとき、自社株買いは**シグナリング効果**を持つといいます。ただし、自社株買いは増配とは異なり、そのとき限りのイベントです。このため、自社株買いは株価にプラスの影響を与えるものの、「経営者が今後の企業業績に自信がある」という増配のシグナルほどには強いシグナルにはならない可能性があります。

[財務指標の改善]

自社株買いはROE（＝当期純利益/株主資本）や１株当たり利益（EPS：Earnings Per Share）の改善につながると言われますが、それは必ずしも正しくありません。ROEが高まるのは、自社株買いによって、ROEの分母である株主資本が減少するのがその理由とされます。

ただ、厳密にいえば、手元現金を取り崩して、自社株買いを行なう場合は、受取利息の減少によって分子の当期純利益が減少します。また、デットで資金を調達して自社株買いを行なう場合も、支払利息が増加することによって、分子の当期純利益が減少します。

このように、自社株買いによって、ROEが高まるとは限らないのです[*13]。同じように、EPSが高まるという議論は、自社株買いによってEPSの分母である株式数が減少することから来ています。ところが先述したとおり、自社株買いによって当期純利益も減少するので必ずしもEPSが高まるとは限りません。

[ストックオプション]

ストックオプションとは、企業が役員や従業員に対して与える、一定の価格で自社株を購入できる権利のことです。このストックオプション制度を導入した企業は、オプションが行使されたときに速やかに対応できるように、あらかじめ自社株を手当てしておく必要があります[*14]。

[金庫株]

自社株買いで購入した株は**金庫株**といいます。金庫株は、M&Aの対価として使われたり、先述したストックオプションの権利を行使する際に使われたりします。また、資金調達のために再放出することもできます。ただ、市場に再放出されると、株主資本が増加し、市場での株式需給が悪化することになります。そのため、「金庫株の消却」は前向きなニュースとして説明されることがありますが、これは間違いです。金庫株を消却したところで、企業が新株を発行すれば同じことです。つまり、消却しないで金庫株を売り出すのと、（消却後に）新株を発行するのでは何ら違いはありません。むしろ、登録免許税など

＊13　自社株買いがROEやEPSの改善につながる条件について興味がある勉強熱心のあなたは、私のブログ記事「自社株買いはROEを高めるか」と「自社株買いは1株当たり利益を高めるか」をお読みください。

＊14　新株を発行して対応する場合もあります。いずれにしても、ストックオプションの所有者を増やしすぎることは、既存株主の利益を害することになることに注意が必要です。

を考慮すれば、資金調達の際に金庫株を再放出（売り出し）したほうがコスト面で有利です。本当のところ、企業からすれば、金庫株を消却する経済合理性はないということです。

■今後のペイアウト政策

最適資本構成と同じように、最適な株主総還元性向[*15]を定量的に決定することはできません。とはいうものの、従来のような安定配当政策を払拭し、今後は、企業の成長力や将来の資金需要を考慮してペイアウト政策を決定する必要があります。

たとえば、米国の成長段階にある企業には、投資機会が多いことから、利益をすべて内部留保する政策をとる企業もあります。これらの企業が無配政策をとるのは、利益を事業に再投資すれば、株主の期待以上の収益を上げることができると考えているからです。つまり、配当というインカムゲインではなく、より多くのキャピタルゲインをもたらすことによって、株主に報いることができると考えているのです。したがって、配当が低いことは決して株主の利益を無視したものではないことを、IRを通して投資家に積極的に訴える必要もあるでしょう[*16]。

反対に、成熟ステージにある業界に属していて優良な投資機会に恵まれない企業は、その資金を株主に配当や自社株買いという形で還元していくことも大切です。なぜなら、投資家自身が、優良な投資先を持っている可能性があるからです。

---

*15　配当と自己株式取得の総額を当期純利益で割って算出します。企業が1年間で稼いだ純利益のうち、どれだけの株主還元を行なったかを表わす指標です。
*16　この意味では、日本の投資家のファイナンシャル・リテラシー（財務の読み書き能力）も高める必要があります。

第4章　まとめ

➡MMの第１命題とは、税金や取引コストなどがない完全資本市場では「資本構成は企業価値と無関係である」というものである。

➡MMの第２命題とは、「株主資本コストはD/Eレシオの上昇にしたがって高くなる」というものである。

➡法人税がある場合、デットを利用するとその節税効果分だけ企業価値を高めることができる。ただし、デットを増やしすぎると財務破綻コストが増える。企業価値が最大化する最適資本構成は、節税効果と財務破綻コストが均衡する点だとするのがトレード・オフ理論である。

➡企業が財務的に困難な状況に陥った場合、経営者と投資家が対立するデット・オーバーハングや資産代替などのエージェンシー問題が発生する。

➡経営者と投資家との間には情報の非対称性があることから、資金調達の順番は最も安全な証券からにすべきであり、自己資金、銀行借入、普通社債、転換社債、普通株式というペッキング・オーダーになる。

➡MMの配当無関連命題とは、完全資本市場では「株主価値は、配当政策と無関連である」というものである。また、自社株買いを行なっても株価には影響を与えない。

➡完全資本市場ではない現実の世界では、配当政策を変更すること自体が企業の業績に対する経営者の考えを伝えるという考え方がある。これを配当政策のシグナリング効果という。また、自社株買いにも同様にシグナリング効果は存在する。

第5章

資本市場に関する理論

事業資金を調達する方法は、銀行からの借り入れなどの間接金融と、株式や社債の発行などの直接金融の2つに分かれることはすでに説明しました。この章では、企業の資金調達手段である債券と株式発行の仕組みと、その価値の評価方法について説明します。そして、債券のリスクとして、信用リスクと価格変動リスクについて、説明します。

5.1 債券とは

■債券とは

債券とは、資金を必要としている主体（国や地方などの公的機関から、民間企業まで）が、資金を調達する際に発行する有価証券のことをいいます。別の言い方をすれば、債券とは、発行時に定められた条件にしたがって、**定期的に一定の利息を支払い、所定の満期日に額面金額を償還することを発行体が約束している証券**です。

簡単にいえば、期日に一括返済するタイプのローンと同じです。たとえば、あなたが100万円のローンを借り入れたとします。返済日は１年後です。あなたは、毎月利息だけを支払い、返済日には、１か月分の利息と元本100万円を返済するのです。同じことを企業や政府が行なうわけです。

発行体が倒産しない限り、満期日までのキャッシュフローが確定していることから、**確定利付証券**（fixed income securities[*1]）とも呼ばれています。企業や政府が借り入れを行なう際、この債券を発行します。株式と債券の根本的な違いは、債券は返済期日が明確に決まっていることにあります。

■債券にはどんな種類があるか

次に、債券の種類について見ていきましょう。債券の分類の仕方には、発行体、利払いの方式、そして通貨による分類の３つがあります[*2]。発行体が国の場合は「国債」、地方公共団体の場合は「地方債」、民間企業の場合は「社債」といいます。

次に、利払いが定期的に行なわれる債券を「利付債」といいます。これに対して、利息が支払われない代わりに、額面金額（償還価格）よりも低い価格で

＊1　資本市場においては、債券を「debt」ということがあります。

＊2　環境・社会課題解決を目的とした資金調達のために発行される債券をSDGs債といいます。SDGs債はさらに、資金の用途に応じてグリーンボンド、ソーシャルボンド、サステナビリティボンドなどに分けられます。グリーンボンドは、環境問題の解決に寄与する事業（グリーンプロジェクト）に、ソーシャルボンドは、医療、福祉、教育などの社会問題の解決に寄与する事業（ソーシャルプロジェクト）に、サステナビリティボンドは、環境及び社会、双方の課題解決に取り組む事業に、必要な資金を調達するために発行されます。

発行される債券を「割引債」といいます。通常の債券は利付債が一般的です。最後に、通貨による分類では、「円建債券」「外貨建債券」があります。また、利払いと償還が異なる通貨で行なわれる「二重通貨建債」があります。この「二重通貨建債」は、さらに、購入代金の払込みと利払いが円建てで償還が外貨建ての「デュアルカレンシー債」と、払込みと償還が円建て、利払いが外貨建ての「リバース・デュアル・カレンシー債」の２種類に分けられます。

■債券の発行条件とはどんなものか

ある企業の社債の発行条件を見てみましょう。

◆社債の発行条件例◆

発行総額：2,500億円
各社債の額面金額：金1億円
利率：年0.400％
発行価格：各社債の額面金額100円につき金100円
利払日：毎年4月および10月の各14日（初回利払日：2022年4月14日）
払込期日：2021年10月14日
償還期限：2031年10月14日

このように債券の発行時には、あらかじめ決められていることがいくつかあります。その中の基本的なものについて説明していきましょう。

[発行総額]

発行総額とは、発行体が資金をいくら借り入れるかを表わす金額のことです。この企業は、総額2,500億円を調達しようとしています。

[各社債の額面金額]

各社債の額面金額とは、最小購入単位です。言いかえれば、１口１億円で社債に投資できるということです。

[利率]

次に利率があります。年単位の利率は、額面金額に対して毎年支払われる利息の割合です。**投資金額に対する収益の割合である「利回り」とは違う**ことを覚えておいてください。なお、「利回り」については、後ほど詳しく説明します。ここでは、額面金額100円に対して、0.4%の利息が支払われるということです。

[発行価格]

発行価格とは、新しく発行される債券１単位を購入するのに必要な金額のことです。これに対して、額面金額は債券が満期を迎えた時に受け取れる金額です。発行価格は、必ずしも債券の額面金額（償還価格）と同じではありません。この例のように発行価格が額面と同じ場合、つまり100円の額面債券を100円で発行することを**パー発行**といいます。額面より発行価格が低い場合、アンダーパー発行、あるいはディスカウントでの発行といいます。反対に額面より発行価格が高い場合、オーバーパー発行、あるいは、プレミアムでの発行といいます。

[利払日]

利払日とは、利息が支払われる期日のことです。年２回、半年ごとの支払いが一般的です。ここでは毎年40銭（100円×0.4%）の利息が支払われるということです。債券１単位につき20銭ずつ、４月と10月に支払われることになります。

[償還期限]

償還期限である2031年10月14日には、額面100円の債券金額の元本である100円と半年分の利息の20銭が支払われます。

5.2 利回りと価格はどう決まるか

■債券の利回りとは

●「利回り」と「利率」の違い

債券市場では、さまざまな発行体が、実にいろいろな利率、期間、価格の債券を発行しています。異なる債券の収益性を比較するためのモノサシとなるものが「利回り」です。

ところで、「利率」と「利回り」はどう違うのでしょうか？　新聞紙上でも混同して使われていることがありますが、債券を理解するためには、この2つを区別することが大切です。まず、利率から解説していきましょう。

「利率」とは、クーポンレートとも呼ばれ、**債券の額面に対して何%の利息がつくかという割合を示すもの**です。たとえば、額面100円、利率５％の場合、投資家であるあなたには、年間５円（100円×5%）の利息（クーポン）が支払われるということです。債券を発行する側からいえば、この利息を支払わなければいけないことになります。

一方、「利回り」とは、**投資元本に対して１年当たり何%の収益が得られるか示すもの**です。何か、利率と同じような感じがしますよね。ところが、利率は、あらかじめ決められた条件で変わることはない一方で、**利回りは、債券の価格変動によって、変化していきます。**

この点が債券のポイントとなるところです。

先ほどの額面100円、利率５％、満期１年の債券（パー発行）で考えてみましょう。この債券は発行時には、100円で購入することができます。償還期限には５円の利息と額面100円の105円が受け取れるので、利回りは$\frac{5}{100}=5\%$と計算できます。ところが、債券の価格は必ずしも額面どおりとは限りません。債券購入のタイミングによっては、90円や110円で購入する投資家もいるわけです。このような場合は、それぞれの利回りは$\frac{5}{90}=5.56\%$、$\frac{5}{110}=4.55\%$というように変わってくるのです。

つまり、債券の購入価格は、額面金額を上回ることもあれば、下回ることもあるわけです。したがって、債券の利回りは、利率に加えて購入価格、償還

（売却）価格、所有期間といった条件によって変わってくるわけです。ちょっと難しいですね。

ところで、債券投資の利回りは、下図のような2つの要素に分かれています。あらかじめ定められた利率に基づいて定期的に支払われる**利息収入（インカムゲイン）**と債券購入時の価格と償還（売却）時の差額である償還（売却）時の**差損益**（**キャピタルゲイン**もしくは**キャピタルロス**）です。

◆債券利回りの要素

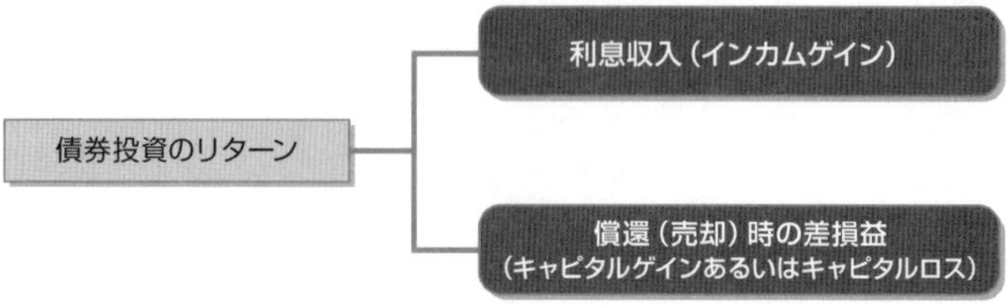

●「利回り」にも種類がある

ここでは、いくつか種類がある利回りについて解説していきます。ちなみに、日本の債券市場では、期間が1年を超える割引債以外は単利利回りが使われます。利回りを計算する公式を見ると一瞬あせりますが、1つずつその意味を理解すれば、決して難しいことではないとわかるはずです。

[直接利回り]

これは債券投資の利息収入（インカムゲイン）だけを考慮した利回りで、「**直利**（ちょくり）」ともいいます。日本では、一部の機関投資家がこの直利を指標に債券投資を行なっています。直接利回りは、毎年の利息のみに注目して、この利息が投資元本（購入価格）に対して何％になるかを見るものです。したがって、利息がない割引債には用いることはありません。

つまり、直接利回りとは、次ページの式で表わせるように、1年間の利息収入を購入価格で割ったものといえます。

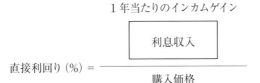

$$\text{直接利回り（\%）} = \frac{\overset{\text{1年当たりのインカムゲイン}}{\boxed{\text{利息収入}}}}{\text{購入価格}}$$

たとえば、年利率５％の債券を90円で購入した場合の直接利回りは、

$$\frac{5}{90} = 5.56\%$$

になるわけです。ちなみに年利率は通常、100円に対して何％と表示されるので、１年間の利息は５円（=100円×５％）と計算できます。

[単利最終利回り]

利息収入（インカムゲイン）と償還時の償還差損益（キャピタルゲイン）を考慮した利回りが、単利最終利回りです。単利最終利回りとは、債券を購入した日から最終償還日まで所有した場合、全期間内に受け取る利息と償還差損益の合計金額が、投資元本に対して年換算で何％になるかを表わしたものです。

つまり、単利最終利回りは、１年当たりのインカムゲインである利息収入と、１年当たりのキャピタルゲインである償還差損益の合計額の購入価格に対する比率です。

$$\text{単利最終利回り（\%）} = \frac{\overset{\text{1年当たりのインカムゲイン}}{\boxed{\text{利息収入}}} + \overset{\text{1年当たりのキャピタルゲイン}}{\boxed{\dfrac{\text{額面}-\text{購入価格}}{\text{残存期間}}}}}{\text{購入価格}}$$

たとえば、年利率５％、購入価格（額面金額100円につき）90円、残存期間10年の債券を満期まで保有した場合の単利最終利回りは、

$$\frac{5 + \dfrac{100-90}{10}}{90} = 6.67\%$$

と計算できるわけです。

日本の市場では単利最終利回りが一般的ですが、欧米の債券市場では後述する複利最終利回りが使われます。

これに加えて所有期間利回りや応募者利回りがありますが、次ページの図のとおり、債券を所有している期間が違うだけで、考え方は最終利回りとまったく同じです。すでに出てきた単利最終利回りの公式で、「購入価格」を「発行価格」に、「残存期間」を「債券発行日から最終償還日までの期間」に変えるだけで、応募者利回りが計算できます。また、「額面」を「売却価格」に、「残存期間」を「所有期間」に変更すれば、所有期間利回りが計算できます。

◆所有期間利回りと応募者利回り

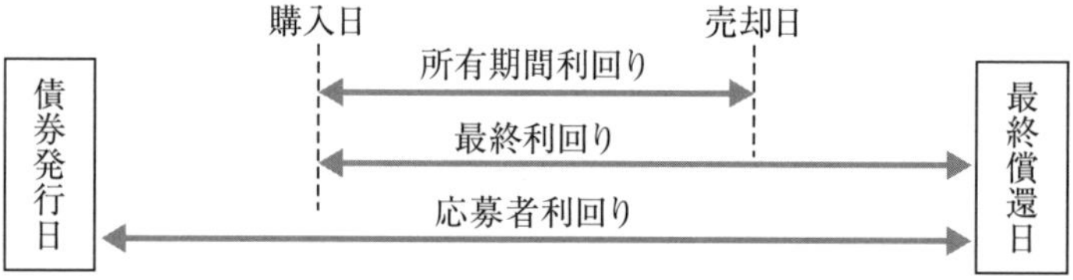

[割引債の利回り]

割引債とは、利息収入がないものの、購入価格が額面金額より低い債券です。要するに、利息収入の代わりに、償還時に償還差益（キャピタルゲイン）を得る債券です。割引債の利回りは、このキャピタルゲインが投資元本に占める割合を年換算したものです。ただし、割引国債のように期間が１年を超えるものについては、複利計算することになっています。

◆割引債の年利回り

＜期間１年以内の年利回り…単利計算＞

$$\text{年利回り（\%）} = \frac{\text{（額面－購入価格）÷購入価格}}{\text{残存期間}}$$

＜期間１年超の年利回り…複利計算＞

$$\text{年複利利回り（\%）} = \sqrt[\text{残存期間}]{\frac{\text{額面}}{\text{購入価格}}} - 1$$

たとえば、額面100円、購入価格90円、残存期間５年の割引国債の年複利利回りは、

$$\sqrt[5]{\frac{100}{90}} - 1 = 2.13\%$$

となります。これは、「90円の元本を年利2.13％で５年間、複利運用すると元利合計金額が100円になる」という意味です。式で表わせば、

$$90 \times (1+2.13\%)^5 = 100$$

という関係を逆に解いたものといえます。前述したとおり、日本の債券市場では、期間が1年を超える割引債以外は単利最終利回りを用いることが慣習となっていますが、欧米の債券市場では、複利最終利回りが一般的です。なぜなら、単利最終利回りには、次のような問題があるからです。

◆単利最終利回りの問題点◆

- **本来は償還時や売却時にしか発生しない償還差損益や売却差損益を、毎年均等に受け取っていると仮定している**
- **お金の時間価値を考慮していない。つまり、1年後に受け取る利息も、2年後に受け取る利息も同じ価値だと仮定している**

したがって、米国のビジネススクールで私が学んだのは、複利最終利回りだけです。実は、この複利最終利回りはすでに説明した内部収益率と同じ考え方です（45ページ参照）。

■債券価格はどうやって決まる？

ここで、投資家にとっての債券の意味をキャッシュフローの観点から考えてみましょう。投資家は、債券購入時にキャッシュを支払い（**キャッシュアウト**）、その後、満期までは一定の利息収入があります。そして、満期日には、利息収入に加えて元本の償還が行なわれるわけです（**キャッシュイン**）。下図からわかるとおり、実は、債券を購入することは、将来のキャッシュフローを手に入れることなのです。つまり、プロジェクトに投資した場合のキャッシュフローと何ら変わらないわけです。

◆投資家から見た債券のキャッシュフロー

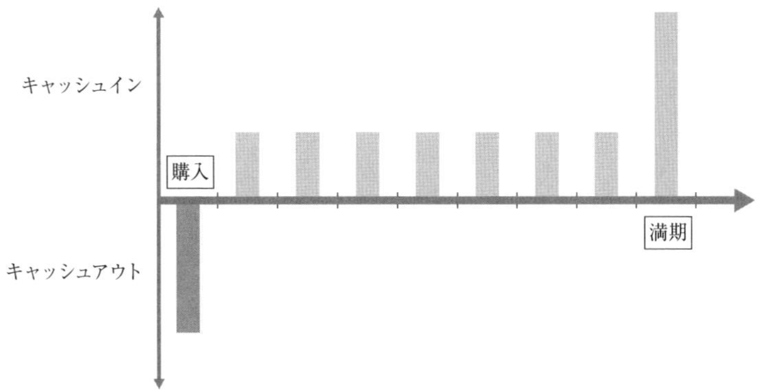

債券の価格の計算は、そんなに難しいものではありません。**債券の価格は、その債券が生み出すキャッシュフローを現在価値に割り引いたものの合計**なのです。

具体例で考えてみましょう。ここに３年満期の債券（額面1,000円）があります。利率は５％とします。投資期間にかかわらず市場金利は３％で一定とすると、この債券の価格はいくらになるでしょうか。

◆キャッシュフローのイメージ（3年満期の債券）

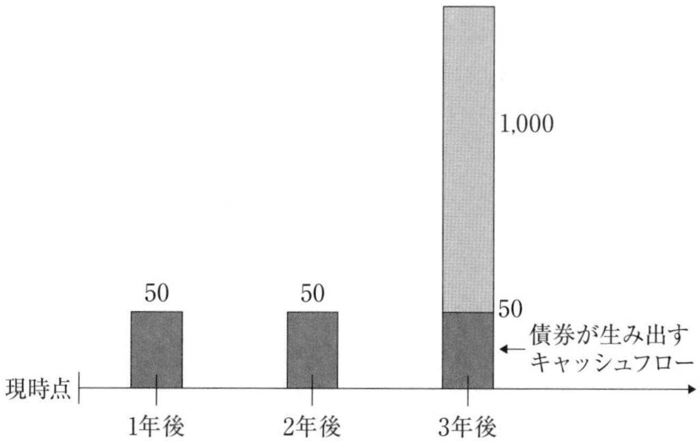

毎年50円のクーポン収入があり、満期日には、利息収入に加えて元本1,000円が償還されます。それぞれのキャッシュフローの現在価値は次のように計算できます。

$$\frac{50}{1+3\%}+\frac{50}{(1+3\%)^2}+\frac{1,050}{(1+3\%)^3}= 1,056.57円$$

つまり、債券の価格は1,056.57円だということです。

いま、市場金利が一気に６％に上昇したとすると、この債券の価格は次のようになります。

$$\frac{50}{1+6\%}+\frac{50}{(1+6\%)^2}+\frac{1,050}{(1+6\%)^3}= 973.27円$$

このように、債券の価格は、市場金利によって変化します。

市場金利が上がると債券価格は下がり、市場金利が下がると債券価格は上がります。

債券の価格は、その債券が生み出すキャッシュフローを現在価値に割り引いたものです。市場金利が上がることは、キャッシュフローを割り引くための割引率が上がることを意味しますから、債券価格（現在価値）は下落することになるわけです。反対に、市場金利が下がる、つまり割引率が下がれば、債券価格（現在価値）が上昇します。

◆市場金利と債券価格は逆の動きをする

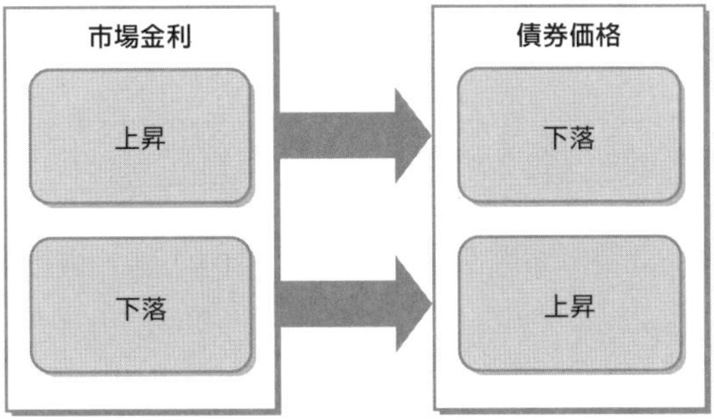

新聞に、「金利が低下（債券価格は上昇）」とか、「金利が上昇（債券価格は下落）」と書いてあるのは、こういうカラクリがあったわけです。この市場金利と債券価格との関係は、覚えておいてください。

●複利最終利回りとは

先ほどの債券が950円で売買されている場合、次の式が成り立ちます。

$$\frac{50}{1+r}+\frac{50}{(1+r)^2}+\frac{1{,}050}{(1+r)^3}=950\text{円}$$

上の式を満たすrを求めると6.902％になります。このrを、**複利最終利回り**（YTM：Yield to Maturity）と呼びます。実は、これは、第１章で学んだ内部収益率（IRR）と同じものです。IRRは、NPVがゼロになる割引率であると定義できました。

このIRRと複利最終利回りが同じというのは、どういうことでしょうか？ここに、価格Pで売り出されている債券があるとしましょう。この債券のキャッシュフローはわかっているとします。このとき、複利最終利回りをYTMとすれば、次の式が成り立ちます。

$$P=\frac{C_1}{1+YTM}+\frac{C_2}{(1+YTM)^2}+\frac{C_3}{(1+YTM)^3}+\cdots+\frac{C_t}{(1+YTM)^t} \quad \cdots\cdots ①$$

式が難しく見えるかもしれません。でも、この式のメッセージは、いたって簡単です。先述したとおり、**債券の価格は、その債券が生み出すキャッシュフローを現在価値に割り引いたものの合計である**ということです。

第5章　資本市場に関する理論

①式を変形すると、

$$-P+\frac{C_1}{1+YTM}+\frac{C_2}{(1+YTM)^2}+\frac{C_3}{(1+YTM)^3}+\cdots+\frac{C_t}{(1+YTM)^t}=0 \cdots\cdots ②$$

となります。

一方で、IRRは、NPVがゼロとなる割引率ですから、次の式が成り立ちます。

$$NPV=-C_0+\frac{C_1}{1+IRR}+\frac{C_2}{(1+IRR)^2}+\frac{C_3}{(1+IRR)^3}+\cdots+\frac{C_t}{(1+IRR)^t}=0$$

これは、②式とまったく同じ形であることがわかります。

したがって、複利最終利回り（YTM）は、IRRと同じ値になることがご理解いただけたかと思います。先ほどの例をもう一度見てみましょう。

	A	B	C	D	E	F	G	H	I
1		複利最終利回り（YTM）							
2									
3		年度	0	1	2	3	YTM		
4		キャッシュフロー	-950	50	50	1,050	6.902%	<- =IRR(C4:F4)	
5									

債券投資のキャッシュフローは、現時点で、950円のキャッシュアウトがあります。債券を950円で購入するのですから当たり前です。１年目、２年目と50円のクーポン収入があり、満期日には、クーポン収入と元本の合計額1,050円のキャッシュインがあります。このキャッシュフローのIRRをIRR関数を使って計算すると6.902%となります。複利最終利回りは、IRRと同じです。実務で複利最終利回りを求める際には、方程式を解くのではなく、このようにIRR関数を使います。

5.3 債券のリスク

債券のキャッシュフローは、発行時点で決まっています。したがって、債券投資は株式投資と比較してリスクが低いとされています。しかし、債券投資にもリスクはあります。たとえば、発行体が倒産するという**信用リスク**（デフォルト・リスク）や、金利変動に伴い債券価格が変動するリスク（**価格変動リスク**）です。また、元利金が外貨で支払われるような外貨建債券の場合は、為替変動により、円の受取額が変動するというリスクがあります。さらに、売買が極端に少なくなることで取引が成立せず、売却したいときに売却できないという**流動性リスク**もあります。

ここでは、これらのリスクの中でも重要な信用リスクと価格変動リスクについて掘り下げたいと思います。

■債券の信用リスクと格付

債券の発行利率は、格付[*3]によって変わります。

格付機関で有名なものは、海外系ではS&P（Standard & Poor's）、ムーディーズ（Moody's Investors Service）、それにフィッチ（Fitch Ratings）でしょう。また、国内系では、JCR（日本格付研究所）やR&I（格付投資情報センター）が有名です。

格付のランクは、格付機関によっても若干違いますが、最も信用力の高いAAA（トリプルA）からDまであります。ちなみに、S&Pでいえば、BBB（トリプルB）以上が投資適格、BB（ダブルB）以下は投資不適格銘柄となっています。投資適格とは、格付機関から債務償還能力が高いと評価されているということです。

＊3　格付とは、格付機関が、社債などの元本・利息の償還能力について評価し、それを符号で表わしたものです。

◆債券の格付の定義

投資適格	AAA	債務を履行する能力が極めて高い。最上級の格付
	AA	債務を履行する能力は非常に高い
	A	上位2つの格付に比べ、経済環境の悪化に、より影響を受けやすい
	BBB	債務履行能力は十分だが、上位格付に比べ経済環境悪化の影響を受けやすい
投資不適格	BB	経済状況悪化の場合には債務履行能力が不十分となるリスクにさらされている
	B	「BB」の格付よりも経済状況悪化で、債務履行能力が不十分となる可能性が高い
	CCC	債務不履行となる可能性を持ち、債務履行能力は財務経済状況に依存している
	CC	債務不履行となる可能性が非常に高い
	C	現在、破産法に基づく申請を行なっているが、債務の支払いは続けている
	D	債務不履行に陥っている

※S&P社の定義を参考に著者作成

社債の格付は、投資家の投資判断材料になるばかりか、社債発行時の発行条件の決定にも大きな影響を与えます。社債の利率（クーポンレート）は、**TIBOR**などの基準金利[*4]にスプレッドを上乗せする形で提示されます。それぞれの社債につけられたスプレッドは、社債の格付が低くなればなるほど、高くなります。

社債の格付が低い、つまり信用リスクが高ければ高いほど、投資家が高いリターンを要求するのは当たり前のことです。先に述べたBB以下の投資不適格銘柄は、**ハイ・イールド債**（高利回り債）、あるいは**ジャンク・ボンド**（junk bonds）と呼ばれています。

発行体が格付機関に格付を依頼すると、詳細な財務情報や経営情報の開示を要求されます。情報提供のためのミーティングはレビュー・ミーティングと呼ばれ、日産自動車では、毎年１回、それぞれの格付機関と行なっていました。レビュー・ミーティング用の資料作成には、財務部をはじめとするさまざまな部署が関わっています。財務面からは、将来のキャッシュフロー、有利子負債、株主資本などの財務の安全性にフォーカスして説明することになります。

このように格付は企業が発行する債券の償還能力を評価したものです。決して、企業価値や成長性を評価するものではありません。ですから、たとえ成長性が低くても、キャッシュフローが安定しているほうが格付の観点からいえば、好ましいのです。

＊4　基準金利は、かつてはLIBOR（London Inter Bank Offered Rate）が広く使われていました。しかし、2012年にLIBORが不正操作されていたことが発覚し、2021年12月末で公表されなくなりました。日本円通貨のLIBORは「円LIBOR」と呼ばれていましたが、これに代わる代替金利指標としては、次の３つがあります。TIBOR（Tokyo Interbank Offered Rate）、TONA（Tokyo Over Night Average Rate）、TORF（Tokyo Term Risk Free Rate）です。詳細は、私のブログ記事「さらば、LIBORよ」をお読みください。

ところが、最近では企業の将来性、成長性も含めた総合評価と同様に考えられることが多く、格付機関による格付の引き上げや引き下げが株価にも影響をおよぼすようになってきました。

ここで、JCRの「格付推移マトリックスおよび累積デフォルト率」を紹介したいと思います。下図は、金融機関や保険会社を除いた事業会社の平均累積デフォルト率です。累積デフォルト率とは、これから何年かの間にデフォルト[*5]が発生する確率のことです。

◆JCR（日本格付研究所）累積デフォルト率（2000年～2021年）

（単位：%）

格付＼期間	1年	2年	3年	4年	5年
AAA	0.00	0.00	0.00	0.00	0.00
AA	0.00	0.00	0.00	0.06	0.06
A	0.02	0.09	0.16	0.27	0.37
BBB	0.47	1.05	1.63	2.04	2.38
BB	3.15	6.02	8.94	11.57	13.87
B	20.00	35.00	47.50	52.50	52.50
CCC以下	53.85	61.54	61.54	61.54	61.54

出所：日本格付研究所　2022年3月28日「JCR　格付推移マトリックスおよび累積デフォルト率」

たとえば、BBB（トリプルB）の格付の会社が4年の間にデフォルトする確率は、上の表では、2.04%となっています。この表から、格付が高いほどデフォルトする確率が低く、反対に格付が低いほどデフォルトする確率が高いことがわかります。また、投資不適格であるBB（ダブルB）以下になると、一気にデフォルト率が高くなることも見てとれます。

■債券の価格変動リスク

前述したとおり、債券価格は市場金利と逆の動きをします。私たちは、この価格変動リスクを意識する必要があります。価格変動リスクという点では、国債といえども、まったく安全というわけではありません。ここで、債券価格の変動が利回りにどのような影響を与えるかを見てみましょう。

トレジャリー・ビルは、米国政府によって発行される短期国債です。銀行の

＊5　デフォルトとは、一般的に債券の利払いおよび元本返済の不履行、あるいは遅延などをいいます。

定期預金と違って、特に利率があるわけではありませんが、額面に対してディスカウントして売りに出されます。たとえば、期間１年の額面1,000ドルの国債が950ドルで売りに出されるわけです。国債の購入者は、950ドルでその国債を買い、１年後の満期時に1,000ドルを受け取ります。したがって、このトレジャリー・ビルの利回りは、

$$\frac{1{,}000-950}{950}=5.263\%$$

となります。

ここで重要なことは、あなたがトレジャリー・ビルを償還日まで所有する場合は、確実に5.263%の利回りを確保できるということです。トレジャリー・ビルは米国政府の借金であり、デフォルトの可能性が極めて低いと考えられるからです。

しかし、価格変動リスクにはさらされていることに注意しなくてはいけません。トレジャリー・ビルの価格は、市場金利の変化にしたがって刻一刻と変化しています。あなたが償還日前に売却した場合、そのときの債券価格次第で、利回りにバラツキが出てきます。つまり、リスクがあるわけです。

このように、トレジャリー・ビルは米国政府が確実に返済してくれるという意味では安全ですが、償還日前に売却した場合は、株式投資と同様に価格変動リスクにさらされているわけです。

市場金利の変動による債券価格の感度を示す指標に**デュレーション**があります。デュレーションは期間を意味しますが、債券の満期までの期間を意味するわけではありません。元本だけでなく、クーポンの支払いを考慮した平均的な回収期間を計算したものです。

このデュレーションはマコーレー（Macaulay）が考案したことから、D_{mac}と略されます。

たとえば、ここに１年あたりのクーポンがC、年数がn、額面100円の債券があります。市場金利がr%の場合、債券の価格Pは次のように表わせます。

$$P=\frac{C}{1+r}+\frac{C}{(1+r)^2}+\frac{C}{(1+r)^3}+\cdots+\frac{C+100}{(1+r)^n}$$

このとき、デュレーションは次のように計算します。

$$D_{mac}=\frac{1}{P}\left\{1\times\frac{C}{1+r}+2\times\frac{C}{(1+r)^2}+3\times\frac{C}{(1+r)^3}+\cdots+n\times\frac{C+100}{(1+r)^n}\right\}$$

$$=1\times\frac{C}{1+r}/P+2\times\frac{C}{(1+r)^2}/P+3\times\frac{C}{(1+r)^3}/P+\cdots+n\times\frac{C+100}{(1+r)^n}/P$$

それぞれの年数にキャッシュフローの現在価値の債券価格に占める割合をかけて合計していることがわかります。言いかえれば、デュレーションとはキャッシュフローの現在価値の比率をウエイトとして、それぞれのキャッシュフローが発生するまでの年数を加重平均したものだということがわかります。

下図は、市場金利１％として、償還年数10年の債券のデュレーションを計算したものです。それぞれの期間のキャッシュフローの現在価値を計算し、債券価格に占める割合を求めます（F6:F15）。それぞれの割合に期間を掛けたものを合計すると、デュレーションは8.43年と計算できます（セルG16）。この債券のデュレーションは、残存期間10年よりも短くなっています。これは10年後の元本償還だけでなく、毎年支払われるクーポンも考慮に入れているからです。

◆債券のデューション

	A	B	C	D	E	F	G	H
1		債券のデュレーション						
2								
3		金利	1.0%					
4				=1/(1+$C$3)^B6	=C6*D6	=E6/$E$16		
5		期間	CF	割引係数	現在価値	現在価値/債券価格①	期間×①	
6		1	5	0.990	4.950	3.6%	0.04	<-- =B6*F6
7		2	5	0.980	4.901	3.6%	0.07	
8		3	5	0.971	4.853	3.5%	0.11	
9		4	5	0.961	4.805	3.5%	0.14	
10		5	5	0.951	4.757	3.5%	0.17	
11		6	5	0.942	4.710	3.4%	0.20	
12		7	5	0.933	4.664	3.4%	0.24	
13		8	5	0.923	4.617	3.3%	0.27	
14		9	5	0.914	4.572	3.3%	0.30	
15		10	105	0.905	95.055	68.9%	6.89	
16					137.885	Dmac	8.43	<-- =SUM(G6:G15)
17					=SUM(E6:E15)			
18								
19								

それでは、以下の表にあるさまざまな債券から、利率や残存期間がデュレーションにどのような影響を与えるかを見てみましょう。

	債券A	債券B	債券C	債券D
利率	5％	5％	3％	（割引債）
残存期間	5	10	5	5
債券価格	119.41	137.89	109.71	95.15
D_{mac}	4.59	8.43	4.73	5.00

まず、債券Aと債券Bのように、利率が同じであれば、残存期間が短いほど、デュレーションが短いことがわかります。ある意味、当たり前かもしれません。債券Aと債券Cのように、残存期間が同じであれば、利率が高いほど、デュレーションが短くなります。これは、各期間のキャッシュフローの前半の比

重が利率の高い債券Aのほうが高くなっているからです（下図)。

たとえば、債券Aでは１年目の割合は4.1％（セルF7）に対して、債券Cでは2.7％（セルF16）になっています。最後に割引債のデュレーションは残存期間に一致することがわかります。５年後の満期が到来するまでキャッシュフローが発生しないのですから、これも当たり前といえます。

◆債券Aと債券Cのデュレーション

	A	B	C	D	E	F	G	H
1		債券Aと債券Cのデュレーション						
2								
3		金利	1.00%					
4						=E7/$E$12		
5		債券A						
6		期間	CF	割引係数	現在価値	現在価値/債券価格①	期間×①	
7		1	5	0.990	4.95	4.1%	0.04	<-- =F7*B7
8		2	5	0.980	4.90	4.1%	0.08	
9		3	5	0.971	4.85	4.1%	0.12	
10		4	5	0.961	4.80	4.0%	0.16	
11		5	105	0.951	99.90	83.7%	4.18	
12					119.41	Dmac	4.59	<-- =SUM(G7:G11)
13								
14		債券C						
15		期間	CF	割引係数	現在価値	現在価値/債券価格①	期間×①	
16		1	3	0.990	2.97	2.7%	0.03	<-- =F16*B16
17		2	3	0.980	2.94	2.7%	0.05	
18		3	3	0.971	2.91	2.7%	0.08	
19		4	3	0.961	2.88	2.6%	0.11	
20		5	103	0.951	98.00	89.3%	4.47	
21					109.71	Dmac	4.73	<-- =SUM(G16:G20)
22								

このデュレーションは債券の平均的な回収期間といえますが、金利変動によって、債券価格がどの程度変化するかという金利感応度を決定する要因として重要な意味があります。

◆債券価格と複利の関係

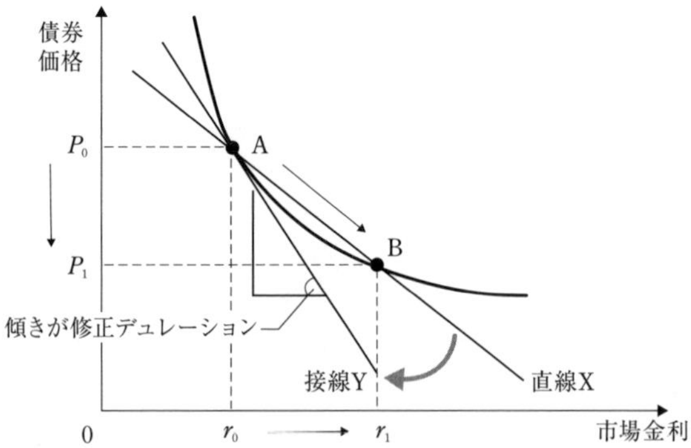

上図は債券価格と市場金利の関係をグラフにしたものです。債券価格と金利は逆方向に動くため、右下がりの曲線になっています。ここで市場金利が１％

上昇すると債券価格はどれくらい下落するでしょうか。ここで現在の市場金利がr_0からr_1に上昇した場合の債券価格の変化率は点Aと点Bを結ぶ直線Xの傾きになり、次のように表わせます。

$$\text{直線Xの傾き} = \frac{P_1 - P_0}{r_1 - r_0}$$

これは金利が１％変化したときの債券価格の変化率を表わしています。次に金利の変化率を小さくしていくと、債券価格の変化率は点Aで曲線に接する接線Yの傾きに等しくなります。この接線Yの傾きは、債券価格と利回りの関係を示す次の式を金利rで微分することによって求めることができます。

$$P = \frac{C}{1+r} + \frac{C}{(1+r)^2} + \cdots + \frac{C}{(1+r)^n} + \frac{F+C}{(1+r)^n}$$

P：債券価格　C：クーポン　F：額面　n：残存期間　r：最終利回り

上の式のPをrで微分すると、以下の式を導くことができます。

$$D_{mod} = \frac{dP}{dr} = -\frac{1}{1+r} \times D_{mac}$$

D_{mod}：修正デュレーション　D_{mac}：デュレーション

これを修正デュレーション（D_{mod}：Modified Duration）といいます。修正デュレーションは、金利が１％変化したときに債券価格が何％変化するかを表わしています。

それでは、具体的に見てみましょう。債券X（利率10%、残存期間３年）の価格は、金利が８％から0.1%刻みで8.3%まで上昇したときにどう変化するでしょうか？　下図では、この債券の修正デュレーション（D_{mod}）を－2.54年と計算しています（セルG10）。

	A	B	C	D	E	F	G	H
1		債券Xの金利と価格変動の関係						
2								
3		金利	8.00%					
4				=1/(1+$C$3)^B6		=C6*D6	=E6/$E$9	
5		期間	CF	割引係数	現在価値	現在価値/債券価格①	期間×①	
6		1	10	0.926	9.26	8.8%	0.09	<-- =F6*B6
7		2	10	0.857	8.57	8.2%	0.16	
8		3	110	0.794	87.32	83.0%	2.49	
9				債券価格	105.15	Dmac	2.74	<-- =SUM(G6:G8)
10						Dmod	-2.54	<-- =-G9/(1+C3)
11					=C13/$E$9-1			
12		金利	債券価格	金利変化率	価格変動率①	価格変動率②		
13		8.10%	104.89	0.10%	-0.253%	-0.254%	<-- =$G$10*D13	
14		8.20%	104.62	0.20%	-0.506%	-0.508%		
15		8.30%	104.36	0.30%	-0.758%	-0.762%		
16								
17								

この債券は金利が0.1%上昇すると、価格が0.254%下落すると考えられます。金利8.10%の場合の債券価格は104.89円と計算できます（セルC3に8.10%を入力すれば、債券価格はセルE9に出力されます）。このときの債券価格の下落率は－0.253%（セルE13）ですから、修正デュレーションによって求められた変化率とほぼ等しくなります。一方で金利が0.3%上昇した場合の債券価格の変動率は、修正デュレーションから求めた0.762%という下落率に対して、0.758%（セルE15）の下落率になっています。このように金利変化が大きくなると、修正デュレーションによって計算された債券価格の変化率と実際の変化率との乖離が大きくなります。金利変化による債券価格の変化率の精度を上げるには、コンベクシティ（convexity）[*6]という概念を学ぶ必要があります。ただ、債券の価格変動リスクについては、修正デュレーションまで理解できれば十分だと思います。

＊6　コンベクシティに興味がある方は、『金融工学入門 第２版』（日本経済新聞出版）などをお読みください。

5.4 金利の期間構造

■スポットレートで債券価格を求める

米国には、**ゼロ・クーポン債**と呼ばれる国債があります。ゼロ・クーポン債は、その名のとおり、債券の発行日から償還日までクーポン（利息）の支払いがまったくない債券のことをいいます。日本では、割引債といったほうがわかりやすいかもしれません。

ゼロ・クーポン債には、さまざまな期間がありますが、キャッシュフローが償還日しかないことから、ゼロ・クーポン債の価格から算出される複利最終利回りは、それぞれ期間に応じた利回りに相当します。この利回りを**スポットレート**（spot rate）といいます。

◆スポットレートを求めよう

◇	A	B	C	D	E	F	G	H
1								
2								
3		年度	0	1	2	3	YTM	
4		ゼロ・クーポン債A	-95	100			5.26%	<- =IRR(C4:D4)
5		ゼロ・クーポン債B	-90	0	100		5.41%	<- =IRR(C5:E5)
6		ゼロ・クーポン債C	-82	0	0	100	6.84%	<- =IRR(C6:F6)
7								

上図では、期間１年から３年のゼロ・クーポン債の複利最終利回りをIRR関数を使って計算したものです。たとえば、購入価格が95ドル、１年後に額面金額の100ドルが償還される債券Aの複利最終利回りは5.26％と計算できます。こうして、スポットレートが、１年もの5.26％、２年もの5.41％、３年もの6.84％と計算できるわけです。

実は、債券の価格は、このスポットレートによって決定されるのです。具体的にこれらのスポットレートを使って、次のような利付債券価格を計算してみましょう。

債券Dは毎年50ドルのクーポン収入があって、満期日には額面金額の1,000ドルが加算されて1,050ドルが償還されるものとします。この債券の価格は、それぞれの期間のキャッシュフローを期間に応じたスポットレートで割り引いた現在価値の合計です。

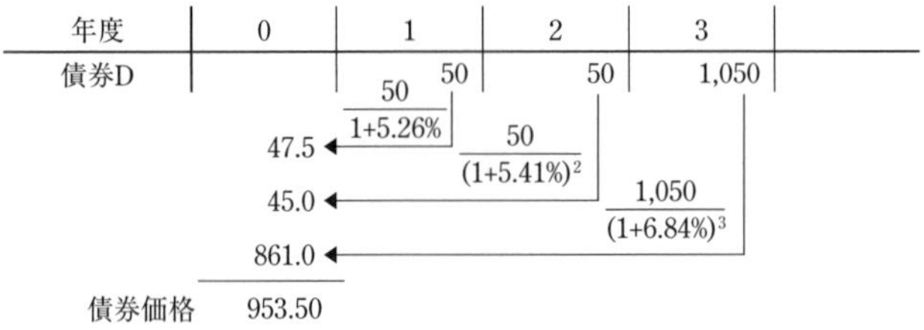

債券価格は、953.50ドルと計算できます。この価格から、逆に複利最終利回りを求めてみると、この債券の複利最終利回りは6.76%と計算できました（下図）。どの期間のスポットレートとも違っていることに注意してください。

	A	B	C	D	E	F	G	H
1	複利最終利回り（YTM）							
2								
3	年度	0	1	2	3	YTM		
4	債券D	-953.50	50	50	1,050	6.76%	<- =IRR(B4:E4)	
5								
6								

いままでのプロセスをおさらいしてみましょう。

① さまざまな期間のゼロ・クーポン債（割引債）*7の複利最終利回り（スポットレート）を計算し

② スポットレートから債券価格を計算する

③ その債券価格から、複利最終利回りを求める

ということです。

●イールドカーブは右肩上がり

いままで見てきたように、さまざまな期間のゼロ・クーポン債があった場合、その複利最終利回りであるスポットレートは期間によって異なります。横軸に満期までの期間、縦軸に金利をとって、これらのスポットレートをプロットしたものを**イールドカーブ**といいます。イールドカーブは、将来の金利の見通しによって、さまざまな形をとりますが、次ページ上図のように短期金利が低く長期金利が高い右肩上がりの形（**順イールド**）をとることが一般的です。ただし、将来において景気の減退が考えられ、金融緩和に向かうタイミングでは短期金利が高く、長期金利が低い右下がりの形（**逆イールド**）になることもあります。

---

*7　日本では、まだ長期の割引国債が取引されていないことから、スポットレートは、利付債から推定します。

◆イールドカーブ

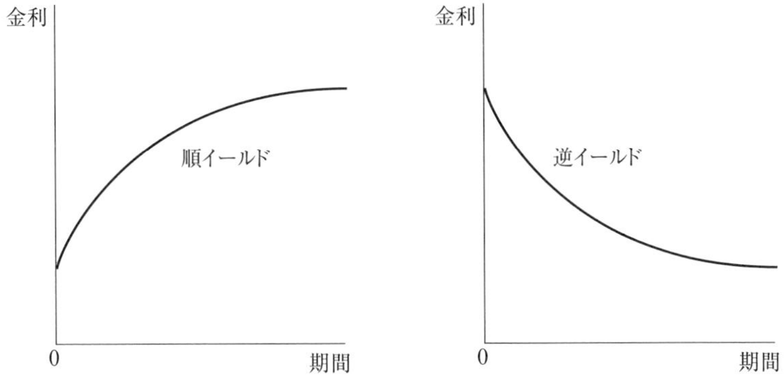

このイールドカーブに表わされるような金利と期間の関係に関する理論を、金利の**期間構造理論**（term structure theory）といいます。そして、イールドカーブの形を説明するものとして、純粋期待仮説と流動性プレミアム仮説、そして市場分断仮説の３つの仮説があります。

[純粋期待仮説（pure expectation hypothesis)]

実は、金利には先ほど説明した「スポットレート」の他に、「**フォワードレート**（forward rate)」というものがあります。スポットレートが、現在から将来のある時点の間に適用される金利であるのに対して、フォワードレートは、**将来のある２つの時点の間に適用される金利**のことです。たとえば、下図のように現時点をスタートラインとする金利がスポットレート、将来のある時点をスタートラインとする金利がフォワードレートというわけです。

◆スポットレートとフォワードレート

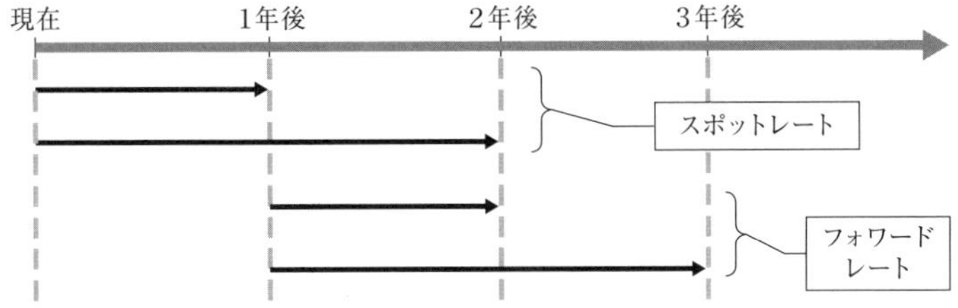

純粋期待仮説とは、長期金利は将来の金利の期待値で決定されるというものです。したがって、スポットレートとフォワードレートとの間には、次のよう

な関係[*8]が成り立っています。

$$(1+r_n)^n=(1+r_1)(1+{}_1f_2)(1+{}_2f_3)(1+{}_3f_4)(1+{}_4f_5)\cdots(1+{}_{n-1}f_n)$$

ここで、r_nはn期までのスポットレートを表わし、${}_{n-1}f_n$は$n-1$期からn期までのフォワードレートを表わします。純粋期待仮説の前提にあるのは、次のようなものです。

◆純粋期待仮説の前提◆

- **投資家は、投資期間に応じたリターンを最大にすることに興味があって、短期運用がいいとか、長期運用がいいという好みがあるわけではない**
- **マーケットは効率的であって、新しい情報は瞬時にマーケットに反映される**
- **投資家は、税金や取引コストがかからなくて、瞬時に取引を行なうことができる**

これらの前提に立つと、先ほどの式のとおり長期金利は、スポットレートとフォワードレートの幾何平均[*9]に等しいことがわかります。これでは、何のことかわからないですね。具体的に見ていきましょう。たとえば、下図で示されているように、３年物の割引債で運用した場合の利回りと、１年物の割引債に３回投資した場合の利回りが等しくなるように金利裁定が働くと考えるわけです。

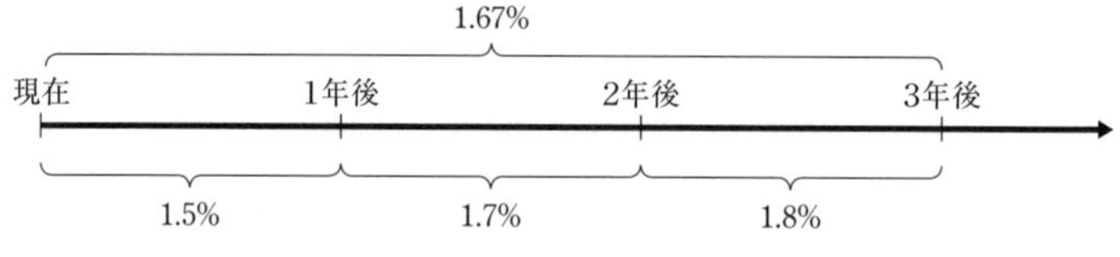

$$(1+1.67\%)^3=(1+1.5\%)\times(1+1.7\%)\times(1+1.8\%)$$

いままでの例からわかるとおり、純粋期待仮説によれば、「イールドカーブは将来の金利予想によってのみ決定される」ということがわかります。短期の

＊8　この純粋期待仮説が正しいかどうかはともかく、スワップ市場などほとんどの金利マーケットで、この仮説に基づいて金利が決定されていることを覚えておく必要があります。したがって、このスポットレートとフォワードレートの関係式は非常に重要なわけです。

＊9　85ページ参照。

金利が上昇していくと予想されれば、上の式が成り立つところまで、長期金利も上昇していくわけです。その結果、イールドカーブは上昇していくことになります。

●逆イールド——短期金利の動向を予想する

イールドカーブが右下がりの状態を**逆イールド**といいますが、これは、短期金利が下がっていくと予想していることを示しています。このように**イールドカーブの形状によって、短期金利が今後どうなっていくと市場が予想しているかがわかる**わけです。

結局、この純粋期待仮説がいっていることは、**投資期間が決まっていれば、どのような期間を組み合わせても平均リターンは変わらない**ということです。

それでは、この純粋期待仮説は企業の財務担当者にとっては、どのような意味があるのでしょうか？　企業が資金調達を行なう際、短期借り入れで調達して、それをロールオーバー（継続）していくのと、長期借り入れで調達しても結局、支払う金利には変わりはないということを意味しているわけです。

したがって、将来の金利を予想しながら、「借り入れは、短期がいいか、長期がいいか」を議論したりするのは、無駄だということです。

[流動性プレミアム仮説（liquidity premium hypothesis）]

純粋期待仮説は、ある意味、非常に厳しい前提条件の上に成り立っているといえます。先述したように、投資家は投資リターンの最大化が唯一の関心事であって、短期とか、長期とかの運用期間に好みはないと仮定しているのです。もし、投資家に好みがあるとしたら、どうでしょう？　そこで登場するのが、**流動性プレミアム仮説**です。この仮説の一番のポイントは、投資家は長期の債券よりも短期の債券を好むということです。それは、なぜなのでしょうか？

実は、長期の債券ほど、金利が変化した場合の価格変動リスクが大きいことがわかっています。そのため、投資家はこのリスクに見合ったプレミアムを長期債の発行体に対して要求してくるのです。流動性プレミアム仮説では、このプレミアムがイールドカーブを右肩上がりにすると考えるわけです。逆イールドカーブの場合は、このプレミアムの効果を上回る金利の低下を予想する要因があるわけです。

また、投資家が長期の債券に投資する場合は、資金が長期にわたって固定されてしまい、自由に使うことができなくなります。したがって、長期の債券に投資してもらうためには、発行体は純粋期待仮説から計算される利回りよりも高い利回りを提供する必要があるのです。この流動性プレミアム仮説が正しいと考えると、右肩上がりのイールドカーブだからといって、「将来、短期金利が上昇する」と市場が考えているということにはなりません。

このことは、財務担当者にとってはどのような意味があるのでしょうか？資金調達コストが長期になればなるほど高いわけですから、短期で借り入れをすることによって、コストを下げられることになります。もちろん、その企業が長期にわたって、容易に借り入れができるような優良企業であることが前提条件ではあります。

[市場分断仮説（segmented market hypothesis)]

債券市場は、満期日までの期間によって分断されているという考え方です。したがって、純粋期待仮説で論じているように、短期金利と長期金利との間で裁定が働くということもありません。それぞれの期間の金利は、あくまでもマーケットでの需給関係によって決まると考えているわけです。

これまで、イールドカーブの形を説明するものとして、3つの仮説を説明してきました。理屈ではわかったけど、実務ではどう考えればいいのかわからないと思ったのはあなただけではありません。みずほ証券の土屋剛俊氏は著書[*10]の中でこう述べています。

「市場参加者の肌感覚からいうと、純粋期待仮説や市場分断仮説は市場実態にそぐわず、机上の理論という感じが強く、流動性プレミアム仮説のアプローチが一番しっくりくるように思います。ただ細かい学説にこだわっても実務では役に立ちませんので、『すぐ先のことよりは、ずっと先のことのほうがわからない。なんとなく気持ち悪いので、多めに金利をもらっておかないと落ち着かない』と理解しておくくらいが一番実務的でしょう。」

こう聞くと、私たちはなんとなく安心しますよね。

＊10 『入門　社債のすべて』（ダイヤモンド社）

5.5 株式の基礎

株式会社とは、株式を発行することによって、多数の投資家から事業資金を集め、それを元手に事業活動を行ない、利益を上げることを目的とした会社のことです。株式会社に資金を出資する人を**株主**といいます。発行された株式はすべて特定単位に分割され、原則、自由に譲渡することが可能になっています。株主は会社のオーナーですから、会社の利益も損失も最終的にオーナーである株主のものです。

一方で、株主の責任は、株主の出資額を限度とする有限責任となっています。この責任が有限だというところが重要です。こうしたことから、株式会社には一般から出資を募り、多額の資金を集めやすいという特徴があります。

株式を保有している株主の権利を難しくいえば、

- 企業が得た利益の分配を請求する権利（剰余金配当請求権）
- 企業が倒産したり、解散したりする場合に、負債を返済したあとに残った財産を請求する権利（残余財産分配請求権）
- 企業の最高意思決定機関である株主総会に出席して議決権を行使する権利（株主総会における議決権）

などがあげられます。

企業が事業に必要な資金を調達する手段として、株式の発行に加えて、金融機関からの借り入れや社債の発行などの有利子負債による方法があります。なお、株式発行によって調達した資金は、株主に返済する必要がないことから、「自己資本」と呼ばれることがあるということはすでに説明しました。その代わり、株主に対しては、キャピタルゲインと、配当というインカムゲインの形で還元する必要があります。キャピタルゲインとは、株式の値上がり益のことです。

配当は、一般的に本決算と中間決算の年２回、会社が獲得した利益を株主に還元するために行ないます。配当は、借金の利息とは異なり、契約で決められたものではありません。したがって、企業の業績次第では、増減したり、場合によっては、配当しないこともあるわけです。

■株価のウソ・ホント

株式は、簡単にいえば、会社の価値を小口に分割したものです。株価は、その株式についている値段のことです。したがって、次のような関係式が成り立ちます。

$$\text{株価}=\frac{\text{株式時価総額}}{\text{発行済株式数}^{*11}}$$

新聞の株式欄を見ると、いろいろな株価の企業があることに気がつきます。株価300円の企業もあれば、株価3,000円の企業もあるわけです。ここで、単純に株価3,000円の企業は「よい会社」、反対に株価300円の企業は「悪い会社」とは決めつけないでください。

つまり、上の関係式を見ればわかるとおり、株価は発行済株式数抜きでは語れないのです。極端な話、株価300円の企業の発行済株式数が１万株だとすれば、株式時価総額は、300万円（＝300円×10,000株）です。反対に、株価3,000円の企業の発行済株式数が100株だとしたら、株式時価総額は、30万円なわけです。ここで重要なことは、**発行済株式数を抜きにして、株価が高い低いといっても仕方がない**ということです。

■株価はどう決まる？

株式市場で株価がどう決まるかについては、大きく分けて２つの考え方があります。その１つは、株価は、**企業の業績や将来性とは無関係に市場参加者の心理の相乗作用として形成される**という考え方です。

株式投資を美人コンテストにたとえたケインズの『雇用・利子および貨幣の一般理論』は、あまりにも有名です。ケインズが取り上げた美人コンテストは、ロンドンの大衆紙が実施したもので、100人の女性の顔写真を掲載し、読者が最も美しいと思う女性に投票してもらい、上位入賞者に選ばれた女性に投票した読者には、賞金を出すというものでした。

あなたがこの大衆紙の読者だとしたら、どのように女性を選ぶでしょうか？このときに、あなた好みの女性に投票したのでは、おそらく賞金をもらうことはできないでしょう。なぜなら、あなた好みの女性が、多数の読者の好みと同じであるという保証はどこにもないからです。

したがって、あなたは、自分の好みだけではなく、他の読者が好みそうな女

---

*11　発行済株式数からは、自社株（金庫株）を除く必要があります。金庫株については、205ページで説明しています。

性に投票するわけです。しかし、こうした予想でも足りないかもしれません。もしかしたら、「他の読者が他の読者の行動をどう予想するか」ということまで考えなくてはいけないかもしれません。こうなったら、深読みのドツボにはまります。このように、賞金が絡む美人コンテストでは、多くの読者が本当に美人だと思っている女性が選ばれる保証はまったくない、とケインズは主張しています。

ケインズは、株式投資もこうした美人コンテストと同じで、ある銘柄の株価が上昇するのは、市場参加者が、「株価が上がる」と思うからであり、企業の将来性や収益力とは関係ない、としたわけです。株価は、市場参加者の期待や思惑という本質的に何ら根拠のない「砂上の楼閣（ろうかく）」のようなものであると主張しています。

これに対して、**基本的には、株価は企業の将来性や収益力を反映する**というのが2つ目の考え方です。株式も、債券などの金融資産と同様に、将来の期待キャッシュフローに基づく適正な価格があり、株式市場では、市場参加者がその適正価格を推定して、価格をつけているということになります。

本書では、2つ目の立場に立った株価の決定理論について説明していきます。短期的には、株価は市場の思惑に影響を受ける部分が多く、ケインズの美人コンテスト論が当てはまることがあるかもしれません。しかし、長期的には、株価はその企業の将来性や成長性を反映したものになると考えるからです。

■株価の決定理論

株式会社がその事業活動で得た利益は、株主のものです。その利益を配当として株主に還元するわけです。株式は、株主の「配当を得る権利」を表わす権利証書といえます。この意味では、株価とは、将来にわたって株主が得るキャッシュフローである配当を株主資本コストで現在価値に割り引いたものの合計といえるわけです。株価は市場によって決まりますが、これから説明する株価はあなた自身が評価する理論株価（価値）といえます。

◆株価とは◆

株価＝将来の配当を株主資本コストで現在価値に割り引いたものの合計

「あれ？　株主が企業に要求しているのは、配当だけじゃなかったよなぁ」
――そのとおりです。確かに、投資家が株を購入するときには、配当のみならず、キャピタルゲイン（株価上昇益）も要求するはずです。株価は、キャピタルゲインも考慮して計算されるべきではないか？　でも、先ほどの株価の定義は間違っていません。そのカラクリを説明しましょう。

あなたが、ある株式を500円で購入したとします。１年後の予想株価を600円、１株当たりの配当を15円とした場合、１年後の期待収益率 r は次のように求めることができます。

$$期待収益率 = r = \frac{15 + (600 - 500)}{500} = 23.0\%$$

配当15円とキャピタルゲイン100円を足したものを、現在の株価500円で割ればいいわけです。つまり、現在の株価を P_0、１年後の予想株価を P_1、１株当たりの配当を Div_1 とすると、今後１年間の期待収益率は次のように定義されます。

$$r = \frac{Div_1 + (P_1 - P_0)}{P_0}$$

この式を、現在の株価 P_0 を求められるようにちょっと変形してみましょう。

$$r = \frac{Div_1 + P_1}{P_0} - 1$$

$$P_0 = \frac{Div_1 + P_1}{1 + r}$$

１年後の配当と株価に関する投資家の予想と、それに株式の期待収益率がわかれば、現在の株価を予想できることがわかります。この式より、現在から１年後に、２年目の配当 Div_2 と株価 P_2 を予測することで、P_1 の予測が可能であることがわかります。

$$P_1 = \frac{Div_2 + P_2}{1 + r}$$

これを前の式に代入すると、P_2 と Div_1 と Div_2 によって、P_0 は次のように表現できることがわかります。

$$P_0 = \frac{Div_1 + P_1}{1 + r} = \frac{1}{1 + r} \times (Div_1 + P_1) = \frac{1}{1 + r} \times \left(Div_1 + \frac{Div_2 + P_2}{1 + r} \right)$$
$$= \frac{Div_1}{1 + r} + \frac{Div_2 + P_2}{(1 + r)^2} = \frac{Div_1}{1 + r} + \frac{Div_2}{(1 + r)^2} + \frac{P_2}{(1 + r)^2}$$

以下、同様の考え方で３年目の株価を考え、代入していくと、次の式ができあがります。

$$P_0=\frac{Div_1}{1+r}+\frac{Div_2}{(1+r)^2}+\frac{Div_3}{(1+r)^3}+\frac{P_3}{(1+r)^3}$$

したがって、現在の株価は次の式で表現できることがわかります。

$$P_0=\frac{Div_1}{1+r}+\frac{Div_2}{(1+r)^2}+\frac{Div_3}{(1+r)^3}+\cdots+\frac{Div_t}{(1+r)^t}+\frac{P_t}{(1+r)^t}$$

企業が永遠に存続するとは考えにくいですが、ファイナンスでは、企業が永遠に存続することが前提です[*12]。したがって、理論的には、tは無限大にすることも可能です。tが無限大に近づくにしたがって、最終株価P_tの現在価値$\frac{P_t}{(1+r)^t}$は、ゼロに近づくことが知られています。したがって、将来の株価（キャピタルゲイン）に関する項がなくなり、最終的には次のように将来の配当から株価を求める式が得られます。

◆株価を求める公式◆

$$P_0=\frac{Div_1}{1+r}+\frac{Div_2}{(1+r)^2}+\frac{Div_3}{(1+r)^3}+\cdots+\frac{Div_t}{(1+r)^t}=\sum_{t=1}^{\infty}\frac{Div_t}{(1+r)^t}$$

この式は、株価は、その株式から投資家に支払われるキャッシュフロー、つまり配当によって決定されることを表わしています。

このような「株価とは将来にわたって株主が得るキャッシュフローである配当を投資家の要求（期待）収益率である株主資本コストで割り引いた現在価値の合計である」という考え方を**配当割引モデル**（DDM：Dividend Discounted Model）といいます。

配当割引モデルの式には、配当しか出てきません。そのため、株式投資のリターンの一部であるキャピタルゲインを無視しているように見えますが、決してそうではないということが理解できたと思います。

小難しい式が出てきましたが、ここで覚えてほしいことは、次のことだけです。

＊12　企業は永遠に存続するという前提をゴーイング・コンサーン（going concern）といいます。

◆つまるところ株価とは◆

株価＝将来の配当を株主資本コストで現在価値に割り引いたものの合計

■配当から理論株価を求める

それでは、実際に配当から株価を計算してみましょう。あなたは、１年後の１株当たりの配当が50円で、これが毎年10％ずつ増加していくと予想しています。また、この企業のリスクを考え、最低でも15％は要求したいと考えています。下図では100年間[*13]の配当を株主資本コスト15％で割り引くことによって、株価を988.26円と計算できました。

もちろん、これはあくまでも概算ですが、このように**将来にわたる配当の現在価値の合計を求めることによって理論株価が計算できます**。

◆期待配当額と株価

◇	A	B	C	D
1				
2	1年後の配当額	50.00		
3	配当成長率	10%		
4	株主資本コスト	15%		
5	株価	988.26	<- =NPV(B4,B9:B108)	
6	株価 （成長型永久債の公式）	1,000.00	<- =B2/(B4-B3)	
7				
8	年度	期待配当額		
9	1	50.00	<- =B2	
10	2	55.00	<- =B9*(1+$B$3)	
11	3	60.50		
12	4	66.55		
13	5	73.21		
14	6	80.53		
15	7	88.58		
16	8	97.44		
17	9	107.18		
18	10	117.90		
19	11	129.69		
[illegible]	12	142.66		
[illegible]	95	388,939.82		
104	96	427,833.80		
105	97	470,617.18		
106	98	517,678.90		
107	99	569,446.79		
108	100	626,391.47		
109				
110				
111				

上の例では、100年間分の配当を考えましたが、この配当が永遠に続く場合の現在価値はどのように求めるのでしょう？

こんなときのために、成長型永久債の現在価値を求める式があります。成長型永久債の現在価値は、$PV = \dfrac{C}{r-g}$ で求めることができました（34ページ）。

＊13　スプレッドシート上では、100年間すべての年度を出すことができないので一部を非表示にしています。

これを株式の例に置きなおして考えてみれば、株価は次のように計算することができるということです。

◆株価を求める計算式◆

$$P = \frac{Div_1}{r_E - g}$$

r_E：株主資本コスト　g：配当成長率

この式を使えば、株価は1,000円と求めることができます（セルB6）。ここでは100年間分の配当を考えましたが、期間を延ばせば延ばすほど、株価は1,000円に近くなることがわかります。こうして求めた理論株価（あなたの考える株価）と市場がつける株価を比較して、投資すべきかどうかを決めればいいのです。

こうしてみると、株価を計算する式は意外にシンプルです。１年後のキャッシュフローDiv_1とそのキャッシュフローの成長率gと、そのキャッシュフローのリスクの程度に応じた割引率rの３つの数字から株価が求められることがわかります。

驚きなのは、このシンプルな式の中に企業の収益力、安全性、そして成長力を表わす要素が盛り込まれているということです。この３つは投資家が企業を評価するときに重要視する要素です。

第5章　まとめ

- 債券とは発行時に定められた条件にしたがって、定期的に一定の利息を支払い、満期日に額面金額を償還（返済）することを発行体が約束している証券である。

- 債券の「利率」とは、債券の額面に対して何%の利息がつくかという割合を示すもので償還されるまで変わることはない。一方、「利回り」は、投資元本（購入価格）に対して、１年当たり何%のキャッシュフローが得られるかを示すものであり、利回りは債券の価格（購入価格）によって変化する。

- 債券の価格はその債券が生み出すキャッシュフローの現在価値の合計である。したがって、市場金利（割引率）が上がれば債券価格は下がり、市場金利が下がれば債券価格は上がるという関係にある。

- 債券投資には、発行体が倒産するという信用リスクや、市場金利の変化によって生じる価格変動リスク、また、売買が極端に少なくなることで取引が成立せず、売却したいときにできない流動性リスクなどがある。

- 市場金利の変化による債券価格の感度を示す指標がデュレーションである。また、金利が１%変化したときに債券価格が何%変化するかを表わすのが修正デュレーションである。

- 各期間とそれに対応する金利との関係を表わしたグラフをイールドカーブという。短期金利が低く長期金利が高い右肩上がりの形（順イールド）になるのが一般的である。一方で、マクロ環境によっては、短期金利が高く、長期金利が低い右下がり（逆イールド）になることもある。

- 金利と期間の関係に関する理論を金利の期間構造理論といい、イールドカーブの形を説明する仮説として、純粋期待仮説と流動性プレミアム仮説、そして市場分断仮説の３つがある。

- 配当割引モデル（DDM：Dividend Discounted Model）とは「株価は株主が得る配当を株主資本コストで割り引いた現在価値の合計である」という考え方をいう。

第6章

デリバティブの理論と実践的知識

デリバティブとは、先物、スワップ、オプションやそれらを組み合わせたものです。ファイナンスでも比較的新しい分野であるデリバティブは、もともとリスクヘッジの方法として発達してきました。この章では、デリバティブの仕組みやそのメカニズムについて説明します。また、クロスボーダー投資を評価する際の為替レートの考え方についても説明します。

6.1 デリバティブの種類

デリバティブ（derivatives）は、珍しい言葉ではなくなりました。しかし、「デリバティブとは？」と聞かれて、金融派生商品と答えることはできても、実際には、どういうものかを説明できる人は、あまりいません。

デリバティブと聞いたら、即座に「親」は何か考えましょう。派生という言葉からわかるように、デリバティブは、デリバティブそのものでは成り立たず、原資産と呼ばれる「親」が必要だからです。**原資産**としては、株式からはじまって株価指数、原油、小麦などのコモディティ（commodities：商品）まで、さまざまなモノがあります。デリバティブはその原資産の価格変動やリスクの部分だけを取り出して取引するものです。

企業が、リスクマネジメントを効果的に行なうためには、このデリバティブは欠かせません。なぜなら、デリバティブは、リスクを回避するための有効なツールだからです。金融機関のみならず、事業会社に勤めるビジネスパーソンも「デリバティブは難しくて、よくわかりません」といってやり過ごせる時代ではなくなっています。

企業がデリバティブを活用することで、リスクを軽減することを「ヘッジする（hedging）」といいます。重要なのは、デリバティブの持つリスクを十分に理解したうえで、活用する、しないの意思決定をすることです。

デリバティブとは、一般的に、先物（futures）、スワップ（swap）、オプション（option）やそれらを組み合わせたものです。この３種類を理解すれば、デリバティブの基本は押さえることができるといえます。

■先物取引とは

先物とは、将来の特定期日（その期日がある月のことを限月と呼びます）に現時点で取り決めた価格で、特定の商品を売買する取引をいいます。ここで重要なことは、先物取引は契約した時点では、単なる「約束」にすぎないこと、つまり値段（レート）を決めるだけということです。したがって、お金は契約の時点では必要ありません。代金決済は、取り決めた特定期日に行なわれるからです。

先物は、厳密には、先物取引と先渡し取引に分けられます。先物取引所経由で取引されるものを先物取引といい、取引所を経由しないで店頭（OTC：Over The Counter）で取引されるものを先渡し取引といいます。

まず、なじみがある先渡し取引から見ていきましょう。「なじみがない」と思ったあなた。そんなあなたも、日常生活で先渡し取引をよくやっているんです。

■先渡し取引とはどういうものか

たとえば、あなたが古着屋に行ってビンテージ[*1]のジーンズを購入しようとしたとします。ところが、お目当てのジーンズは売れ行き好調で在庫がありません。そこで、あなたは店員に取り寄せを依頼しました。店員は「1週間後にジーンズが到着したら連絡する」と約束しました。

実は、あなたとショップの店員は、この時点で、先渡し契約を結んだことになります。1週間後に5万円でジーンズを購入するという契約内容です。つい先ほど説明したとおり、契約時点では一切お金の支払いが発生していません。このように考えてみると、私たちは、日常生活のさまざまな場面で、先渡し取引を行なっているわけです。次に、先渡し取引の代表選手である為替予約について、見ていきましょう。

●為替予約

外国為替市場においては2つの取引があります。スポット（直物）取引とフォワード（先渡し）取引です。

スポット取引は、その時点で通貨を交換する取引で、その際の交換レートを**スポットレート**と呼びます。フォワード取引は、将来のある時点で通貨を交換する取引で、その時に適用される交換レートを**フォワードレート**と呼びます。為替予約は、現時点でフォワードレートを約束するものです。たとえば、あなたがドル預金を100ドル持っているとします。為替予約をしなければ、満期日に実際にあなたが受け取る円貨額は、満期日のドル/円の為替レートによって異なります。1ドル120円であれば、12,000円受け取ることになりますし、1ドル80円であれば、8,000円になってしまいます。こうした不確実性（リスク）をなくすために、あらかじめ満期日の為替レートを予約しておくのです。この

＊1　ビンテージ（vintage）：もともとはワイン用語で「古くて価値のある極上のワイン」を示す言葉。そのうちファッション界でも使われはじめ、いまでは、価値ある年代ものの古着を指すようになりました。

為替予約レートの決定方法については、次項で説明します。

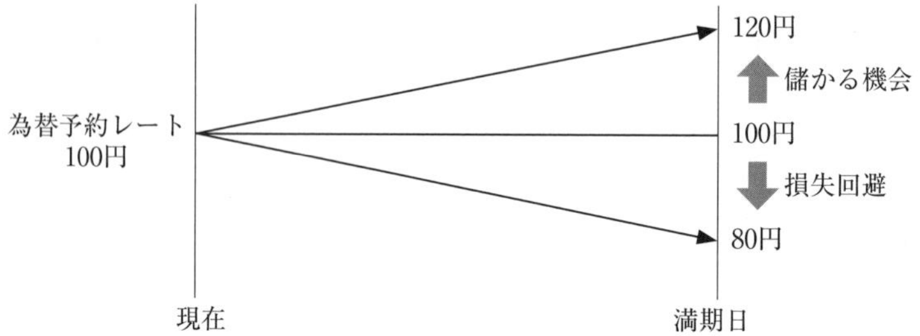

たとえば、1ドル100円で為替予約した場合、あなたは、満期日の円建ての受取額（10,000円）と確定することができます。これが先渡し取引である為替予約のメリットです。あなたは、為替相場が円高に振れて受取額が減少するリスクを回避すると同時に円安に振れて受取額が増える機会を放棄していることになります。何事にも、メリットとデメリットがあるものです。

6.2 クロスボーダー投資の評価

最近では、海外の企業や事業に投資する機会が圧倒的に増えてきました。クロスボーダーにおける投資評価は、国内案件とは違ってさまざまな問題が生じます。たとえば、事業計画が米ドル、ユーロ、円などのハードカレンシー（国際決済通貨）でない場合、為替レートの前提条件など、検討しなくてはいけないことがたくさんあります。また、新興国の投資案件の場合、カントリーリスクを考慮する必要があります。ここでは、順を追ってクロスボーダー投資ならではの検討すべきトピックを取り上げます。

■為替予約レートの決まり方

実は、ドル/円の為替レートにも裁定が働いています。つまり、あなたが100万円を１年間運用とする場合、ドルで運用しようが円で運用しようが、満期日に受け取る金額が変わらないように、為替予約レートが決められるということです。

具体的な話[*2]をしていきましょう。あなたは、いま100万円持っているとします。現在の為替レートは１ドル100円です。そして、円の市場金利が年率１％に対して、米ドルの市場金利は年率５％だとします。円預金で運用した場合は、１年後には100万円×（１＋１％）＝101万円を受け取ることができます(次ページの図)。ドルで運用した場合は、どうなるのでしょうか？。

現在の為替レートは１ドル100円ですから、100万円は米ドルに換算すれば１万ドルです。この１万ドルを年率５％のドル預金に預け入れるわけです。１年後には、１万ドルは10,000×（１＋５％）＝10,500ドルになります。

１年後の為替予約レートはどのように決まっているかというと、101万円と10,500ドルが同じになるようなレート、すなわち、

$$1\text{ドルが}96.19\text{円}\left(=\frac{1{,}010{,}000\text{円}}{10{,}500\text{ドル}}\right)$$

になっているということです。

＊2　話を簡単にするために、ここでは手数料や税金は無視します。

◆為替予約レートの仕組み

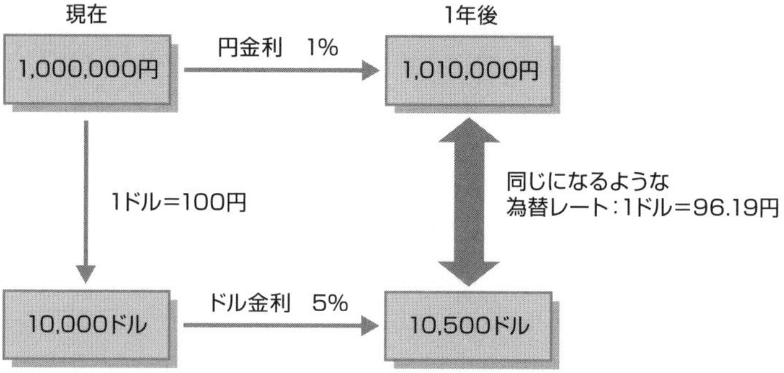

昔、米ドルの外貨預金作成時に、満期日の為替予約を同時にとって為替リスクをヘッジするという商品がありましたが、この商品は、はっきりいってナンセンスなわけです。そもそも、為替予約のレート（フォワードレート）はこのように円預金で運用しても、外貨預金で運用しても同じになるように決まるからです。外貨預金作成時に為替予約をとった時点で、あなたは米ドルで運用することのメリットを自ら放棄しているわけです。結局、うまい話[*3]は転がっていないのです。

日本と米国のどちらで運用（＝投資）しても、受取額が同じになるようにフォワードレートが決まりました。これを、**金利平価**（Interest Rate Parity）と呼びます。金利平価とは、フォワードレートは２国間の金利（１+金利）の比率で決まるというもので次の式で表わすことができます。

$$F^{\frac{yen}{USD}} = S^{\frac{yen}{USD}} \times \frac{1+r_{yen}}{1+r_{USD}}$$

$F^{\frac{yen}{USD}}$はフォワードレート、$S^{\frac{yen}{USD}}$はスポットレート、r_{yen}とr_{USD}はそれぞれの国の市場金利を表わしています。この関係式を使えば、先ほど求めたフォワードレートが１ドル96.19円と求められることがわかります。

$$F^{\frac{yen}{USD}} = S^{\frac{yen}{USD}} \times \frac{1+r_{yen}}{1+r_{USD}} = 100 \times \frac{1+1\%}{1+5\%} = 96.19$$

それでは、２年後、３年後のフォワードレートはどのように求めるのでしょ

＊3 「高い金利の外貨預金で運用でき、なおかつ為替予約をとるので円貨の受取額も決まっているので安心です」なんていう銀行員が近づいてきても、いまのあなただったら、一刀両断できるでしょう。

うか。上の式をさらに次のように一般化することができます。

$$F_t^{\frac{yen}{USD}}=S^{\frac{yen}{USD}}\times\left(\frac{1+r_{yen}}{1+r_{USD}}\right)^t$$

ここで$F_t^{\frac{yen}{USD}}$はt期におけるフォワードレート、$S^{\frac{yen}{USD}}$はスポットレート、r_{yen}とr_{USD}はそれぞれの国の市場金利を指します。

下図は、この計算をExcelで行なっているものです。上記の式を使って２年後の為替レートは、金利の比率を２乗して算出することになります。同様に、３年後の為替レートは、同様に金利の比率を３乗して算出します。

◆フォワードレート

	A	B	C	D	E	F	G	H
1		フォワードレート						
2								
3		円金利	1.0%					
4		米国金利	3.0%					
5		スポットレート	100.0					
6								
7		満期	為替レート（JPY/USD）					
8		0	100.0	<-- =C5				
9		1	98.1	<-- =$C$8*((1+$C$3)/(1+$C$4))^B9				
10		2	96.2	<-- =$C$8*((1+$C$3)/(1+$C$4))^B10				
11		3	94.3	<-- =$C$8*((1+$C$3)/(1+$C$4))^B11				

■購買力平価とは

為替レートと金利の関係について説明してきました。それでは、為替レートは、金利だけで決まるものなのでしょうか。金利平価の他に、**購買力平価**（PPP：Purchasing Power Parity）という考え方があります。これは、通貨間の購買力を一定に保つように為替レートが決定されるという考え方です。この購買力平価には、購買力に関する考え方の違いにより、絶対的購買力平価と相対的購買力平価の２つの考え方があります。

この２つの考え方を順に見ていきましょう。

絶対的購買力平価の考え方の根底にあるのは、経済学でいう「一物一価の原則」です。これは同じ物であればどの通貨で売られている物であっても、物の価格は同じはずだということです。たとえば、東京で私の大好きなビール350ml缶が240円で売られているとします。為替レートが１ドル120円であれば、ニューヨークで、同じビールが２ドルで売られているはずです。反対に２ドルで売られていれば、240円と２ドルが同じ価値と考えて、為替レートは、１ドル＝120円になります。

ただし、この絶対的購買力平価の考え方が成り立つには、ビールの輸送や保管などの取引コストがゼロであるなどの前提が必要です。実は、現実の世界では、この絶対的購買力平価に反する事例に事欠きません。一番有名な例はエコノミスト社が開発したThe Big Mac Index*4です。

これを見ると、およそ世界のビッグマックが同じ価格で売られているとはいえないことがわかります。たとえば、2022年1月時点で、日本のビックマックは390円です。これに対して、米国では5.81ドルで売られています。ここから計算される為替レートは、1ドル約67円です。なぜ、一物多価の状態のままなのでしょうか。これは、ビッグマックが輸送できないことから、裁定取引ができないこと、また、ビッグマックなどのファストフードに対する各国の人たちの嗜好の違いがあるなどさまざまなことが考えられます。簡単に輸送できるなど取引コストが低い商品や国によって嗜好の違いがそれほどないモノについてはどうでしょうか？　たとえば、東京市場とニューヨーク市場の2つの市場に上場している企業の株価はおそらく、絶対的購買力平価の考え方が成立すると考えられます。

■相対的購買力平価とは

もう1つ**相対的購買力平価**は、絶対的な為替レートの水準ではなく、それぞれの国の期待インフレ率から為替レートが決定されるという考え方です。

$$F^{\frac{yen}{USD}} = S^{\frac{yen}{USD}} \times \frac{1+i_{yen}}{1+i_{USD}}$$

$F^{\frac{yen}{USD}}$ はフォワードレート、$S^{\frac{yen}{USD}}$ はスポットレート、i_{yen}とi_{USD}はそれぞれの国の期待インフレ率を表わします。

さらに日本と米国の期待インフレ率の差が将来にわたって変化しないと仮定すれば、将来のある時点tにおけるフォワードレートは以下のように表現できます。

$$F_t^{\frac{yen}{USD}} = S^{\frac{yen}{USD}} \times \left(\frac{1+i_{yen}}{1+i_{USD}}\right)^t$$

ここでは$F_t^{\frac{yen}{USD}}$ は t 期におけるフォワードレート、$S^{\frac{yen}{USD}}$ はスポットレート、i_{yen}とi_{USD}は日本と米国のそれぞれの期待インフレ率を表わします。

さて、為替レートと期待インフレ率との関係についてはわかりました。次に大切なことは、金利と期待インフレ率との関係です。経済学で学ぶ国際フィッシャー効果に基づけば、実質金利、名目金利、期待インフレ率との間には、次

*4　The Big Mac Indexはエコノミスト社の次のサイトで見ることができます。
https://www.economist.com/big-mac-index

のような関係があります。

(1+実質金利)=(1+名目金利)/(1+期待インフレ率)[*5]　…… ①

資金移動に制約がない場合、すべての国の実質金利が等しくなります。したがって、式①の右辺はどの国の場合でも同じになります。すなわち、米国と日本の金利（名目）と期待インフレ率の関係は次のように表現できます。

$$\frac{1+i_{yen}}{1+i_{USD}}=\frac{1+r_{yen}}{1+r_{USD}}$$

それでは、先ほどと同じ例を使ってフォワードレートを予想してみましょう。このとき、金利（名目）と期待インフレ率を上記の式を使って整合的に扱えば、為替レートがまったく同じになることがわかるかと思います。日本の期待インフレ率を－２％とし、上記の式を使って米国の期待インフレ率を算出しています。

◆米国の期待インフレ率

	A	B	C	D	E	F	G	H
1		フォワードレート						
2								
3		円金利	1.0%					
4		米国金利	3.0%					
5		スポットレート	100.0					
6								
7		満期	為替レート(JPY/USD)					
8		0	100.0	<-- =C5				
9		1	98.1	<-- =$C$8*((1+$C$3)/(1+$C$4))^B9				
10		2	96.2	<-- =$C$8*((1+$C$3)/(1+$C$4))^B10				
11		3	94.3	<-- =$C$8*((1+$C$3)/(1+$C$4))^B11				
12								
13		日本インフレ率	-2.0%					
14		米国インフレ率	-0.1%	<-- =(1+C13)*(1+C4)/(1+C3)-1				
15								
16		満期	為替レート(JPY/USD)					
17		0	100.0	<-- =C5				
18		1	98.1	<-- =$C$17*((1+$C$13)/(1+$C$14))^B18				
19		2	96.2	<-- =$C$17*((1+$C$13)/(1+$C$14))^B19				
20		3	94.3	<-- =$C$17*((1+$C$13)/(1+$C$14))^B20				
21								

クロスボーダーの投資評価では時としてフォワードレートを予測する必要があります。その際の理論的な考え方は、金利平価と相対的購買力平価が基本となります。上記のように金利と期待インフレ率を整合的に扱えば、両者は同じ結果になります。実務では、金利と期待インフレ率の入手のしやすさで使い分

＊5　コラム「インフレーションと金利」（256ページ）をお読みください。

ければいいと思います。期待インフレ率はIMF（国際通貨基金）のデータベースから入手可能です。

▣自国通貨法と外国通貨法とは

クロスボーダーでの投資評価、企業価値評価を行なう際、事業計画は外貨建てで作成することが一般的です。ここで大事なことを言っておきます。投資評価、企業価値評価のいずれにしても、キャッシュフロー予測をどんな通貨で行なったとしても同じ結果になるはずです。もし違っていたら、私たちの計算が間違っていることになります。外貨建ての事業や企業の価値評価の方法には、自国通貨法と外国通貨法の２つがあります。この２つの方法の違いは、現在価値算出時の割引率が自国通貨建てなのか外国通貨建てなのかの違いです。

●自国通貨法

この方法のプロセスは次のとおりです。

① 事業計画を外国通貨建てで作成します。
② 外国通貨建てのキャッシュフローをフォワードレートで自国通貨に変換します。
③ **自国通貨建ての割引率**を算定します。
④ キャッシュフロー（自国通貨建て）を割引率（自国通貨建て）で現在価値に割り引きます。

キャッシュフローを自国通貨建てに変換するときにフォワードレートを使うことから、この自国通貨法は、フォワードレート法と呼ばれることもあります。

●外国通貨法

この方法のプロセスは次のとおりです。

① 事業計画を外国通貨建てで作成します。
② **外国通貨建ての割引率**を算定します。
③ キャッシュフロー（外国通貨建て）を割引率（外国通貨建て）で現在価値に割り引きます。
④ 算出された現在価値（外国通貨建て）をスポットレートで自国通貨建てに変換します。

この方法は算出された現在価値（外国通貨建て）を最後にスポットレートで自国通貨建ての現在価値に変換することから、スポットレート法と呼ばれることがあります。

◆自国通貨法と外国通貨法

	CF	割引率	現在価値
自国通貨法（フォワードレート法）	外国通貨建て→自国通貨建て ※CFをフォワードレートで自国通貨建てに変換	自国通貨建て	自国通貨建て
外国通貨法（スポットレート法）	外国通貨建て	外国通貨建て	外国通貨建て→自国通貨建て ※算出された現在価値をスポットレートで自国通貨建てに変換

実務で、外国通貨建てのCFをそのまま円建ての割引率で割り引くという間違いがよく見られます。**キャッシュフローと割引率の通貨を合わせる**のが基本であることを肝に銘じておいてください。

●自国通貨法の例

まずは、自国通貨法を具体的に見ていきましょう。あなたの会社は、タイに事業投資を行なうことを検討しています。タイの現地法人は、下図にあるようなキャッシュフロー予測を作ってきました。前提条件は次のとおりです。NPV（円建て）を求めてください。

> **タイのリスクフリーレート　6%**
> **日本のリスクフリーレート　1%**
> **スポットレート（円/バーツ）：1バーツ＝3.6円**
> **あなたの会社のハードルレート（円建て）：10%**

◆クロスボーダー投資判断（自国通貨法）

	A	B	C	D	E	F	G	H	I
1		クロスボーダー投資判断（自国通貨法）							
2									
3		リスクフリーレート（タイ）	6.00%						
4		リスクフリーレート（日本）	1.00%						
5		スポットレート（円/バーツ）	3.6						
6		ハードルレート（円）	10.00%						
7									
8		日本							
9		年度	0	1	2	3	4	5	
10		キャッシュフロー（バーツ）	-1,300	400	450	510	575	650	
11		フォワードレート	3.6	3.4	3.3	3.1	3.0	2.8	<-- =$C$5*((1+$C$4)/(1+$C$3))^H9
12		キャッシュフロー（円）	-4,680	1,372	1,471	1,588	1,706	1,838	<-- =H10*H11
13		割引係数	1.00	0.91	0.83	0.75	0.68	0.62	<-- =1/(1+$C$6)^H9
14		各CFの現在価値	-4,680	1,247	1,216	1,193	1,165	1,141	<-- =H12*H13
15		NPV（円）	1,282.6	<-- =SUM(C14:H14)					

あなたは何をすべきでしょうか？　まずは、バーツ建てのキャッシュフローを円建てに換算する必要があります。現時点のバーツはスポットレートで円貨に換算できます。キャッシュフロー（バーツ）を円換算するには、フォワードレートを求める必要があります。フォワードレートの予測には2つの方法がありました。金利平価法と相対的購買平価法です。ここでは前提条件として金利（リスクフリーレート）があります。したがって、以下の金利平価の一般式を使うことになります。

$$F_t^{\frac{yen}{baht}} = S^{\frac{yen}{baht}} \times \left(\frac{1+r_{yen}}{1+r_{baht}}\right)^t$$

ここで$F_t^{\frac{yen}{baht}}$はt期におけるフォワードレート、$S^{\frac{yen}{baht}}$はスポットレート、r_{yen}とr_{baht}はタイと日本のそれぞれの金利（リスクフリーレート）を表わします。

すべてのキャッシュフローを円貨に換算した後、あなたの会社のハードルレート（円建て）10%で割り引きます。NPVは、1,282.6円（セルC15）と計算できました。

●外国通貨法の例

それでは、同じ案件を外国通貨法で評価してみましょう。外国通貨法は、外国通貨建てのキャッシュフローを外国通貨建ての割引率で割り引くことになります。したがって、あなたの会社のハードルレート（円建て）10%をバーツ建てに変換する必要があります。

ハードルレートは投資に対する要求収益率（リターン）です。247ページの為替予約のレート（フォワードレート）の決まり方で説明したとおり、どちらの通貨で運用しても実質的なリターンは変わりませんでした。ハードルレートの変換にも同じことがいえます。つまり、ここにも金利平価の考え方が適用できるというわけです。

金利平価の考え方に基づき、自国と外国の金利差は、自国と外国のハードルレートとの関係に変換することができます。また、購買力平価の考え方では、両国の期待インフレ率の差は、自国と外国のハードルレートとの関係に置き換えることができます。この関係式は次のとおりです。

$$\frac{1+\text{ハードルレート}_{baht}}{1+\text{ハードルレート}_{yen}} = \frac{1+r_{baht}}{1+r_{yen}} = \frac{1+i_{baht}}{1+i_{yen}}$$

したがって、ハードルレート_{baht}は次の式で求められます。

$$\text{ハードルレート}_{baht} = (1+\text{ハードルレート}_{yen}) \times \left(\frac{1+r_{baht}}{1+r_{yen}}\right) - 1$$

◆クロスボーダー投資判断（外国通貨法）

	A	B	C	D	E	F	G	H	I	J
1		クロスボーダー投資判断（外国通貨法）								
2										
3		リスクフリーレート（タイ）	6.00%							
4		リスクフリーレート（日本）	1.00%							
5		スポットレート（円/バーツ）	3.6							
6		ハードルレート（円）	10.00%							
7		ハードルレート（バーツ）	15.45%	<-- =(1+C6)*((1+C3)/(1+C4))-1						
8										
9		タイ								
10		年度	0	1	2	3	4	5		
11		キャッシュフロー（バーツ）	-1,300	400	450	510	575	650		
12		割引係数	1.00	0.87	0.75	0.65	0.56	0.49	<-- =1/(1+$C$7)^H10	
13		各CFの現在価値	-1,300	346	338	331	324	317	<-- =H11*H12	
14		NPV（バーツ）	356.3	<-- =SUM(C13:H13)						
15		スポットレート（円/バーツ）	3.6	<-- =C5						
16		NPV（円）	1,282.6	<-- =C14*C15						

円建てのハードルレート10%は、バーツ建てでは15.45%と計算できます（セルC7)。

このハードルレートでNPVを算定すると356.3バーツとなります。このNPVをスポットレートで円建てに換算すると先ほどと同じく1,282.6円（セルC16）となります。このように自国通貨法と外国通貨法では同じNPVが算出されます。

ただし、２つの方法で同じ結果になるためには、金利（リスクフリーレート)、期待インフレ率、フォワードレートに関して別々の仮定をおくことはできません。具体的にいえば、次の条件を満たす必要があります。

① 特定通貨の期待インフレ率に関する仮定は当該通貨での金利と整合していること

② ２つの通貨間の変換はフォワードレートを適用し、そのフォワードレートは当該通貨間の期待インフレ率と金利の差異と整合していること

２つの条件を満たす場合、自国通貨法と外国通貨法では同じ結果になります。

Column

インフレーションと金利

インフレーション（以下、インフレ）とは、お金の価値が減少し、購買力が低下する現象をいいます。

現在、私たちが金利5%で100万円預金すると、1年後に105万円になります。インフレ率（物価上昇率）が3%だとすると、現在100円の缶コーヒーが1年後には、103円に値上がりすることを意味します。今、100万円で缶コーヒーを買うとすると、10,000本購入することができます。一方、1年間銀行に100万円を預けると、1年後には105万円になるので、缶コーヒーを10,194本（＝105万円/103円）買うことができます。つまり、金利5%で銀行にお金を預けておくと、1年後には、買える缶コーヒーの本数を1.94%増やすことができたのです。このとき、銀行預金の金利5%を名目金利、1.94%を実質金利といいます。

名目金利とは、投資した金額の変化率であり、実質金利は、購入できる量の変化率といえます。

一般的に実質金利と名目金利の間には次のような関係式が成り立ちます。

1＋名目金利＝（1＋実質金利）×（1＋インフレ率）

金利に実質と名目があるように、キャッシュフローにも実質と名目があります。名目キャッシュフローは、実際に私たちが受け取ったり、支払ったりする金額です。実質キャッシュフローは、現時点での購買力を表わします。

インフレの扱いには注意が必要ですが、ここでの基本原則はそれほど難しいものではありません。キャッシュフローが名目の場合は、割引率も名目にすること。また、キャッシュフローが実質の場合は、割引率は実質にすべきであるということ。私たちが使用する割引率のベースとなる資本コストは名目です。金利、割引率、収益率など、ファイナンスで使う利率はたいてい名目ベースです。また、予測するキャッシュフローも実際に企業が手にするキャッシュですから、名目キャッシュフローです。したがって、多くの場合、私たちは、名目キャッシュフローに対して、名目ベースの割引率を対応させているわけです。

6.3 先物取引の特徴

■取引所の存在

先物取引は、先述したとおり、取引所経由で行ないます。そのため、取引対象となる商品が標準化されています。この点が、売り手と買い手との間で取引商品を決定する店頭取引とは異なります。特に、取引所取引と店頭取引の違いを特色付けているのは、**カウンターパーティーリスク**（counterparty risk）の存在です。カウンターパーティーリスクとは、契約後に取引する相手（カウンターパーティ）が破綻するなどして契約が履行されずに損失が発生するリスクのことです。

◆取引所の果たす役割

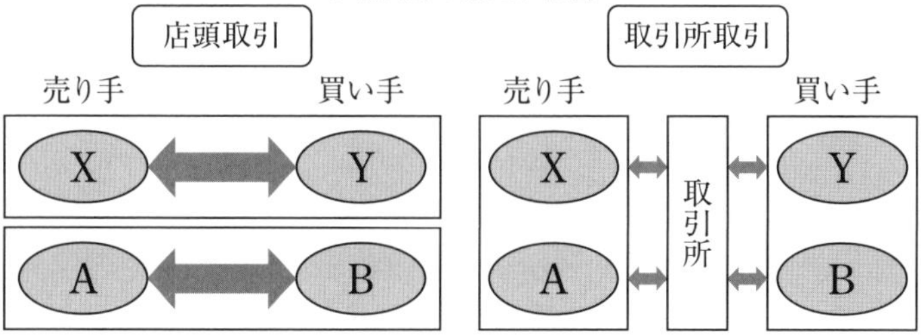

取引所は、売り手と買い手の間に入ることによって、それぞれのカウンターパーティーリスクを肩代わりする役目を担っています。その代わり、先物取引をする場合は、私たちは取引所の会員になっている証券会社（証券取引所会員）や商品取引業者などに証拠金を差し入れる必要があります。

取引参加者が実際に決済してくれなくては取引所も困りますから、損をした場合に確実にその損失額を回収できるように、あらかじめ証拠金を入れておくことを取引参加者に義務付けているのです。

●値洗いを行なう

先物価格は、刻一刻と変動します。したがって、あなたの先物契約の損益もその先物価格の変化に応じて、刻一刻と変化します。取引所では、先物契約の損益を毎日計算し、損を出した参加者の証拠金から損失分を差し引いていきます。もちろん、あなたが利益を出していたら、証拠金はその分だけ増えるわけです。このように毎日、**値洗い**（marked to market）するのも先物取引の特徴です。

ここでのポイントは、この決済を毎日行なうことです。こうすることによって、市場参加者が期日到来までに損失を累積させて、債務不履行となってしまうことを防ぐわけです。また、この先物取引では、決済時に実際に商品の受け渡しが行なわれることはまずありません。通常は、受け渡し前に**反対取引**[*6]を行ない、その時点の先物価格との差額を決済します。これを**差金決済**（さきん）と呼びます。

●先物取引の実際

実際にTOPIX（東証株価指数）の先物取引を見てみましょう。先物取引は、将来原資産の価格が上昇すると予測した場合は「先物買い」、反対に価格が下落すると予測した場合は「先物売り」が基本です。

◆先物取引の基本的な考え方

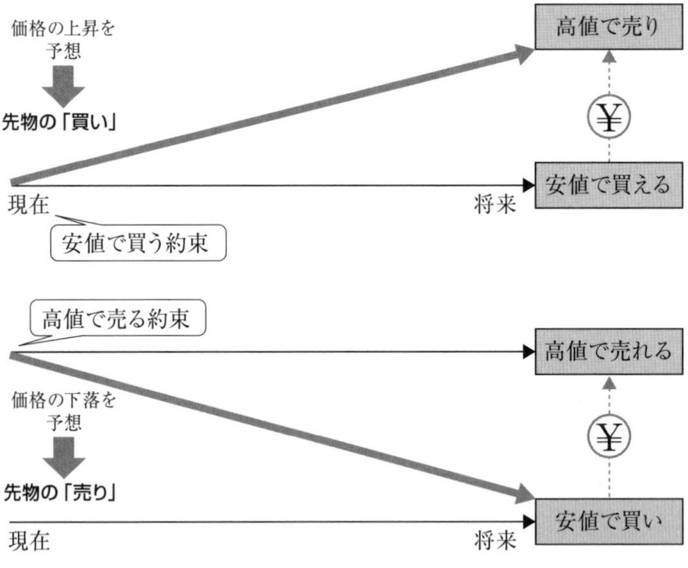

TOPIX先物の満期日は４日先で、現在のTOPIX先物は1,020ポイントとしま

＊6　反対取引とは、「売り」、「買い」の反対サイドの取引を行なうことです。たとえば、あなたが先物を買うというポジションの場合は、「売り」の反対取引を行ない、取引を締めるわけです。

す。ここでは話を簡単にするため、手数料、税金などは考えないことにします。

4日後のTOPIXが上昇すると考えたあなたは、先物1枚（1単位：先物約定価格×1万円）を購入しました。これを「1,020ポイントで1枚の買持ち（ポジション）」といいます。あなたは、1,020ポイント×1万円＝10,200,000(円)相当の買持ちポジションをとったわけです。

ここで重要なことは、**先物は契約**だということ。つまり、あなたは先物取引を行なうに当たって、実際に現金を支払う必要はないということです。その代わり、証券取引所に証拠金を積む必要があります。その率を10%とすると、必要な証拠金額は、

10,200,000円×10%＝1,020,000（円）

です。あなたは、10分の1の金額で、10,200,000円のポジションを持ったことになるわけです。このように、少ない金額で大きな取引を行なうことを、レバレッジ（てこ）を効かせるといったりします。このレバレッジ効果[*7]が、先物取引の魅力であり、怖さでもあるわけです。

（単位：万円）

	先物価格（ポイント）	当日の損益	証拠金入金	証拠金残高
1日目	1,020		102	102
2日目	980	−40	40	102
3日目	1,050	70		172
4日目	1,070	20		192
		証拠金入金累計	142	

次の日、TOPIXはあなたの期待を見事に裏切り、980ポイントまで下落してしまいました。あなたのポジションの価値は、あっという間に、

980×1万円＝9,800,000(円)

に下落し、評価損益は、

9,800,000円−10,200,000円＝−400,000(円)

となりました。あなたは、400,000円の損失を抱えてしまったことになるわけです。

先物取引では、この損失をそのままにしておくことはできません。損失分の

＊7　5,000万円のマイホームを購入するのに、1,000万円の自己資金に4,000万円の住宅ローンというのも、実はレバレッジを掛けていることになります。先物がこわいと思ったあなたも、レバレッジとは無縁というわけにはいかないのです。

400,000円の追加保証金を取引所に差し入れなければ、取引を続けることができません。この追加保証金を**追証**（おいしょう）と呼びます。決して、「証拠金に追っかけられる」という意味ではありません。

また、このように毎日、評価損益を計算するのが「**値洗い**」と呼ばれる制度で、取引所の健全性を維持する重要な機能を持っています。追証に応じることができない場合は、あなたは、先物をこれ以上取引する資力がないものと見なされて、強制的に退場させられるわけです。そこで、あなたは損失分の400,000円の追加保証金を差し入れました。この値洗いによって、あなたのポジションは「980ポイントで１枚の買持ち」に再評価されました。

翌日、TOPIXは上昇に転じました。先物も値上がりし、清算指数が1,050ポイントになったので、「(1,050－980)×1万円＝700,000円」の利益を受け取ることになります。ここで、また値洗いが行なわれ、「1,050ポイントで１枚の買持ち」ポジションとなりました。

いよいよ満期日になり、最終清算指数は1,070ポイントと決まりました。

前日に「1,050ポイントで１枚の買持ち」というポジションを持っているあなたは、TOPIX先物の評価額（1,050×1万円）を支払って、最終評価額（1,070×1万円）を受け取ることになります。実際には、両評価額の差額を授受します。すなわち、

(1,070－1,050)×1万円＝200,000(円)

という計算によって、「売買損益の差額だけを受け渡す」ことになります。これに加え、前日までの証拠金1,720,000円も返還してもらい、計200,000＋1,720,000＝1,920,000(円）を受け取り、取引･決済はすべて終了です。いままで、あなたが差し入れた証拠金は、累計1,420,000円ですから、500,000円の儲けです。

ところで、あなたは、先物を1,020ポイントで買ったはずです。この500,000円の儲けはあなたにとって、どういう意味があるのでしょうか。毎日、値洗いを行なって、何だかわからなくなってしまった人もいるかもしれません。実は、結果的にあなたは、TOPIX先物を1,020ポイントで購入し、1,070ポイントで売却したことになるわけです。これは、次のような計算からも確認できます。

(1,070－1,020)×１万円＝500,000円

ほんと、先物取引ってうまくできていますよね。

■先物取引と先渡し取引って同じ？

先物取引を見てくると、先渡し取引との違いがわからなくなってきたかもしれません。両者は、「将来の特定期日に現時点で取り決めた価格で特定の商品を売買する取引」という意味ではまったく同じです。しかし、先物取引で行なわれる値洗い制度は、先渡し取引とは、まったく違った効果を出すのです。

第1にいえることは、キャッシュフローのタイミングです。先渡し取引であれば、実際に現金が必要になるのは決済日です。したがって、あなたは決済日当日までに現金を用意しておけばいいわけです。一方、先物取引の場合は、最終的な正味のキャッシュフローは予測できるものの、毎日値洗いが行なわれるために、決済日までのキャッシュフロー・パターンはまったく予測することができません。

たとえば、先物購入直後の大幅な価格下落は、先ほどのTOPIX先物の例からわかるように、先物の買い手にとっては、即座のキャッシュ・アウトを意味します。このような決済日前の突然のキャッシュ・アウトに対応するために、あなたは常に余分な現金を用意していなくてはいけません。この資金コストもバカにはできないのです。

先渡し取引との違いの第2に、先物取引が非常によくできたシステムであることがあげられます。このことを、先ほどのあなたが古着屋と交わした先渡し契約の例で見てみましょう。

売れ行き好調だったあなたのお目当てのビンテージ・ジーンズに対する人気が急激に下落したとしましょう。それに伴って、価格も5万円から3万5,000円に下落してしまいました。あなたとショップとの間で結んだ先渡し契約では、ジーンズの価格は5万円です。すると、あなたには、契約を履行しないというインセンティブ（動機）が生まれます。他のショップで安く買えるかもしれないものを、わざわざ5万円で買ったりはしませんよね。

逆に、そのジーンズがさらに話題になり、人気が急上昇。価格も、5万円だったものが、いまやプレミアがついて7万5,000円になっているとしましょう。すると今度は、ショップのほうがあなたに5万円で売りたくなくなります。ショップにとって、契約を履行しないというインセンティブ（動機）が生じるのです。

このように、先渡し取引では、価格がどちらの方向に動いても、契約の一方に契約不履行のインセンティブが生じるわけです。こうした問題があるので、先渡し契約は、お互いに信頼できる相手と結ばれます。一方の先物取引は取引所が取引相手であることから決済リスクはありません。

先物取引と先渡し取引の違いをまとめると、下の表のようになります。

◆先物取引と先渡し取引

	先物取引（futures）	先渡し取引（forward）
取引形態	先物取引所経由	店頭取引（取引所は経由せず）
取引対象品	取引内容は取引所が定めたものに限定 例）商品先物、債券先物、通貨先物	売り手と買い手の間で、取引商品を決定 例）為替予約取引等
決済日	通常は、期日前に反対取引を行ない、取引を清算	期日に現物を受渡し
決済リスク	取引相手が取引所のため決済リスクなし	相手方の債務不履行などの決済リスクあり
その他	取引所に一定の証拠金を積む必要あり	売り手と買い手の間で、取引内容を決められる

6.4 スワップ取引とは

スワップとは、英語のSWAP（交換）からきています。**スワップ取引**とは、**将来の特定期日に、ある対象物を交換すること**を意味します。取引で交換されるものによって、金利スワップ、通貨スワップ、エクイティスワップ、コモディティスワップなどの種類に分けることができます。

スワップ取引は、東京金融取引所（TFX：Tokyo Financial Exchange）など一部の取引所で上場しているケースがありますが、ほとんどが取引所を通さずに、企業と金融機関、あるいは金融機関同士という店頭（OTC：Over The Counter）取引で行なわれています。ここでは、典型的なスワップ取引である金利スワップと通貨スワップを見ていきましょう。

■金利スワップとは

金利スワップは、同一通貨で異なる金利を交換する取引です。デリバティブ取引の中でも、「銀行員であれば、知っているのは当たり前」とかつてはいわれたものです。いまでは、事業会社の経理・財務部門の人も知っておく必要がある商品ですので、ちょっと詳しく説明します。

金利スワップは、主に金利変動リスクを回避するために、固定金利と変動金利のキャッシュフローを交換する取引です。このタイプのスワップは、金利スワップの中でも最も基本的なものです。そのため、**プレーンバニラスワップ**（plain vanilla swap）と呼ばれています。アイスクリーム好きであれば、プレーンバニラがアイスクリームの基本であることはご存知でしょう。固定金利と変動金利の通貨が異なる場合は、為替スワップといいますが、ここでは、同一通貨間の取引でスワップの基本形である金利スワップについて説明します。

キャッシュフローを交換すると述べましたが、ここで交換するのは、元本をベースとして計算された金利のみで、当事者間で元本そのものを交換することはありません。そのため、この元本を**想定元本**といいます。この金利スワップも先物取引と同じように、契約時点では「約束」だけです。

具体的に考えてみましょう。あなたの会社が、発電所建設プロジェクトへの新規投資を計画していて、固定金利で資金を調達したいと考えています。ところが、あなたの会社は変動金利による借り入れしかできず、仕方なくA銀行から、変動金利で調達しました（下図）。

◆変動金利で資金調達－①

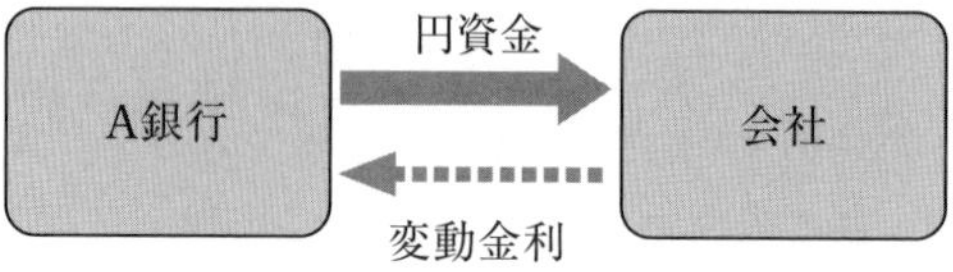

あきらめきれないあなたは、B銀行との間で、固定金利を支払い、変動金利を受け取る金利スワップ契約を結びました。

◆別のB銀行と金利スワップ契約締結－②

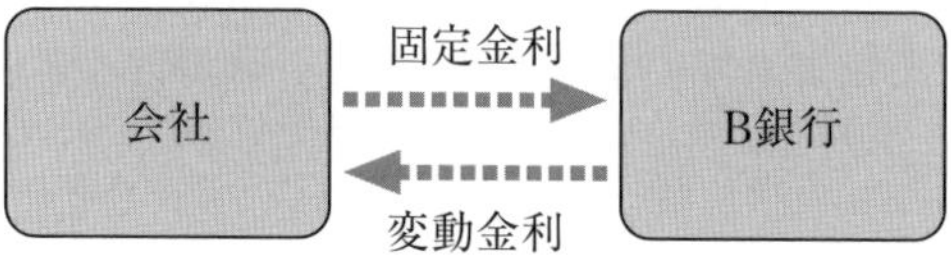

下図を見てください。ここまでの資金調達に伴う金利の支払いと受け取りをまとめたものです。あなたはA銀行から変動金利で借り入れを行ないました。あなたは、A銀行に借入利息として変動金利を支払うことになりますが、同時にB銀行から変動金利を受け取ります。そうすると、変動金利部分が相殺されて、実質的には、B銀行に支払う固定金利部分だけ残ることになります。

◆①と②による資金調達と金利スワップのイメージ

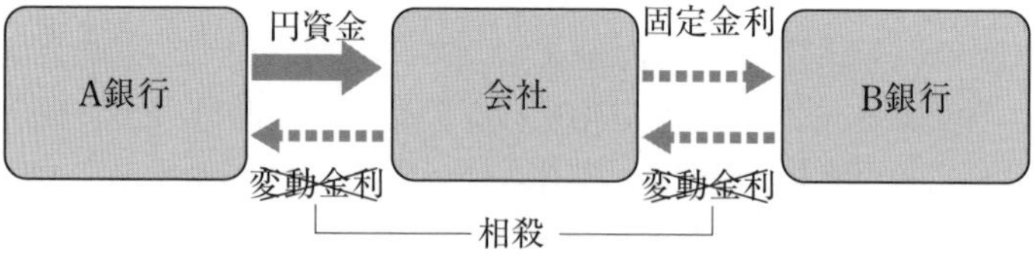

あなたは、結果的に固定金利で借り入れを行なったことになりました。ここで、スワップ取引の重要なことをいっておきましょう。**スワップ取引は、元本のお金のやり取りがない契約だけの世界**ということです。元本分のお金が必要ないのです。したがって、銀行にとっても、バランスシートを増やすことなしに効率よく利益を上げることができます。だから、売り込みに一生懸命なわけです。

金利スワップでは、元本のお金は動きません。動くのは、想定元本に対する利息の支払いだけです。B銀行は、当然のことながらマージンをとっています。これはすなわち、銀行にとっては、預金の受け入れ（調達）と貸出し（運用）を同時に行なうのと同じ経済効果があるということです。しかも、元本分のお金がまったく必要ないのです。これは信用リスク（相手先の倒産リスク）が大きくならないということでもあります。

たとえば、B銀行が10億円を貸していた企業が倒産してしまった場合は、10億円がパーになってしまいます。ところが金利スワップの場合は、相手先企業が倒産したとしても、金利スワップのリプレイスメントコスト[*8]しかかかりません。したがって、銀行にとっても願ってもない金融商品なのです。

■通貨スワップとは

通貨スワップ（currency swap）とは、異なる通貨のキャッシュフローを交換する取引です。いま、あなたの会社がアメリカで資金調達したいと考えているとします。しかし、アメリカではまだ知名度が低いため、どうしても調達コストが高くなってしまいます。反対に、日本ではまったく無名のアメリカ企業が日本で資金調達したいと考えているとします。このような場合、お互いの会社がそれぞれの国で自国通貨で資金調達をして、その元本と金利を交換すれば、お互いの母国での信用力を活用した、低金利の資金を調達することができ、双方にとってメリットがあるというものです。

◆通貨スワップのイメージ

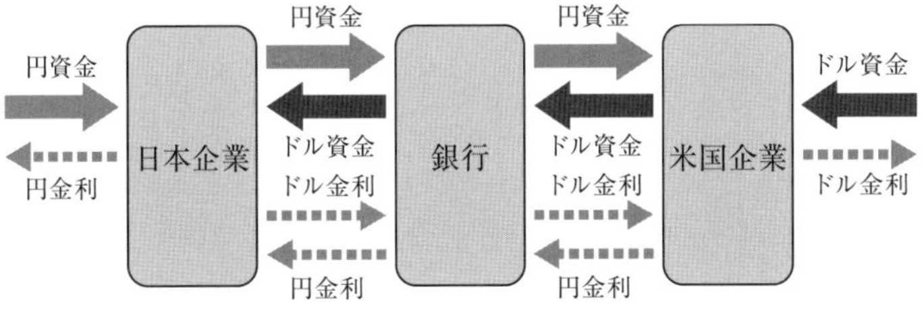

上の図のように、あなたの会社は日本円で資金調達し、それをアメリカ企業に渡します。その代わりに、アメリカ企業から米ドル資金を受け取ります。金

*8　再構築コストともいいます。相手先の倒産などにより、取引を別の第三者とやり直すときにかかるコストを指します。言いかえれば、取引（残存期間部分）をいまの市場で取り組む際にかかるコストともいえます。

利については、あなたの会社は米ドル金利を支払い、アメリカ企業は円金利を支払うという契約をします。

このように、通貨が異なるキャッシュフローを交換する取引を通貨スワップと呼んでいます。

▣スワップの価値とは

最初に重要なことをいいましょう。**スワップで交換されるキャッシュフローの現在価値の合計は、取引開始時点ではまったく同じである**ということです。スワップには、固定金利から変動金利、もしくは変動金利から固定金利に交換するだけの単純なものから、将来のある時点のキャッシュフローに対するオプションを取引するものなど、さまざまな種類があります。

とはいうものの、どれだけ複雑なスワップといえども、

- 将来のキャッシュフローの交換であり
- そのキャッシュフローの現在価値の合計は取引開始時点では等しい

という原則は、どんな場合も成立することを覚えておいてください。

◆受取サイドと支払サイドのキャッシュフローの現在価値

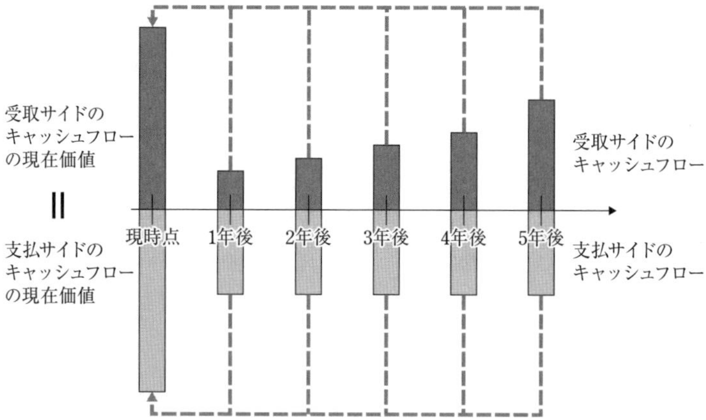

具体例をあげて説明していきましょう。次のようなスワップ契約があるとします。あなたは、この先、金利は上昇していくと考え、金利が高くなる前に、B銀行とスワップ契約を結び、変動金利の借り入れを固定金利化したいと考えています。

設　例

【スワップ契約内容】

想定元本：１億円

期間：５年

変動金利：TIBORベース

金利の交換：１年ごと

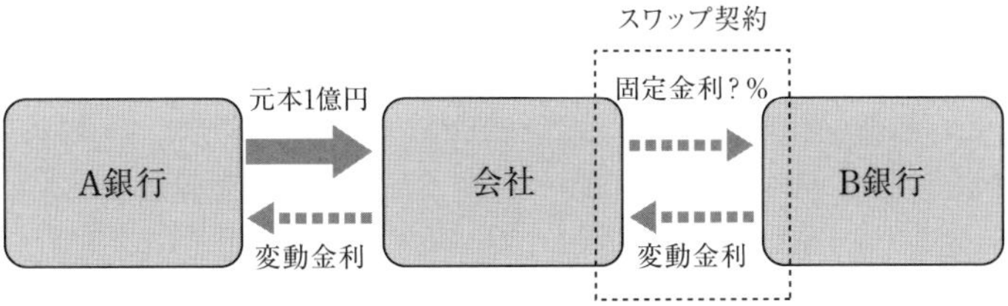

【スワップ取引契約時点】

今後５年間のTIBORは、次のように変化すると予想されているとします。

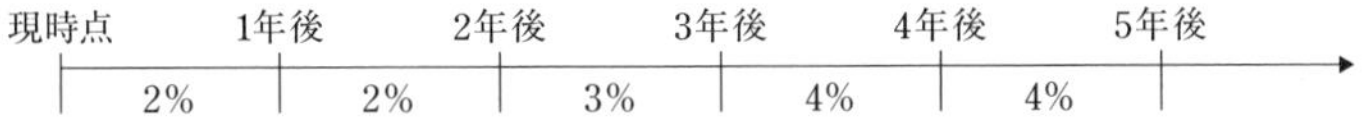

B銀行から変動金利を受け取る代わりに、あなたは、いくらの固定金利を支払えばいいのでしょうか？

そうです。５年後の受取額がまったく同じになるような固定金利を探してくるわけです。いま、あなたが１円を持っているとしましょう。それを固定金利 r ％で運用すると５年後の受取額は、$(1+r\%)^5$ です。

一方、変動金利で運用すると、

$$(1+2\%)\times(1+2\%)\times(1+3\%)\times(1+4\%)\times(1+4\%)$$

になるわけです。したがって、次のような関係式が成り立ちます。

$$(1+r\%)^5=(1+2\%)\times(1+2\%)\times(1+3\%)\times(1+4\%)\times(1+4\%)$$

$$r\%=3.0\%$$

実際に、期間５年の変動金利と固定金利３％の金利スワップ取引の変動金利、固定金利のキャッシュフローの現在価値を計算してみましょう。

◆変動金利と固定金利のキャッシュフロー

単位：万円

年数	変動金利のキャッシュフロー			固定金利のキャッシュフロー		
	利息	DF	現在価値	利息	DF	現在価値
1年目	200	0.9804	196.1	300	0.9709	290.9
2年目	200	0.9612	192.2	300	0.9427	282.4
3年目	300	0.9332	280.0	300	0.9152	274.2
4年目	400	0.8973	358.9	300	0.8886	266.2
5年目	400	0.8628*9	345.1	300	0.8628	258.5
合計			1,372.3			1,372.3

すると、取引開始時点では、変動金利のキャッシュフロー（受取利息）の現在価値と固定金利のキャッシュフロー（支払利息）の現在価値が等しいことがわかります。

【3年経過後】

契約上、あなたは1年ごとにTIBORを受け取り、固定金利3％を支払うことになっています。スワップ契約当初から3年が経過したとき、金利が当初の予想に比べて上昇しました。この時点でのスワップの価値を計算してみましょう。

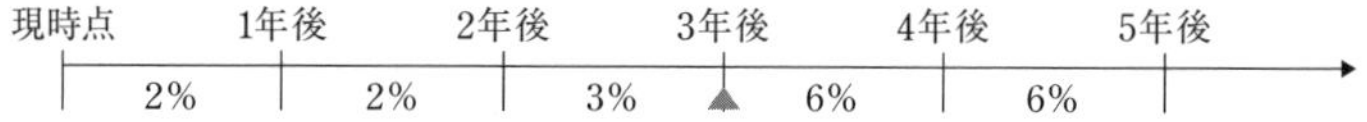

単位：万円

年数	変動金利のキャッシュフロー			固定金利のキャッシュフロー		
	利息	DF	現在価値	利息	DF	現在価値
4年目	600	0.9434	566.0	300	0.9709	290.9
5年目	600	0.8900	534.0	300	0.9427	282.4
合計			1,100.0			573.3

3年経過した時点で市場金利が上昇したことから、変動金利のキャッシュフローの現在価値1,100.0万円に対して、固定金利のキャッシュフローの現在価値573.3万円です。あなたは、変動金利を固定金利化したことで現在価値の差額の526.7万円だけ利息を減らすことができたことになるのです。

細かい現在価値の計算方法はともかく、**このようにスワップは、取引開始時点では等価のキャッシュフローの交換だったものが、その後の市場金利の変動にしたがい、等価ではなくなる**ということを押さえてください。

---

*9　DF：Discount Factorについては、30ページを参照してください。
　　DF：$0.8628 = 1/\{(1+2\%)\times(1+2\%)\times(1+3\%)\times(1+4\%)\times(1+4\%)\}$

■スワップ取引にひそむ罠

取引所を通して取引が行なわれている先物や、あとで説明するオプションは、取引された価格が投資参加者にすべて知れわたるという意味において、価格の透明性が保たれているといえます。一方、スワップなどの店頭取引は、当事者間のオーダーメイドで商品が作られることが多いため、価格の透明性が劣ることがあります。

確かに、店頭取引で行なわれているスワップ取引も、プレーンバニラ型の単純なものについては、市場価格の情報を得ることはそんなに難しいことではありません。

ところが、その商品が複雑になり、市場で取引されていないものほど、理論価格がわかりにくくなります。というのは、商品を提供する金融機関などのモデルによって算出された、理論価格をベースに取引が行なわれるからです。商品を売るほうからすれば、コストと価格の構造が不透明になればなるほど、儲かるというのもまた現実です。

当たり前のことですが、その商品の理論価格の妥当性が判断できないときは、手を出さないというのが鉄則です。つまり、取引所を通さない相対取引にはリスクが存在することを、十分気をつける必要があるということです。

以下のケースは、私がビジネススクールのケーススタディで学習したP&Gとバンカーズトラストのスワップ取引[*10]です。このケースは非常に有名で、このスワップ契約によって、P&Gは多額の損失を被りました。ちょっと特殊な例なので、興味がないという人は読み飛ばしてしまっても問題ありません。

P&Gとバンカーズトラストが、想定元本2億ドル、期間5年のスワップ契約を結んだのは、1993年11月のことです。P&Gは、将来的に金利は低下するだろうという予測のもと、財務コスト削減のためにこのスワップ取引を締結しています。その証拠にこのスワップは、P&Gが、バンカーズトラストから5.3%の固定金利を受け取り、その代わりに変動金利を支払うという契約になっています。

＊10　このスワップ取引の詳細な分析は、可児滋著『デリバティブの落とし穴』（日本経済新聞社）にわかりやすく説明されています。

◆P&Gとバンカーズトラストのスワップ取引

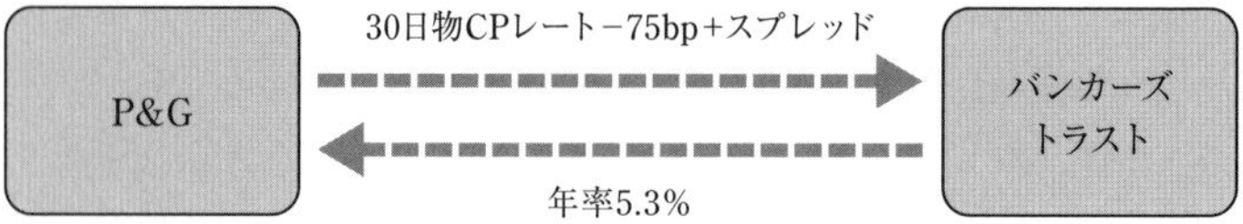

スプレッドの内容

(1) 当初の半年間のスプレッド＝ゼロ

(2) 残りの4.5年間のスプレッド＝$MAX\left(0,\dfrac{\dfrac{98.5}{5.78\%}\times 5\text{年物}CMT^{※}(\%)-30\text{年物財務省証券価格}}{100}\right)$

※CMT(Constant Maturity Treasury)

実は、この変動金利は複雑怪奇なルールに基づくものでした。残りの4.5年間のスプレッドがまさに曲者です。このスワップの変動金利のスプレッドの式の中に「×」の記号が入っていることに注意してください。これは、このスワップには、レバレッジが効いていることを意味しています。

つまり、このスワップは少しでも金利が上昇すれば、レバレッジ効果によって、大きくスプレッドが拡大する仕組みになっていたわけです。金利は、P&Gの予想に反して上昇してしまいました。そこで、P&Gは期日前に解約を申し入れました。しかし、時すでに遅し。結果的にP&Gは、想定元本の半分に当たる１億ドルに近い損失を被ることになったわけです。

このようにスワップの中には、キャッシュフローの計算式の中にレバレッジを効かせるように乗数が組み込まれていて、金利のわずかな動きによっても、キャッシュフローがとてつもない金額に膨れ上がるモノもあります。したがって、私たちは、スワップ契約をする際には、金利がいくら動いたら、どれだけキャッシュフローが変化するかなどの金利感応度を把握する必要があります。

6.5 オプションとは

■オプションは「保険」

オプションは、デリバティブ取引の代表選手といえるかもしれません。数学が苦手な人は、オプションと聞いただけで尻込みするかもしれませんが、オプションの考え方そのものは、それほど難しいものではありません。確かに、オプション価格理論を完全に理解するためには、高等数学が必要とは思いますが……。

簡単にいってしまえば、オプションは「保険」です。あなたが、車両保険に加入していれば、万が一、あなたのクルマが盗難にあったとしても、その損害を補うことができるでしょう。保険はこうしたリスクに対するヘッジ（回避）手段であるわけです。オプションの場合は、株式、為替、金利といった金融資産を対象にします。たとえば、株のオプションであれば、将来の株価下落のリスクに対するヘッジ手段として、オプション契約を結ぶわけです。

それでは、具体的にオプションの定義を見てみましょう。ファイナンスにおける**オプションとは、株式や債券などを、ある期日に、ある数量を、ある価格で買う権利あるいは売る権利**と定義されます。オプションの所有者は「権利を持っている」ことになります。義務ではないというところがポイントです。オプションの期日や数量、価格といった条件は、あなたが好きなように変えることができます。たとえば、１年後に（期日）、日産の株式1,000株（数量）を、1,200円（価格）で買う権利といったりするわけです。

「買う権利」や「売る権利」が売買の対象ですから、「買う権利」を買うなどというややこしい表現になります。そこで、ある資産を「買う権利」を**コールオプション**、反対に「売る権利」を**プットオプション**と呼んでいます。オプション取引には、次のような４つの基本パターンがあります。

① コールオプションの購入＝「買う権利」の購入（購入することができる）
② コールオプションの売却＝「買う権利」の売却（売却しなければいけない）
③ プットオプションの購入＝「売る権利」の購入（売却することができる）
④ プットオプションの売却＝「売る権利」の売却（購入しなければいけない）

ファイナンスの世界では、購入をlong（ロング）、売却をshort（ショート）と呼ぶ習慣があります。したがって、前ページの4つの基本パターンは、①long call、②short call、③long put、④short putという呼び方をすることもあります。ここで、オプションに関係する用語をまとめておきましょう。

◆オプションの用語

オプション用語	意　　味
コールオプション（call option）	将来の特定期日（あるいは特定期間内）に、あらかじめ決められた価格で金融資産を購入することができる権利
プットオプション（put option）	将来の特定期日（あるいは特定期間内）に、あらかじめ決められた価格で金融資産を売却することができる権利
権利行使価格（strike price）	オプション契約であらかじめ取り決めた原資産の売買価格
原資産	オプションで売買される対象となる資産
オプションプレミアム（option premium）	オプションを購入するに当たって支払わなければならない価格。オプションの価格に相当
ボラティリティ	価格変動率のこと。具体的には、標準偏差を指す
ヨーロピアン・オプション	オプションの買い手が、満期日のみ権利を行使することができるオプション
アメリカン・オプション	満期日の前であれば、いつでも自由に権利を行使することができるオプション
エイジアン・オプション	満期日までの原資産の平均値が権利行使価格となるオプション

■コールオプション

まずは、ある資産を「買う権利」であるコールオプションから見ていきます。たとえば、あなたが1年後にX社の株式1,000株を1,200円で購入する権利を持っているとしましょう。X社の株式を「買う権利」ですから、コールオプションです。このときオプションで売買される対象となるX社の株式は**原資産**といいます。また、この原資産の売買価格1,200円を**権利行使価格**といいます。

もし、満期日のX社の株価が1,500円になったとしたら、あなたは喜んでこのオプションを行使するでしょう。なぜなら、1,500円のX社の株を1,200円で購入することができるからです。

1,200円で1,000株の株式を購入したあとにすぐ、その株を市場で売却すれば、あなたは、簡単に（1,500円－1,200円）×1,000株＝300,000円の利益を稼ぐことができます。

反対に、株価が800円になっているとしたらどうでしょう？　市場で直接買ったほうが安いわけですから、あなたは、オプションを行使するようなバカなことはしないでしょう。ここで重要なことは、オプションの買い手は、満期日の資産の価格によって、権利を行使するか、しないかを決めることができるという点です。**オプションの買い手には、選択権がある**ことを覚えておいてください。

下図は満期日の株価と権利行使価格、それにオプションの損益の関係を表わしています。この図を、**ペイオフダイアグラム**といいます。

◆ペイオフダイアグラム

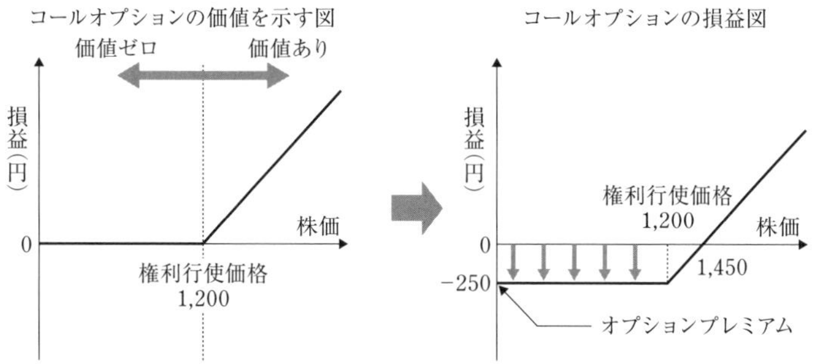

まずは、左側のダイアグラムを見てください。株価が1,200円以下の場合は、オプションを行使しませんから、オプションの価値はゼロです。株価が1,200円を超えたところで、オプションの価値は株価の上昇とともに右肩上がりの直線を描くわけです。しかし、この図は正確ではありません。なぜならば、オプション取引の損益をちゃんと計算するためには、オプションを購入するために支払った金額を反映させる必要があるからです。

次に、右側のダイアグラムを見てください。これは、オプションを購入するために、あなたが支払ったプレミアムを考慮した場合のダイアグラムです。

ここでは、あなたが権利行使価格1,200円のコールオプションを250円で購入したことになっています。要は、プレミアムが250円ということですが、このプレミアム分だけ、グラフが下がっています。このダイアグラムからわかることは、株価が1,200円以下で、オプションを行使しない場合は、プレミアム分の損が発生することです。でも、何よりも重要なことは、**いくら株価が下がろうとも、あなたはこのプレミアム以上の損はしない**ということです。

株価が1,450円以上になれば、プレミアム250円分を補って余りあるほどの利益を出すことができます。たとえば、株価が1,600円になったとしたら、オプションを行使すれば、400円(=1,600円－1,200円）の利益を得ることができます。すでに、支払い済みのプレミアム250円を差し引けば、純利益は150円となります。

それでは、株価が1,200円と1,450円の間だったら、どうなるのでしょうか？オプションは行使したとしても、プレミアムを賄うことができません。たとえば、株価が1,300円だとすると、オプションを行使すれば、100円(=1,300円－1,200円）の利益があります。ところがプレミアム250円を考えると、結果的には150円の損失です。

一般的に、満期日におけるコールオプションの価値Cは、株価S、権利行使価格Xとすれば、次のように表わすことができます。

◆コールオプションの価値◆

$$C = Max(S-X, 0)$$

このMaxは、「$S-X$と0のどちらか大きいほう」を意味します。コールオプションの価値は、株価と権利行使価格の差に等しいということです。株価が権利行使価格よりも低い場合は、$S-X$はゼロよりも小さくなるので、オプションの価値はゼロとなります。仮に株価と権利行使価格が同じになったとしたら、投資家はそのオプションを行使してもしなくても、どちらでもいいわけです。

コールオプションの買い手にとっての最終的な損益は、プレミアムをaとすれば、$C-a$となります。

コールオプションの売り手にとっての損益は、ちょうど買い手とは逆になります。株価が権利行使価格よりも低ければ、オプションは行使されないので、売り手はプレミアムをそのまま手中にできるわけです。その反対にオプションの買い手はプレミアム分だけ損をすることになります。

◆コールオプションの損益（売り）

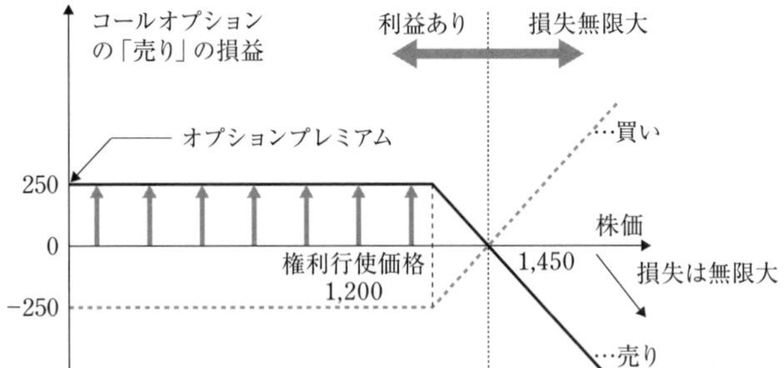

株価が権利行使価格にプレミアムを加えた価格よりも高くなった場合は、売り手は損を被ります。先ほどの例でいえば、株価が1,450円を超えて1,600円になったとき、オプションを行使すると400円(=1,600円－1,200円）の利益を獲

得することができました。プレミアム250円を差し引いたあとの純利益は、150円です。

売り手サイドから考えた場合、株を1,200円で売却する義務がありますから、ここで400円(=1,600円－1,200円）の損失です。しかし、すでにプレミアムを250円手に入れていますから、純損失は150円となるわけです。

このように、オプションの売り手は、買い手が望んだときは必ず契約を履行しなければなりません。オプションの買い手とは異なり、**オプションの売り手には選択権がない**ことがポイントです。

オプション取引では、買い手と売り手の損益の合計はゼロになります。これを**ゼロサムゲーム**と呼びます。したがって、先ほどのようにコールオプションの売り手のペイオフダイアグラムは、買い手のペイオフとは、X軸をはさんでちょうど上下対称になっているわけです。

コールオプションの売り手は、株価が無限大になると損失も無限大になることがわかります。前ページの図を見て、なぜ、コールオプションの売り手がいるのかと思う人もいるかもしれませんが、それは、株価が権利行使価格1,200円を下回って行使期間が終了すれば、プレミアムがまるまる売り手のものになるからです。

■プットオプション

●プットオプションの「売り」と「買い」

プットオプションは売る権利です。下のペイオフダイアグラムは、権利行使価格1,200円のプットオプションを200円で購入した場合の損益を表わしています。株価が下降するにつれて、オプションの利益は上昇していきます。なぜなら、どんなに株価が下がろうが、あなたは、1,200円で株を売る権利を持っているからです。

◆プットオプションの損益（買い）

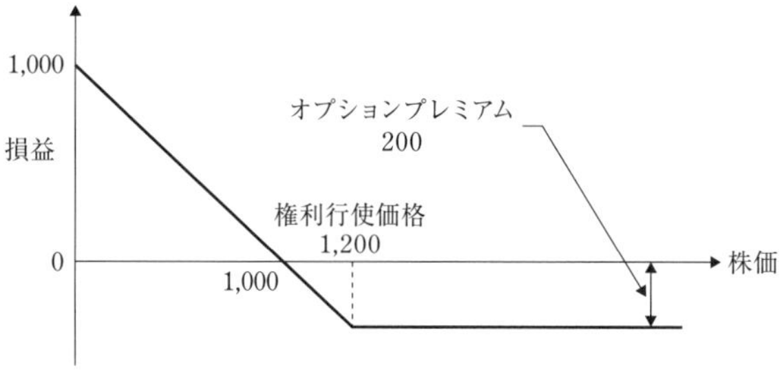

たとえば、このケースで権利行使日の株価が800円になったとします。オプションの価値は、400円になります。マーケットでは、800円の値段がついている株を購入し、すぐに1,200円で売ることができれば、あなたは、400円（=1,200円－800円）の利益を獲得することができるからです。プレミアム200円をすでに支払っていますから、純利益は200円になります。

一般的に、満期日におけるプットオプションの価値Pは、株価S、権利行使価格Xとすれば、次のように表わすことができます。

◆プットオプションの価値◆

$$P=Max(X-S,0)$$

プットオプションの買い手にとっての損益は、プレミアムをbとすれば、$P-b$となります。コールオプションと同様に、プットオプションの売り手の損益は買い手の損益とX軸をはさんで、まったく対称になります。

◆プットオプションの損益（売り）

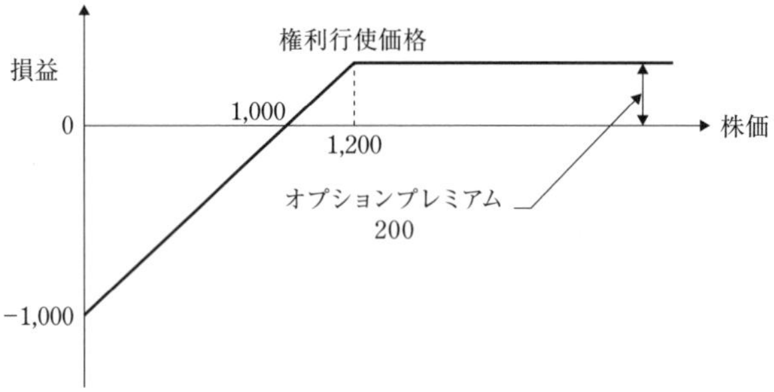

プットオプションが購入されるのは、株価下落に対するヘッジや投機目的です。プットオプションの売り手はどうでしょう？　当然のことながら、株価が下落するとは考えていないわけです。仮に下落したとしても、最初に手に入れたプレミアムが吹っ飛ぶほど下落すると考えていないに違いありません。

●オプションの特徴は

コールオプションで、

権利行使価格＞原資産価格（株価）

の状態を**アウト・オブ・ザ・マネー**（OTM：Out of The Money）と呼びま

す。反対に、

権利行使価格＜原資産価格（株価）

の状態を**イン・ザ・マネー**（ITM：In The Money）と呼びます。

プットオプションでは、この関係が正反対になります。つまり、プットオプションのアウト・オブ・ザ・マネーは、

権利行使価格＜原資産価格（株価）

の状態をいい、イン・ザ・マネーは、

権利行使価格＞原資産価格（株価）

の状態となるわけです。

◆コールオプションとプットオプションの価値

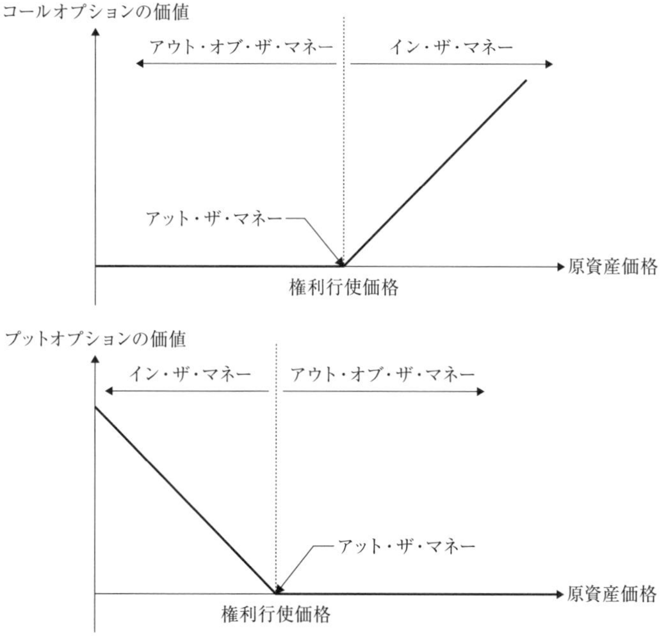

権利行使価格と原資産価格（株価）が同じ状態を**アット・ザ・マネー**（ATM：At The Money）と呼びます。覚えられないという人は、こういう考え方をしましょう。

権利行使をすれば利益が出る状態→　イン・ザ・マネー（ITM）
権利行使をすれば損失が出る状態→　アウト・オブ・ザ・マネー（OTM）
権利行使価格と原資産価格が同じ状態 →　アット・ザ・マネー（ATM）

■本源的価値と時間価値

アウト・オブ・ザ・マネーのコールオプションを考えてみましょう。たとえば、権利行使価格1,200円のコールオプションで、現在の原資産価格は株価1,000円です。このオプションはまさにアウト・オブ・ザ・マネーの状態です。現時点で、オプションを行使したとしても利益は出ないからです。それでは、このオプションの価値は、まったくないといえるでしょうか。

実は、このオプションの価値がまったくないとはいえないのです。なぜなら、満期日までに、株価が権利行使価格を上回る可能性が残っているからです。つまり、ここでは時間が価値を持っていることになります。この価値を**時間価値**（time value）といいます。

実は、オプションの価値は、**本源的価値**（intrinsic value）と時間価値の2つの要素で成り立っています。

◆オプションの価値◆

オプションの価値＝本源的価値＋時間価値

本源的価値は、イン・ザ・マネーのオプションを、いますぐ行使して得られる価値のことをいいます。アット・ザ・マネーやアウト・オブ・ザ・マネーにオプションの本源的価値はありません。

しかし、満期日までに株価が行使価格を上回る可能性がある間は、オプションには、時間価値があるのです。時間価値というくらいですから、満期日に近づいていけばいくほど、減少していきます。この時間価値が減少することを**タイム・ディケイ**（time decay）と呼びます。

◆コールオプションの価値

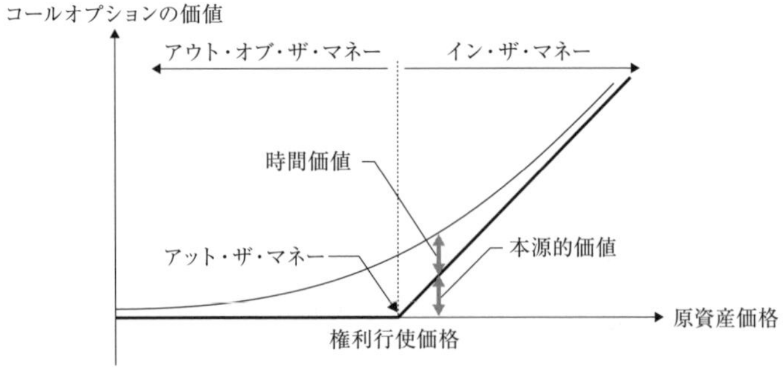

前ページの図のとおり、オプションの価値は、常に本源的価値を時間価値の分だけ上回っています。そして、アウト・オブ・ザ・マネーの場合のオプション価値の中身はすべて時間価値であることがわかります。

アット・ザ・マネーの場合はどうでしょう？　この場合は、利益が出るか出ないかはフィフティ・フィフティです。ただし、今後の株価の動向によって決まることに変わりありませんので、アウト・オブ・ザ・マネーの場合と同様に時間価値しかありません。ただ、アウト・オブ・ザ・マネーと比較すれば利益が出る可能性は高いので、時間価値はこのアット・ザ・マネーで最大になることが知られています。

このようにオプションの時間価値は、満期日が到来するまでにオプションがイン・ザ・マネーになる期待値を指します。このオプションの買い手が持っている時間価値は、時間とともに加速度的に減少していきます。

イン・ザ・マネーの場合は、今後、いくら時間が経過しても、アウト・オブ・ザ・マネーの状態になる可能性は低いことから、時間価値はそれほど多くはありません。このように、オプションの価値は、本源的価値と時間価値の合計でできています。

▣プット・コール・パリティ

実際のところ、オプションにはさまざまな種類があり、それらを組み合わせることによって、無数のオプション取引が可能になります。次のような戦略も考えられます。

たとえば、権利行使価格が1,200円の株式を原資産とするコールオプションを購入し、そのコールオプションと満期日が同じ額面1,200円の割引債を購入することを考えてみましょう。コールオプションのペイオフダイアグラムはすでにおなじみでしょう。それでは、割引債のペイオフ（損益）はどうなるのでしょうか。実際には、次ページの図のようになります。

つまり、満期日の株価がどうなろうと、額面1,200円は保証されているわけです。

◆コールオプションと割引債のペイオフ

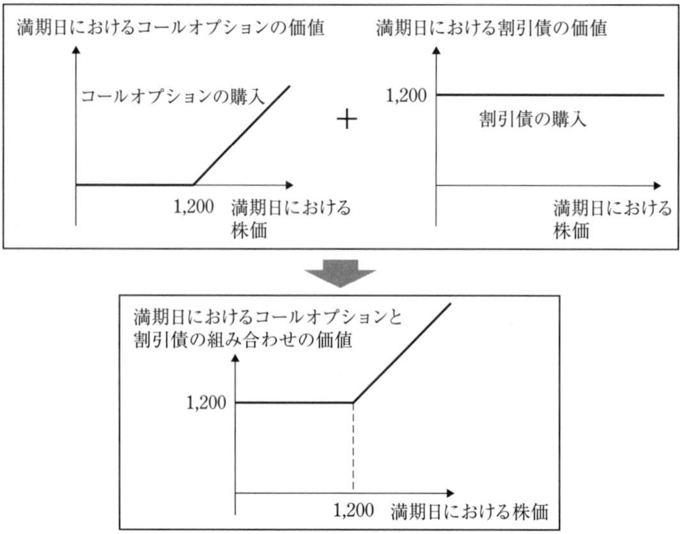

次に、株式そのものの購入とプットオプションの購入を組み合わせてみましょう。株式の購入とプットオプションの購入の合わせ技は、名前がついていて、**プロテクティブ・プット**と呼ばれています。なぜ、プロテクティブ（protective：守られている）なのかは、ペイオフを見れば一目瞭然です。

◆プロテクティブ・プットのペイオフ

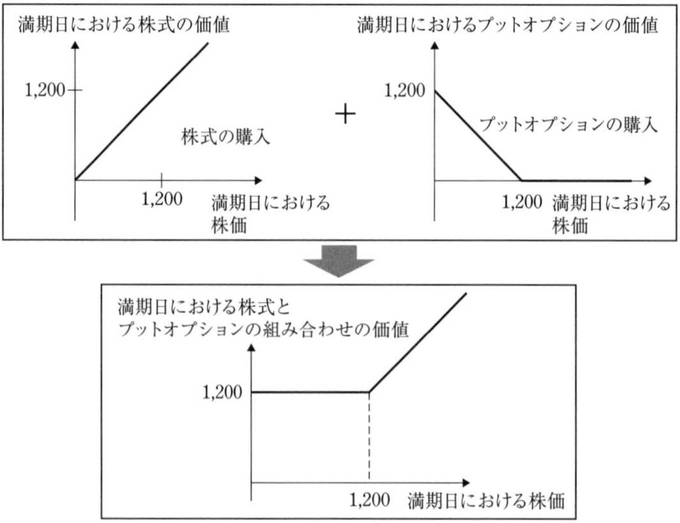

株式購入とプットオプションを組み合わせることで、あたかも保険をかけたようになっています。つまり、株価がいくら下落しようとも権利行使価格で売却することができるのです。先ほどの、コールオプションの購入と割引債の購入の組み合わせとまったく同じペイオフダイアグラムだということに、すでに気づいた人もいるかもしれません。

どちらの戦略をとっても、同じペイオフになるのです。このことは、どちらの戦略をとっても同じコストでなくてはならないことを意味します。もし、そうでなければどうなるでしょう？　そうです。裁定取引[*11]です。したがって、コールオプションとプットオプションの価格の間には、次の関係式が成り立つのです。

◆プット・コール・パリティ◆

$$\boldsymbol{C + PV(K) = S + P}$$

$\boldsymbol{C}$：コールの価値　$\boldsymbol{K}$：権利行使価格　$\boldsymbol{S}$：株価　$\boldsymbol{P}$：プットの価値

左辺は、コールオプションと満期日にK（権利行使価格）を受け取れる割引債を購入するために必要な費用です。割引債の購入費用はKの現在価値PVです。一方、右辺は株式とプットオプションを購入するのに必要な費用です。両者が一致するこの関係は、**プット・コール・パリティ**（put-call parity）[*12]と呼ばれ、オプションに関する関係式の中で最も重要なものです。先ほどのプロテクティブ・プットは、株式とプットオプションの購入の合わせ技でもいいし、コールオプションと割引債の購入の合わせ技でもいいということです。市場では常にこのプット・コール・パリティが成立しているはずですが、時としてプットオプションやコールオプションの価格がこの関係から、乖離することがあります。たとえば、プットオプションがこの関係式で示された価値よりも低い価格で取引されている場合は、プットオプションと株式を購入するのと同時にコールオプションと割引債を売れば、リスクなしに利益が得られる裁定取引が可能です。

＊11　裁定とは、２つ以上のマーケットで同時に取引を行なって、リスクなしに利益を稼ぐことができるというものです。たとえば、同じものが違う価格で売られているとしたら、安く仕入れて、高く売ることができるわけです。ただし、このような裁定機会は長くは続きません。同じように考える人が増えることにより、安かったものが高くなり、高かったものが安くなり、最終的に同じ価格になるからです。実際にほとんどの金融市場では裁定機会が極めて少ないのです。

＊12　厳密には、原資産に配当支払いがないヨーロピアン・オプションについて成立します。

6.6 オプションの価値を決める

■オプション価格変化の要因

ここで、オプション価格[*13]に影響を与える要因をまとめておきましょう。

① 原資産の価格

原資産の価格が上昇すれば、原資産を権利行使価格で購入する権利であるコールオプションの価値は高まります。反対に、プットオプションの価値は下がります。

② 権利行使価格

権利行使価格が上昇すれば、原資産の価格と権利行使価格との差が縮小するので、コールオプションの価値は低下します。逆に、原資産を売却する権利であるプットオプションの価値は、権利行使価格が高くなれば高まります。

③ ボラティリティ

コールオプションの場合は、ボラティリティが高まれば、それだけ原資産の価格が高まる可能性も高まり、権利行使によって多くの利益を得る可能性が高まることから、オプション価格は上昇します。

同時に、原資産の価格が低下する可能性も増加しますが、損失は一定額に限定されていることから、ボラティリティが高まれば、オプション価格は上昇するわけです。

プットオプションの場合も、原資産の価格が低下して、権利行使によって多くの利益を得る可能性が高まることから、オプション価格は上昇します。

④ 満期日までの期間

満期日までの期間が長くなれば、株価の変動によって利益を上げる可能性が高まることから、コールオプション、プットオプションともに価値が高まります。

⑤ 金利

コールオプション購入時は、プレミアムを支払うだけで、権利行使価格での株式の購入代金を支払う必要はありません。金利が高い場合は、株式購入のた

---

*13　オプション価格は市場により決まるもの、オプション価値は私たちが理論的に計算するものという意味で使い分けています。

めの代金支払いを延ばせるということは、価値があります。したがって、コールオプションの価値は金利が高ければ、高くなります。反対に、金利は、プットオプションの価値に対して、逆の作用をもたらします。権利行使価格の現在価値が、高い金利によって減少する場合、将来のある時点でその権利行使価格で株式を売却できることの価値が下がってしまうからです。

◆オプション価格の変化

項目	コールオプション	プットオプション
原資産価格の増加	↑	↓
権利行使価格の増加	↓	↑
ボラティリティの増加	↑	↑
満期日までの期間の増加	↑	↑
金利の増加	↑	↓

▣オプション価値の早わかり術

まずは私たちの直感に訴える方法でオプション価値を求めてみましょう。

「1年後に50円でX社の株を購入する権利（コールオプション）」の価値はいくらでしょう？　もし1年後の株価が80円になるとわかっていれば、あなたは、満期日に確実に30円の利益を得ることができます。

これは、あらかじめ満期日の株価がわかっていれば、オプションの価値が求められることを意味しています。80円で売れる株を50円で購入することができる権利ですから、そのオプションの価値は30円というわけです。するどいあなたは、30円で買ったオプションで、30円の利益を得ても意味がないと思うかもしれません。ここでは、1年後の株価が80円になるとして価値を計算しましたが、現実には、「1年後のX社の株価がどのように変動するか」は、誰にもわからないのです。

どうせ誰にもわからないのだから、この1年後の株価をあなたに予想していただくのがこの方法です。どうです？

オプションの価値は、
- そのオプションがどれくらいの確率で行使されるか
- 行使した場合に獲得できる利益はいくらか

の２つの要素で成り立っていると考えることができます。つまり、次のように表わすことができます。

◆オプションの価値◆

オプションの価値＝行使する確率×行使した場合の利益

これでは、何だかわかりませんね。具体的に見ていきましょう。

あなたは、「１年後のX社の株価」を下図のような確率分布で予測しました。つまり、50円になる確率は26％、40円や60円になる確率はそれぞれ22％、30円や70円になる確率はそれぞれ11％、同じように、20円や80円になる確率はそれぞれ４％になると考えているということになります。

◆1年後のX社の株価予測

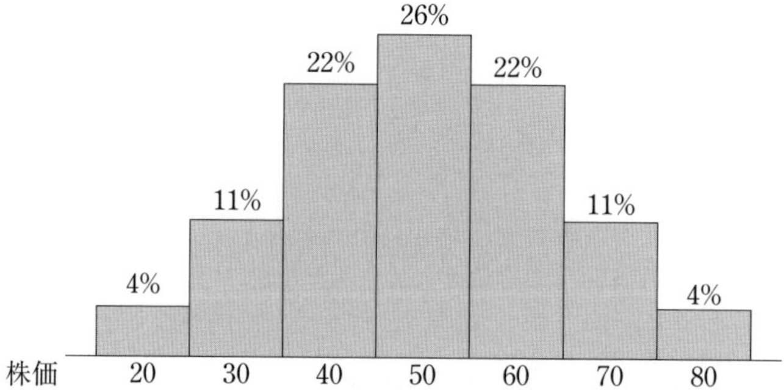

当然のことながら、これらの確率の合計は100％になるわけです。実は、オプションの価値は、**そのオプションを買うことで満期日に獲得できるペイオフの期待値に等しい**のです。

◆コールオプションの価値

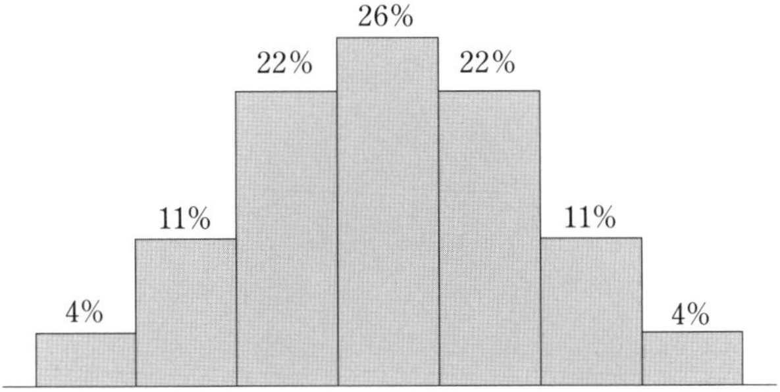

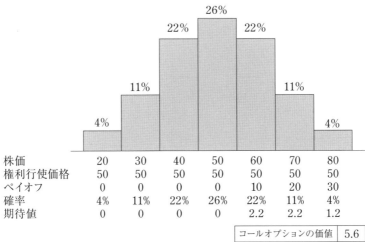

株価	20	30	40	50	60	70	80
権利行使価格	50	50	50	50	50	50	50
ペイオフ	0	0	0	0	10	20	30
確率	4%	11%	22%	26%	22%	11%	4%
期待値	0	0	0	0	2.2	2.2	1.2

コールオプションの価値	5.6

あなたは、株価50円を境に左右対称の予想をしています。左右に広がっていますから、X社の株価は「リスクがある」とあなたは考えていることがわかります。このコールオプションの権利行使価格は50円です。したがって、株価が権利行使価格である50円よりも高くなったときには、オプションを行使するわけです。コールオプション行使によって得られるペイオフは、満期日での株価をSとすれば、$Max(S-50, 0)$と表わすことができました。したがって、株価50円のときのペイオフはゼロ、株価60円のときは10円（＝60円－50円）となり、株価70円、80円の場合は、それぞれ、20円、30円になることがわかります。あとは、それぞれのペイオフが生じる確率をもとに期待値を算出するだけです。

◆オプション価値◆

オプション価値＝ペイオフの期待値

$$=0\times4\%+0\times11\%+0\times22\%+0\times26\%+10\times22\%+20\times11\%+30\times4\%$$

$$=5.6$$

これでオプション価値が計算できました。いままでの手順を復習してみましょう。

① 将来の株価の確率分布を予想する。確率の合計が100%になりさえすれば、あなたの直感に基づいて自由に予想して大丈夫

② 予想した株価ごとにオプションを行使した場合に得られるペイオフを計算する
③ 得られるペイオフとその発生する確率を掛け合わせることによって期待値を計算し、オプション価値とする

最後に、実際のオプション価値の計算においては、金利の影響を考える必要があります。厳密に言えば、オプションを行使することによって得られるペイオフは、満期時点のペイオフですから、将来のものです。

したがって、オプション価値をリスクフリーレートで割り引いて現在価値にしなくてはいけません。先ほどの例でいえば、オプション価値は5.6円ですから、これを1年分割り引いてやる必要があります。

とはいっても、オプション価値の計算では、多少の誤差はつきものです。また、オプションの満期日までの期間も1か月や3か月など短い期間が中心ですから、現在価値への割引きは無視してもいいでしょう。

このように将来の価値を予想することで、自分でオプション価値が計算できるわけです。このときに、原資産のボラティリティが高いとオプション価値が高くなるという、何となくわかりにくいこともイメージできるのではないでしょうか。

つまり、ボラティリティが高いということは、先ほどの確率分布が横に広がっているということです。コールオプションの場合は、権利行使価格よりも低い場合は、権利行使しないためまったく関係ありませんから、株価が高い方向に広がっていたほうが、それだけ期待値が高くなるわけです。こうして、ボラティリティが高いほどオプション価値が高いということが、より鮮明にイメージできるわけです。

■二項モデルでオプション価値を求める

実は、オプション価値の計算方法が発見されるまでには、相当の年数がかかっています。なぜ、それほどまでにオプションの価値を計算するのが難しかったのでしょうか。すでにここまで本書につきあってくださっているあなただったら、こう考えたかもしれません。

「そもそも、金融資産の価値はその資産が生み出すCFをそのリスクに応じた割引率で現在価値に割り引いて求めたはず。オプション価値も、そのオプションの期待ペイオフをリスクに応じた割引率で割り引いて求められるはずだ」。

さすがです。確かに、オプションの期待ペイオフを予測することはできるかもしれません。ところが問題なのは、割引率の根拠となるリスクなのです。オプションのリスクはそれこそ、株価が変動するたびに変化するからです。

そこで、考え出されたのが、**二項モデル**（binomial method）です。これは、1期間後の原資産の価格シナリオを2通り考えることによって、オプションの理論価格を求める方法です。もちろん、1期間は1年とは限らず、3か月、半年など、自由に設定することができます。

この期間設定の自由度のおかげで、後ほど説明するブラック＝ショールズ・モデルでは計算できないアメリカンタイプのオプションの価値を計算することもできます。なお、アメリカンタイプのオプションとは、権利行使期間ならいつでも権利行使ができるタイプのオプションのことです。

■複製ポートフォリオ

次のような簡単な例で考えてみましょう。A社の現在の株価は100円とします。あなたは、1年後に130円に上昇するか、90円に下落するという2つのシナリオを考えています。

今、1年後に満期を迎えるA社のコールオプション（権利行使価格110円）があるとすると、1年後に株価が130円になった場合のオプションペイオフは20円（＝ $Max(130-110, 0)$[*14]）となり､90円になった場合のオプションペイオフは0円（＝ $Max(90-110, 0)$）となります。

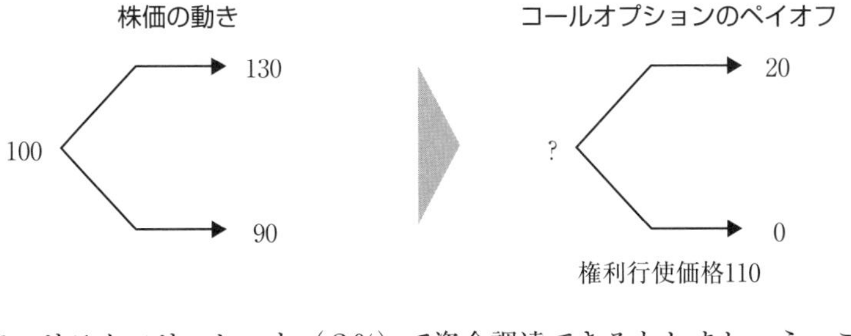

いま、リスクフリーレート（2％）で資金調達できるとしましょう。このとき44.12円の資金を借り入れ、株価100円の株式を0.5株購入すると、1年後のペイオフはコールオプションのペイオフとまったく同じになります。この株式と負債の組み合わせを**複製ポートフォリオ**と呼びます。

＊14　$Max(A, 0)$の意味はAと0の大きいほうという意味です。Aがマイナスの場合は、$Max(A, 0)=0$となります。

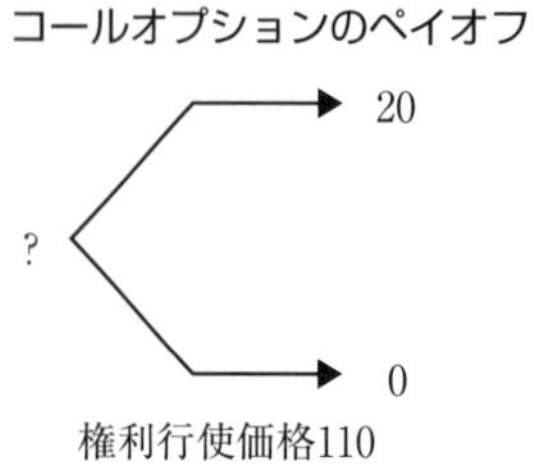

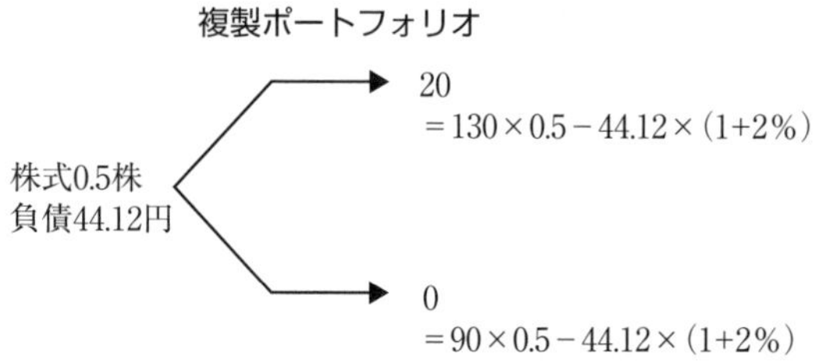

詳しく見てみましょう。１年後に持っている株式0.5株を売却すれば、株価の半分のキャッシュが手に入ります。同時に借りた44.12円を返済しなくてはいけませんが、１年分の利息が加算されていることに注意してください。結果的に返済額は45円（= 44.12×(1+2%)）となります。したがって、複製ポートフォリオによる１年後のペイオフは、20円（= 130×0.5−45)、0円（= 90×0.5−45）となり、先ほど書いたとおり、コールオプションのペイオフと同じになります。この２つの取引の１年後のペイオフが同じであれば、当初のコストは同じでなければ、裁定が働くことになりますので、「コールオプションの価値」と「複製ポートフォリオ作成のコスト」が同じになります。したがって、コールオプションの価値は次式で計算できます。

コールオプションの価値 = 100×0.5−44.12 = 5.88[*15]

このように「コールオプションの買い」取引の将来のペイオフを「株式」と「負債」によって複製することによって、コールオプションの価値を計算することができるのです。

次に、この複製ポートフォリオを一般化してみましょう。現在の株価をSとし、１年後の株価の状態を予測するために上昇倍率uと下落倍率dを設定します。今のところ、株価上昇の確率は必要ありませんが、ひとまずqとおいておきます。そうすると１年後の株価は、qの確率でuSになり、$(1-q)$の確率でdSになります。

ここで株価が上昇した場合と下落した場合のオプションペイオフをそれぞれC_u、C_dとし、権利行使価格をXとすれば、ペイオフは次ページの図のように、$C_u=Max(uS-X, 0)$、$C_d=Max(dS-X, 0)$で表わすことができます。

＊15　複製ポートフォリオをつくるには、100円の株式0.5株が必要なので、まずは50円用意します。ただし、同時に44.12円を借り入れするので、実際に用意すべきお金は5.88円（=50円－44.12円）です。

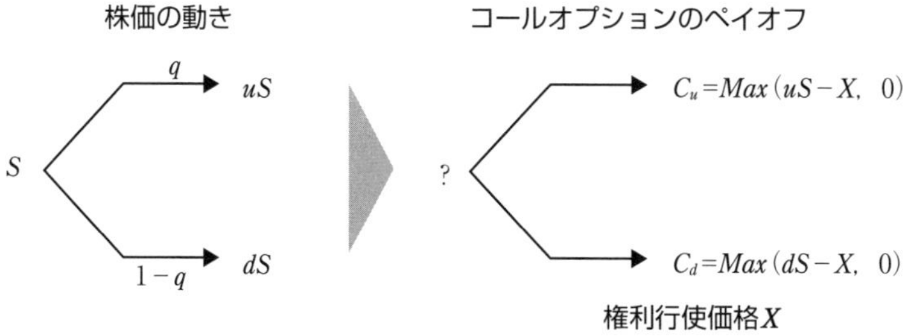

ここで複製ポートフォリオの株式数をΔ（デルタ）、負債額をB、そしてリスクフリーレートをr_fとすると、複製ポートフォリオのペイオフC_u, C_dは次の式で表わせます。

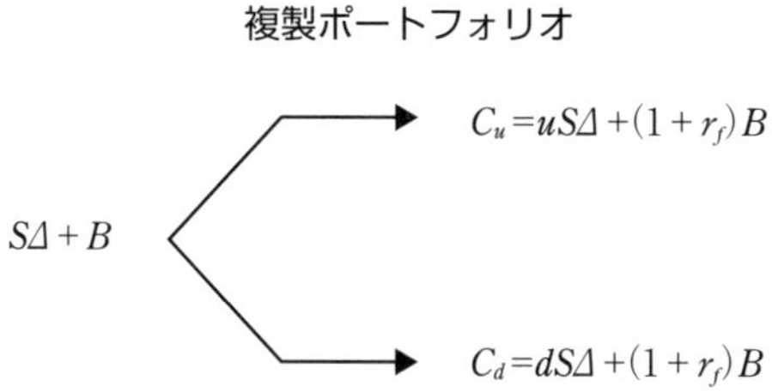

$C_u = uS\Delta + (1+r_f)B$ ……①

$C_d = dS\Delta + (1+r_f)B$ ……②

ここで連立方程式を解くと、株式数Δは次のように求めることができます。

$$\Delta = \frac{C_u - C_d}{uS - dS}$$

式①と式②を負債額Bについて解くと以下のようになります。

$$B = \frac{C_u - uS\Delta}{1+r_f} = \frac{C_d - dS\Delta}{1+r_f}$$

先ほどの例でいえば、上昇時の株価uSは130円、下落時の株価dSは90円です。さらに、１年後のオプションペイオフは、C_uが20円、C_dが０円です。上記の式を使ってΔとBを求めると、

$$\Delta^{*16} = \frac{C_u - C_d}{uS - dS} = \frac{20-0}{130-90} = 0.5$$

$$B^{*17} = \frac{C_u - uS\Delta}{1+r_f} = \frac{20-130\times0.5}{1+2\%} = -44.12$$

＊16　Δはプラスの場合は株式購入、マイナスの場合は株式売却を表わします。
＊17　Bはマイナスの場合は借入、プラスの場合は貸出を表わします。

実は、このように計算して先ほどの複製ポートフォリオ（株式0.5株、負債44.12）を求めていたのです。

■リスク中立の世界とは

複製ポートフォリオの考え方を使えば、オプションの価値が求められることがわかりました。前述したように、オプション価値は、そのオプションの期待ペイオフをそのリスクに応じた割引率で割り引いて求めることができません。なぜなら、オプションの価値算定の場合、時間の経過とともに原資産価格が変化することによって、リスクが変化します。そのリスクに応じた割引率を推定するのは困難だからです。

苦肉の策で、バーチャルなリスク中立の世界を考えてみます。リスク中立の世界では、投資家はリスクの大小に関心がありません。ハイリスクな投資であっても、リスクのない投資であっても、あらゆる投資に対する要求収益率はリスクフリーレートです。すべての投資家がリスクをとることによる追加的なリターンを求めません。

複製ポートフォリオの説明で使用したケースと同じものを使いましょう。A社の現在の株価は100円です。あなたは、１年後に130円に上昇する確率を p、90円に下落する確率を（$1-p$）と考えています。先述したとおり、リスク中立の世界ではすべての投資家の要求収益率はリスクフリーレートです。現在の株価100円は、１年後の株価の期待値をリスクフリーレートで割り引いた現在価値になるはずです（式①）。

株価の動き

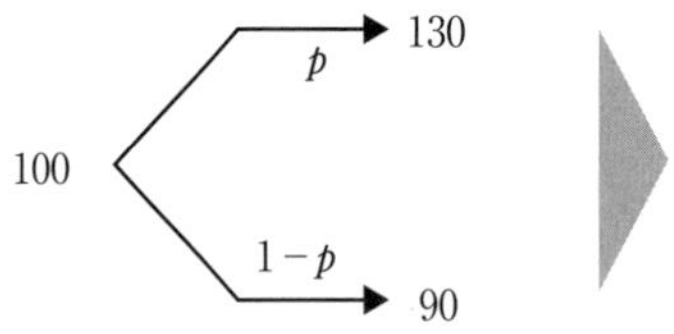

リスク中立確率

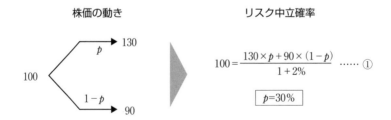

$$100=\frac{130\times p+90\times(1-p)}{1+2\%} \quad \cdots\cdots ①$$

p=30%

このとき、１年後に株価が130円となる確率 p は30%と計算できます。この p を**リスク中立確率**といいます。リスク中立の世界では、１年後のコールオプション（権利行使価格110円）のペイオフが20円となる確率はリスク中立確率の30%となり、０円となる確率は70%となります。これらのペイオフをリスクフリーレートで割り引くことでコールオプションの価値を求めることができるのです。複製ポートフォリオモデルで求めた結果と同じになることがわかります。

コールオプションのペイオフ　　　　コールオプションの価値

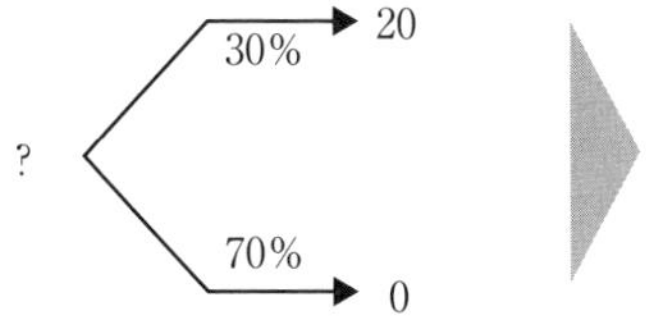

$$\frac{20\times 30\%+0\times 70\%}{1+2\%}=5.88$$

複製ポートフォリオモデルで求めた結果と同じ

ここでリスク中立確率を求める公式を考えてみましょう。現在の株価Sは、1年後に上昇してuSになるか、下落してdSになるかという2つのシナリオを考えています。

株価の動き

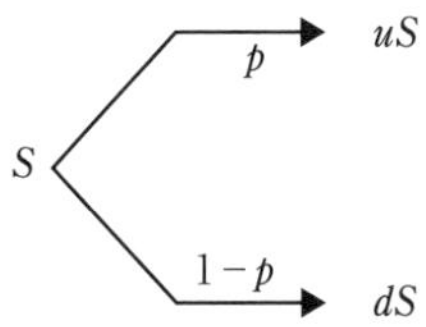

現在の株価Sは、1年後の株価（uSかdS）の期待値をリスクフリーレートで割り引いた現在価値になるはずです。

したがって、次の関係式が成り立ちます。

$$S=\frac{uS\times p+dS\times(1-p)}{1+r_f}$$

S：現在の株価　u：上昇倍率　d：下落倍率　p：リスク中立確率　r_f：リスクフリーレート

この式を変形すれば、リスク中立確率pは次のように求められることがわかります。

◆リスク中立確率◆

$$\boldsymbol{p=\frac{(1+r_f)-d}{u-d}}$$

p：リスク中立確率　r_f：リスクフリーレート　u：上昇倍率　d：下落倍率

■リスク中立確率でオプション価値が求まる理由

なぜ、リスク中立確率でオプション価値が求まるのか。ここからは少々数式が続きます。とにかく、リスク中立確率でオプション価値が求まることだけわかればいいというあなたは読み飛ばしてください。

複製ポートフォリオの価値（オプションの価値C）は次のように表わすことができました。

$$C=S\varDelta+B \quad \cdots\cdots ①$$

複製ポートフォリオの株式数$\varDelta$（デルタ）と負債額Bは以下の式が成り立ちました（288ページ）。

$$\varDelta=\frac{C_u-C_d}{uS-dS} \quad B=\frac{C_u-uS\varDelta}{1+r_f}=\frac{C_d-dS\varDelta}{1+r_f}$$

この式を解くと、次のように表わすことができます。ただし、ここでは、$R=1+r_f$とおきます。

$$\varDelta=\frac{C_u-C_d}{(u-d)S} \quad B=\frac{uC_d-dC_u}{(u-d)R}$$

先ほどの式①に$\varDelta$とBを代入し、式を整理すると、

$$C=\left(\frac{R-d}{u-d}\ C_u+\frac{u-R}{u-d}\ C_d\right)/R$$

この式を見るとオプションの価値は、オプションペイオフ、上昇倍率uと下落倍率d、そしてリスクフリーレートr_fがあれば求まることがわかります。ここには、２つの株価の発生確率の情報は一切出てきていないのです。リスク中立確率pは次のように求められます（公式は291ページ）。

$$p=\frac{(1+r_f)-d}{u-d}=\frac{R-d}{u-d}$$

さらに、

$$1-p=\frac{u-R}{u-d}$$

であることから、オプションの価値Cは次の式で求められることになります。

◆オプションの価値C◆

$$\boldsymbol{C=\frac{pC_u+(1-p)C_d}{1+r_f}}$$

$\boldsymbol{p}$：リスク中立確率　$\boldsymbol{C_u}$：株価が上昇した場合のオプションペイオフ

$\boldsymbol{C_d}$：株価が下落した場合のオプションペイオフ　$\boldsymbol{r_f}$：リスクフリーレート

この式を見ると、１年後に上昇する確率をpとしたときの１年後のオプションの期待ペイオフをリスクフリーレートで割り引いていると解釈できます。投

資家は本来、リスクに見合った収益率を要求するはずですが、この数式では1年後の期待ペイオフをリスクフリーレートで割り引いており、リスクのない収益率しか要求していないことになります。つまり、リスク中立の世界では、リスクに見合った割引率を設定する代わりに、株価の上昇や下落の発生確率でリスクを調整していることになります。このようにして求められたオプションの価値評価には、驚くことに、それぞれの状態の実際の発生確率や要求（期待）収益率は必要なく、投資家のリスク回避的な選好が出てこないと言えるのです。

■演習問題（コールオプションの価値算定）

以下の前提条件の場合のコールオプションの価格を、リスク中立確率を用いて求めなさい

	A	B	C	D	E	F	G
1	**前提条件**						
2		現在の株価（円）		1,000			
3		上昇倍率u		120%			
4		下落倍率d		80%			
5		リスクフリーレート（年率）		2.0%			
6		コールオプションの行使価格（円）		800			
7		満期までの年数（年）		1.0			
8		満期までの期間数（期）		5.0			
9		1期間当たりの年数（年）		0.2	<-- =D7/D8		
10							
11		リスク中立確率		51.0%	<-- =(1+D5*D9-D4)/(D3-D4)		

●リスク中立確率の算定

まずは、リスク中立確率を計算しましょう。上昇倍率u=120%と下落倍率d=80%、およびリスクフリーレート（1期間当たりの年数換算：2.0%×0.2年）を使って、リスク中立確率は、51%と計算できます（公式は291ページ）。

●株価の入力

現在の株価1,000円でu=120%とd=80%なので、1期間経過後には、株価は1,200円（＝1,000円×120%）と800円（＝1,000円×80%）になります。さらに1,200円は1期間経過後には、1,440円（＝1,200円×120%）と960円（＝1,200円×80%）になります。その他も同じように考えれば、満期日には、株価は6

つの状態になります。

◆二項モデル（株価の変動）

	A B	C	D	E	F	G	H	I	J	K
13	二項モデル									
14	株価の変動				=IF(D18="",IF(D17="","",D17*$D$4),D18*$D$3)					
15	期間		0.0	1.0	2.0	3.0	4.0	5.0		
16	年数		0.0	0.2	0.4	0.6	0.8	1.0	<-- =H16+$D$9	
17										
18	株価		1,000.0	1,200.0	1,440.0	1,728.0	2,073.6	2,488.3		
19				800.0	960.0	1,152.0	1,382.4	1,658.9		
20					640.0	768.0	921.6	1,105.9		
21						512.0	614.4	737.3		
22							409.6	491.5		
23								327.7		

階段状の二項ツリーにするために、セルE18のセルには、=IF(D18="" ,IF(D17="" ,"" ,D17*$D$4) ,D18*$D$3) の式が入力されています。これはこの式をセル範囲E18:I23にコピーした時に株価が階段状に表示されるためのものです。まずは、左のセル（D18）が空欄（D18 ="")の場合、IF(D17="" ,"" ,D17＊$D$4）になります。この式の意味は、左上のセルD17が空欄の場合は、空欄にします。もし数字が入っている場合、左上のセルD17に下落倍率$D$4（絶対参照）を掛けるということです。最初に戻って、そもそも左のセル（D18）に数字が入っている場合（偽の場合）は、その数字に上昇倍率$D$3（絶対参照）を掛けることになります。

◆二項ツリー作成時のIF関数の使い方

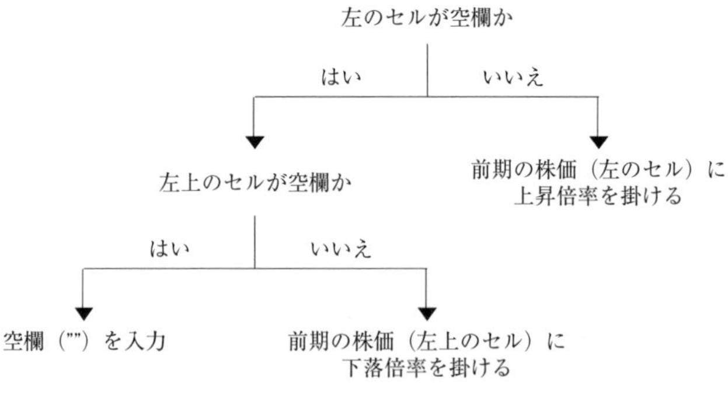

●満期日におけるペイオフ

満期日におけるオプションのペイオフを求めてみましょう。コールオプションのペイオフ＝ *Max*（0, 満期日の株価－権利行使価格）です。権利行使価格を800円とすれば、株価が2,488.3円の場合のオプションペイオフは1,688.3円（＝2,488.3円－800円）になります（セルI29)。もし、満期日の株価が権利行使価格800円以下であれば、オプションペイオフはゼロになります。

◆二項モデル（オプション価値）

	A B	C	D	E	F	G	H	I	J	K
25	オプション価値									
26	期間		0.0	1.0	2.0	3.0	4.0	5.0		
27	年数		0.0	0.2	0.4	0.6	0.8	1.0		
28										
29	オプションペイオフ		292.2	445.0	656.8	934.4	1,276.8	1,688.3	<-- =MAX(0,I18-$D$6)	
30				135.5	228.2	373.3	585.6	858.9		
31					40.1	78.9	155.4	305.9		
32						0.0	0.0	0.0		
33							0.0	0.0		
34								0.0		
35										
36										
37										

=IF(I30="","",(I29*$D$11+I30*(1-$D$11))/(1+$D$5*$D$9))

●オプションの価値算定

オプションの価値は、次の式を使って1期間前のオプション価値を順番に左向きに計算します。

$$C=\frac{pC_u+(1-p)C_d}{1+r_f}=\frac{51\%\times1{,}688.3+(1-51\%)\times858.9}{1+0.4\%}=1{,}276.8$$

上図のセルH29の、オプション価値は、1,276.8円と計算しています。これは1期間後のオプションペイオフであるC_u=1,688.3およびC_d=858.9、p=51%、r_f=0.4%[*18]を上式に代入することによって求めることができます。このプロセスを順次左向きに繰り返していくと最後にオプションの価値が292.2円と求めることがきます。IF関数が挿入されていますが、これは株価と同様に価値が階段状に表示されるためのものです。

＊18　これは年率2.0％に１期間当たりの年数0.2年を掛けたものです。

6.7 ブラック=ショールズ・モデルとは何か

■ビジネスに方程式をどう使うか

1973年、フィッシャー・ブラックとマイロン・ショールズは、ヨーロピアンタイプのコールオプションとプットオプションの価値を求める計算式を作り出しました。後に、その計算式は、ロバート・マートンによって証明されました。彼らの手によるブラック＝ショールズ・モデルはおそらく、ファイナンスの世界で最も有名なものでしょう。

この功績により、マイロン・ショールズとロバート・マートンは1997年、ノーベル経済学賞を受賞しています。フィッシャー・ブラックは1995年に逝去していますから、生きていれば、当然のことながら同じように受賞したでしょう。

ここでは、ブラック=ショールズ・モデルを使ってオプションの価値を計算する方法を見ていきましょう。ちなみに次の式は、ヨーロピアンタイプ*19のコールオプションを求める計算式です。

◆ブラック=ショールズ・モデル◆

$$C=S_0N(d_1)-Xe^{-rT}N(d_2)$$

$$d_1=\frac{log(S_0/X)+(r+\sigma^2/2)T}{\sigma\sqrt{T}}$$

$$d_2=d_1-\sigma\sqrt{T}$$

この数式を見て、この本を投げ出したくなった人もいるでしょう。もうしばらくつきあってください。ここでは、理論的な背景は説明しません。ただ、ブラック=ショールズ理論を支えている確率微分方程式の生みの親は、伊藤清という日本が世界に誇る数学者であることは、知っておいてください。私は自分のことのように、ビジネススクールで自慢していました。

ブラック＝ショールズ・モデルがどのように導き出せるかを知らなくても、

*19　オプションの買い手が、満期日のみ権利を行使できるオプションのことです。

この式を実際のビジネスでどのように使うかを知っていればいいともいえます。私たちは学者ではありませんし、エンジンやトランスミッションの仕組みを知らなくてもクルマを運転できるのと同じです。クルマを安全に正しく運転することを学べばいいのです。ただ、この式をよく見ると、私たちがいままで学習してきたオプション価値の計算方法の応用にすぎないことがよくわかります。

したがって、ここでは公式の意味を直感的に理解することを目標とします。盲目的にブラック=ショールズ・モデルを使うのではなく、その裏側にある基本コンセプトさえわかっていれば、高等数学の知識がなくても、頭1つ抜きん出てしまうに違いありません。

まず、具体例の前提条件を説明していきましょう。

C：コールオプションの価値
S_0：現在の株価＝1,000円
X：権利行使価格＝900円
T：満期日までの期間＝6か月
r：リスクフリーレート＝1%
σ：ボラティリティ（標準偏差）＝35%
$N(x)$：標準正規分布の累積分布関数[*20]
log：自然対数（定数eを底とする対数）

オプションはヨーロピアンタイプで、満期日までに配当はないものとします。実際に、いくつかのステップに分けて見ていきましょう。

【ステップ1】

現時点でのオプションの本源的価値を計算します。オプションの本源的価値とは、いまこのオプションを行使した場合のペイオフです。

$$C = S_0 - X = 1{,}000 - 900 = 100$$

【ステップ2】

上の式のS_0は現在の株価です。一方で、権利行使価格Xは、半年後のもので

＊20　$N(d)$ は標準正規分布（平均0、標準偏差1）に従う確率変数がdよりも小さい値にとる確率。ExcelのNORMDIST(d) によって計算できる。

すから、この権利行使価格Xを現在価値に割り引きます。つまり、それぞれの時点を合わせるわけです。

$$C = S_0 - Xe^{-rT\,*21} = 1{,}000 - 900 \times e^{-1\% \times 0.5}$$
$$= 1{,}000 - 900 \times 0.9950 = 104.50$$

ここでは、現在価値を算出するのに連続複利を使っています。満期日までの期間6か月は、0.5年のように年単位にしてあります。一方、リスクフリーレートrは、6か月ベースに変換（= 1%×0.5）していることに注意してください。

【ステップ3】

$$C = S_0N(d_1) - Xe^{-rT}N(d_2)$$
$$= 1{,}000N(d_1) - 896N(d_2)$$

$S_0N(d_1)$は満期日にイン・ザ・マネーになる確率に加え、満期日に受け取る株価を考慮し、現在価値にしたものです。一方、$Xe^{-rT}N(d_2)$は満期日に支払う権利行使価格をイン・ザ・マネーになる確率を考慮し現在価値にしたものです。つまり、$N(d_1)$はイン・ザ・マネーになる確率に加え、変動する株価の要素も考慮した掛け率を表わしており、$N(d_2)$はイン・ザ・マネーになる確率を表わしているといえます。

それでは、早速、d_1とd_2を計算してみましょう。

$$d_1 = \frac{log^{*22}(S_0/X) + (r + \sigma^2/2)\,T}{\sigma\sqrt{T}}$$
$$= \frac{log(1{,}000/900) + (0.01 + 0.35^2/2) \times \sqrt{0.5}}{0.35 \times 0.5} = 0.5697$$
$$d_2 = d_1 - \sigma\sqrt{T}$$
$$= 0.5697 - 0.35\sqrt{0.5} = 0.3222$$

この計算結果の0.5697と0.3222は、標準正規分布表におけるZ値と呼ばれるものです。次にExcelのNORMSDIST関数を活用し正規分布の累積密度関数の$N(d_1)$と$N(d_2)$を計算し、コールオプションの価値を求めます。

$$C = 1{,}000 \times 0.7155 - 896 \times 0.6263 = 154.65$$

＊21　この段階でこの式の意味を理解したい奇特な人は、まずはコラム「連続複利とは」(302ページ）をご覧ください。

＊22　Excelではeを底とする対数の計算にはLN関数を使います（次ページ図セルB9)。

こうして、コールオプションの価値は、154.65円と計算することができました。もうすでにおわかりのとおり、ステップ1で計算した本源的価値100円との差額である、54.65円は時間価値となります。

以上の計算をExcelを使って計算したのが、下図です。

◆ブラック=ショールズ・モデルでオプション価格を求める

◇	A	B	C	D	E	F	G
1	ブラック=ショールズ・モデル						
2							
3	株価	1,000					
4	権利行使価格	900					
5	満期日までの期間（年）	0.5					
6	金利（年率）	1%					
7	ボラティリティ（年率）	35%					
8							
9	d1	0.5697	<-- =(LN(B3/B4)+(B6+B7^2/2)*B5)/(B7*SQRT(B5))				
10	d2	0.3222	<-- =B9-B7*SQRT(B5)				
11							
12	N(d1)	0.7155	<-- =NORMSDIST(B9)				
13	N(d2)	0.6263	<-- =NORMSDIST(B10)				
14							
15	コールオプション	154.65	<-- =B3*B12-B4*EXP(-B6*B5)*B13				
16							
17							
18							

■ヒストリカル・ボラティリティ

いままで見てきたように、ブラック＝ショールズ・モデルを使って、オプションの理論価格を計算するためには、株価、権利行使価格、満期日までの期間、金利、ボラティリティの５つのパラメータが必要です。このとき、ボラティリティには過去の実績値が使われます。これを**ヒストリカル・ボラティリティ**（historical volatility）と呼びます。まあ、そのままのネーミングですね。

また、マーケットのオプションの価格から逆算してボラティリティを求める方法もあります。このような方法で計算されたボラティリティを、**インプライド・ボラティリティ**（implied volatility）と呼びます。これについては後述します（301ページ）。

それでは、実際に過去の株価から、ヒストリカル・ボラティリティを計算してみましょう。次ページのExcelシートに、日産自動車の過去の株価データがあります。

◆日産自動車の株価　月次リターン

	A	B	C	D	E	F
1	日産自動車　株価データ					
2						
3	日付	終値	利回り			
4	2021年3月	615.9	7.17%	<- =B4/B5-1		
5	2021年2月	574.7	8.01%			
6	2021年1月	532.1	−4.98%			
7	2020年12月	560.0	13.71%			
8	2020年11月	492.5	34.56%			
9	2020年10月	366.0	−1.56%			
10	2020年9月	371.8	−13.84%			
11	2020年8月	431.5	19.53%			
12	2020年7月	361.0	−9.57%			
13	2020年6月	399.2	−0.42%			
14	2020年5月	400.9	8.41%			
15	2020年4月	369.8	3.70%			
16	2020年3月	356.6				
17						
18	※この間の配当は無視する					
19						
20	【月次ベース】					
21	分散		0.0160	<- =VARP(C4:C15)		
22	ボラティリィティ		12.67%	<- =STDEVP(C4:C15)		
23						
24	【年率ベース】					
25	分散		0.1925	<- =C22*12		
26	ボラティリィティ		43.88%	<- =C22*SQRT(12)		
27						

通常、ヒストリカル・ボラティリティを計算する場合、年次の株価リターンは使っていません。日次、週次、月次リターンを使うのが一般的です。上の例では、毎月末の終値のデータを使用しているので、月次リターンになります。したがって、次のように年次ベースに変換する必要があります。具体的には、次式のように月次の分散に12を掛けることによって、年次ベースの分散にしています。

$$\text{分散（年次）} = 12 \times \text{分散（月次）}$$

$$\text{ボラティリティ}^{*23}\text{（年次）} = \sqrt{12 \times \text{分散(月次)}} = \sqrt{12} \times \text{ボラティリティ(月次)}$$

同様に、週次、日次のボラティリティを年次ベースのボラティリティに変更するには、次のような式になります。

$$\text{ボラティリティ（年次）} = \sqrt{52} \times \text{ボラティリティ（週次）}$$

$$\text{ボラティリティ（年次）} = \sqrt{252} \times \text{ボラティリティ（日次）}$$

「なぜ、日次ベースを年次ベースに変換するのに、$\sqrt{365}$を掛けないんだ！」

＊23　ボラティリティ＝標準偏差＝$\sqrt{\text{分散}}$の関係を思い出してください（74ページ参照）。

という頑ななあなた以外は、$\sqrt{252}$という数字を使っておきましょう。これは、1年間の営業日数ベースで考えたものです。

■インプライド・ボラティリティ

ブラック＝ショールズ・モデルでは、オプションの満期日までのボラティリティは一定であると仮定しています。実際のマーケットでは、オプション価格が変化するとともに、ボラティリティは変化しています。

ここでは、インプライド・ボラティリティの計算方法を見ていきましょう。この方法は、マーケットの実際のオプション価格から、ブラック＝ショールズ・モデルを使ってボラティリティを求めていきます。

たとえば、X社の現在の株価が1,000円とします。このとき、権利行使価格900円、満期日までの期間が6か月のコールオプションの価格が130円だとします。リスクフリーレートは1％です。インプライド・ボラティリティを計算するときには、Excelのゴールシークが役立ちます。

◆ゴールシークでボラティリティを求める①

このとき、ゴールシークにやってもらうことは、「コールオプションの価格（B15）が130となるボラティリティ（B7）を探す」ということです。そこで、「数式入力セル（E)」には、B15のオプション価格、「目標値（V)」には、コールオプションの価格である130、そして、「変化させるセル（C)」に、B7のボラティリティを入力します。

◆ゴールシークでボラティリティを求める②

Excelは瞬時のうちに、オプション価格が130円となるボラティリティを探してきます。こうして求めた24.3%をインプライド・ボラティリティというのです。

インプライド・ボラティリティの利用方法は２つ考えられます。まず、ある特定の原資産についてのオプションが多数ある場合*24、取引量が多いオプションのデータから、このインプライド・ボラティリティを計算します。そして、そのボラティリティを使って、取引量が少ないオプションの理論価格を計算してみるという方法です。

また、ある特定の原資産のインプライド・ボラティリティが、ヒストリカル・ボラティリティに比べて大幅に低くなった場合は、「オプションを買う」、逆に高くなった場合は、「オプションを売る」というように、トレーディングに使う方法もあります。

Column

連続複利とは

リスク中立確率 p は上昇倍率 u と下落倍率 d から計算することができます。それでは刻一刻と変化する株価のリスク中立確率はどのように求められるでしょうか。そのためには連続複利を理解する必要があります。これまで、キャッシュフローが発生するタイミングは１年後とか２年後のように間隔があいている時間を前提としてきました。これを離散時間といいます。たとえば、X円を、年利 r %で t 年間運用した場合の将来価値は次の

*24　たとえば、同じ日産自動車の株式のオプションでも、権利行使価格、満期日までの期間などが異なるオプションが多数あります。

ように表わすことができます。

$$X \times (1+r\%)^t$$

それではこの複利計算の時間間隔を狭めていくとどうなるでしょうか？時間の間隔を半年にすると以下のようになります。$X \times \left(1+\frac{r\%}{2}\right)^{2t}$

さらに1か月にすると$X \times \left(1+\frac{r\%}{12}\right)^{12t}$になります。このように、$X$円を、年利$r$％、年$m$回の複利で$t$年間運用した場合の将来価値は次のように表わすことができます。

$$X \times \left(1+\frac{r\%}{m}\right)^{t \times m}$$

同じ期間運用したとしても利息がつく回数が増えれば増えるほど、１年複利の利回りは大きくなります。

期間数（１年当たり）	利率（１期間当たり）	年率	１年後の100,000円の価値	１年複利の利回り
1	6％	6％	106,000（$=100,000 \times 1.06^1$）	6.000％
2	3％	6％	106,090（$=100,000 \times 1.03^2$）	6.090％
4	1.5％	6％	106,136（$=100,000 \times 1.015^4$）	6.136％
12	0.5％	6％	106,168（$=100,000 \times 1.005^{12}$）	6.168％
365	0.0164％	6％	106,183（$=100,000 \times 1.000164^{365}$）	6.183％

複利計算の時間間隔を限りなく小さくする。つまり、mを限りなく増やしていったときの複利を連続複利といいます。連続複利を計算する場合、一般的にeを用いて求められます。eは自然対数の底と呼ばれ、値は$e=2.718281828\cdots$と続く数で、以下の式で定義されます。

$$e \equiv \lim_{m \to \infty} \left(1+\frac{1}{m}\right)^m$$

これを使うと、X円を、年利r％、連続複利でt年間運用した場合の将来価値は次のように表わすことができます。

$$X \times \lim_{m \to \infty} \left(1+\frac{r}{m}\right)^{t \times m} = X \times \left\{\lim_{m \to \infty} \left(1+\frac{1}{m/r}\right)^{m/r}\right\}^{rt} = X \times e^{rt}$$

連続複利で将来のキャッシュフローを割り引く場合は、e^{rt}の逆数であるe^{-rt}を掛けることになります。このような連続複利の契約は実際の金融市場では存在しません。ただ、ブラック＝ショールズ・モデルなどの理論モデルでは連続時間が前提となっていることから、平仄を合わせるために

第6章　デリバティブの理論と実践的知識

も理論モデルでは連続複利を使うのです。実際、Excelで連続複利を計算する場合は下図にようにEXP関数を使用すればいいので簡単です。

	A	B	C	D	E	F	G
1							
2		連続複利					
3							
4		元本（円）	100,000				
5		年率（%）	6%				
6		年数（年）	1.00				
7		将来価値（円）	106,184	<-- =C4*EXP(C5*C6)			
8							
9		元本（円）	106,184	<-- =C7			
10		年率（%）	6%				
11		年数（年）	1.00				
12		現在価値（円）	100,000	<-- =C9*EXP(-C10*C11)			
13							

リスク中立確率は以下の式で求めることができました。

$$p=\frac{(1+r_f)-d}{u-d}$$

$(1+r_f)$の代わりにe^{rt}を用いると、リスク中立確率は次のように計算することができます。

$$\boxed{p=\frac{e^{rt}-d}{u-d}}$$

なお、株価の標準偏差σ（シグマ）と上昇倍率uおよび下落倍率dを関係づける公式*25は次のとおりです。

$$u=e^{\sigma\sqrt{t}}$$
$$d=e^{-\sigma\sqrt{t}}=1/u$$

これまで見てきたように、オプション価値の算定にはリスク中立確率が必要でした。リスク中立確率の算定には、上昇倍率uと下落倍率dが必要です。上式を使えば、原資産価格の標準偏差σから、これらの倍率は計算できます。

つまり、原資産価格の標準偏差σがわかれば、オプション価値を求めることができるのです。

*25　この公式の詳しい導出方法を知りたい方は『ファイナンシャルエンジニアリング』（きんざい）があります。ちなみにtは1期間当たりの年数になります。

6.8 日産でのブラック=ショールズ・モデル活用編

「オプションが、難しいことはわかった」というのが、実感ではないでしょうか？　何のためにやっているのかもわからなくなってきている人もいるかもしれません。それでは、オプションの考え方を実務ではどのように使っているのでしょう？　日産自動車でのブラック=ショールズ・モデルの活用方法を紹介しましょう。

■為替変動リスクのプレミアム＝CAF

日産に限らず、いまや自動車メーカーは、世界各国から部品や原材料を輸入しています。サプライヤー（supplier）の支払通貨は、それこそさまざまです。たとえば、ある部品を購入する際に、米国、欧州、日本の３か国のサプライヤーが候補になったとします。

サプライヤー選定の基準は、QCDDMなどといわれていますが、品質（Quality）、価格（Cost）、開発力（Development）、供給能力（Delivery）、経営（Management）の観点から、比較検討することになっていました。

ここでは、価格の比較にフォーカスしてお話ししましょう。先ほどのサプライヤーがそれぞれ、米ドル、ユーロ、円で見積もりを出してきたとします。このときに、日本で使用する部品の場合、円貨に換算したうえで価格の比較を行ないます。

このときに、どの時点での為替レートを使えばいいのでしょう？　サプライヤーから部品を購入するのがいますぐだったら、現在の為替レートを使えばいいかもしれません。

ところが、購買担当者が、サプライヤーから見積もりを取ってから実際に購入を開始するまで、１年以上かかることもまれではありません。その１年の間に為替が大きく変動することもあるでしょう。実際に支払いが行なわれたときには、為替レートの変動によって、結果的に高い値段で購入してしまうこともあるわけです。

そこで、私が在籍していた頃、日産自動車では、ABM*26（Alliance Board Meeting）レートと呼ばれる予測為替レートに、ある一定のリスクプレミアムを加味して適用レートとしていました。この為替変動リスクのプレミアムを**CAF**（Currency Adjusted Factor、カフと発音）と呼んでいました。

たとえば、２年先に購入を開始する部品の価格を比較する場合、２年先のABMレートで円貨に換算するのではなく、CAFを加味したレートを適用することになります。それでは、為替変動リスクのプレミアムは、どのように計算しているのでしょう？

お待たせしました。ここで、やっとブラック＝ショールズ・モデルが登場します。

実は、CAFとは、将来ABMレートでドルを購入する権利、つまり、コールオプションの価格です。つまり、ドル・コールオプションの価格をリスクプレミアムとするのです。パラメータは次のとおりです。

S：現在の直物円相場
期日：購入開始日
権利行使価格(X): 購入開始時点の予算レート
金利：円と相手通貨のリスクフリーレート
ボラティリティ：円と相手通貨のヒストリカル・ボラティリティ

具体的に見ていきましょう。あなたは、ある部品の購買担当者だとします。日本と米国のサプライヤーから次のような見積書をもらいました。どちらのサプライヤーのコストが低いと判断すべきでしょうか。

日本のサプライヤー：350円、米国のサプライヤー：3ドル
購入開始時期：2年後
現在の為替レート：1ドル＝100円、ABMレート(2年後): 1ドル＝110円

現在の為替レート（１ドル＝100円）で計算すれば、米国のサプライヤーの価格は300円となります。したがって、米国のサプライヤーの価格が低いと

*26　Alliance Board Meetingとは、日産自動車とルノーのマネジメントとの定例会議でした。このABMレートはルノーと共通のもので、さまざまなプロジェクトの投資判断に使われる為替レートです。

いうことになります。しかし、部品の購入開始時期は２年後です。２年後のABMレートでは、１ドル＝110円と予測しています。このABMレートで計算した米国のサプライヤーの価格は330円ですから、実際に部品を購入する２年後でも、日本のサプライヤーの価格より低いことになります。

ただし、ABMレートは固定的なものですが、実際の為替レートは日々変化しています。したがって、その為替変動リスク分をABMレートに上乗せして考える必要があります。

そこで、２年後にドルを110円で購入できるオプションを購入する場合のプレミアム（CAF）を修正ブラック＝ショールズ・モデル*27を使って計算します。

そのときのパラメータとして次のものが必要になります。すなわち、現在の為替レート、権利行使価格（ABMレート）、それぞれの通貨のリスクフリーレート、ボラティリティ、購入日までの時間の６つです。

◆CAFを求める

	A	B	C	D	E
1	CAF (Currency Adjusted Factor)				
2					
3	現在の為替レート	100.00			
4	行使価格(ABMレート)	110.00			
5	満期までの期間(年)	2.00			
6	金利(円)	1.00%			
7	金利(米ドル)	4.00%			
8	ボラティリティ(年率)	25.00%			
9					
10	d1	−0.53208	<-- =(LN(B3/B4)+(B6−B7+B8^2/2))*B5/(B8*SQRT(B5))		
11	d2	−0.88564	<-- =B10−B8*SQRT(B5)		
12					
13	N(d1)	0.29733	<-- =NORMSDIST(B10)		
14	N(d2)	0.18791	<-- =NORMSDIST(B11)		
15					
16	コールオプション	7.1870	<-- =B3*EXP(−B7*B5)*B13−B4*EXP(−B6*B5)*B14		
17	CAF	6.534%	<-- =B16/B4		
18	リスク調整後為替レート	117.19	<-- =B4*(1+B17)		
19					
20					
21					

CAFを加えた為替レートは１ドル＝117.19円と計算できました。このレートで、米国のサプライヤーの見積価格を円換算してみると351.56円となり、日本のサプライヤーの価格が低くなるわけです。

ここでは、CAFの考え方を説明するために、単純なケースを取り上げまし

*27　通貨オプションの価格を計算するのに使うモデルは、修正ブラック＝ショールズ・モデル（ガーマン＝コヘーゲン・モデル）と呼ばれるものです。

たが、大まかな流れはつかんでいただけたのではないかと思います。また、先述したとおり、サプライヤー選定は、価格だけで決定するものではありません。

最後に、このCAFの値が大きいということは何が原因として考えられるのでしょうか？

現在の為替レートとABM（予算）レートの差が大きい、購入開始までの期間が長い、過去の為替レートの変動が大きい、などがあげられます。

6.9 新株予約権付社債

新株予約権付社債は決められた価格で発行企業の新株を買う権利（オプション）がついた社債のことです。新株予約権付社債は2002年４月の商法改正に伴いできた名称です。改正前は、転換社債（CB：Convertible Bond）と新株引受権付社債（ワラント債）に分かれていましたが、現在の新株予約権付社債はこれらを包括する概念です。

本書では便宜上、従来どおり、転換社債、ワラント債という用語を使用します。ちなみに、転換社債は商法改正後、転換社債型新株予約権付社債と呼ばれています。

■転換社債とは

転換社債は、あらかじめ定められた価格で、株式に転換できる権利（オプション）が付与された社債です。Convertible Bondの頭文字をとって**CB**と呼ばれています。株式に転換できるという魅力があるため、同じ企業が発行する普通社債より低い利率で発行することができます。言いかえれば、株式転換のオプション分だけ、低利で資金を調達することが可能だということです。

投資家は、株式への転換によって、株価上昇による利益（キャピタルゲイン）の享受を期待できます。一方、株式に転換せずとも、そのまま社債として保有していれば、確定利付債券として利息を受け取り、償還期限には額面金額を受け取ることができるのです。

◆転換社債の投資家にとってのメリット

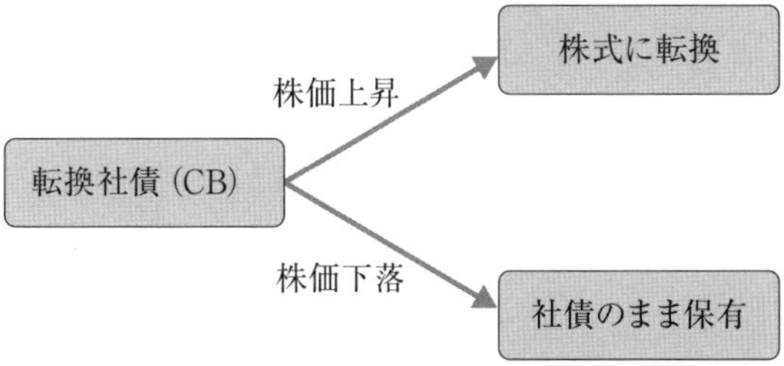

発行するときに、あらかじめ転換社債を株式に転換する価格（転換価格）などの条件を決めておきます。

たとえば、転換価格が1,000円だとすると、額面100万円の転換社債は、その企業の株式1,000株（=1,000,000円/1,000円）と交換できることになります。通常、この転換価格は、転換社債の募集開始直前の株価を基準に数%上乗せしたものとされています。

■転換社債の価格はどう動く？

株式に転換できる権利が付与されていることから、株価が上昇すれば転換社債の価格も上昇します。たとえば、あなたがある企業の転換社債（額面金額100万円、転換価格1,000円）を持っているとします。

この企業の株価が転換価格1,000円を上回る1,300円になった時点で、あなたは転換社債を株式1,000株に転換し、この株式を即座に市場で売却すれば、1株当たり300円×1,000株で30万円の利益を手にすることができるのです。一方、株価が1,300円になったときには、この転換社債は130万円の価値があるということになります。

このように、現時点で転換社債を株式に転換した場合の価値を**転換価値**（coversion value）といいます。証券取引所の転換社債相場は、転換価値が130万円であれば、株価と連動して発行時の100万円から少なくとも130万円には値上がりするでしょう。これをCBの**株価連動性**といいます。

それでは、株価が1,300円から900円に下がった場合はどうなるのでしょう？

この場合は、転換社債の価格は90万円に下がってもおかしくはありませんが、90万円までは下がりません。転換社債の場合は、株式に転換しない限り社債のままですから、社債の価値*28が転換社債の価格を下支えしてくれるのです。これをCBの**下方硬直性**といいます。

転換社債は、株価が上昇すれば株式同様の利益を上げることができる一方で、株価の下落に対しても、普通社債としての価値（社債価値）が残ることから保護されているといえます。株価と転換価値、社債価値の関係を図で表わすと次のようになります。

---

*28　ここでは、転換社債にデフォルト・リスクがないと仮定しています。したがって、普通社債の価値は株価に左右されることなく一定と表わされています。

◆株価と転換価値・社債価値

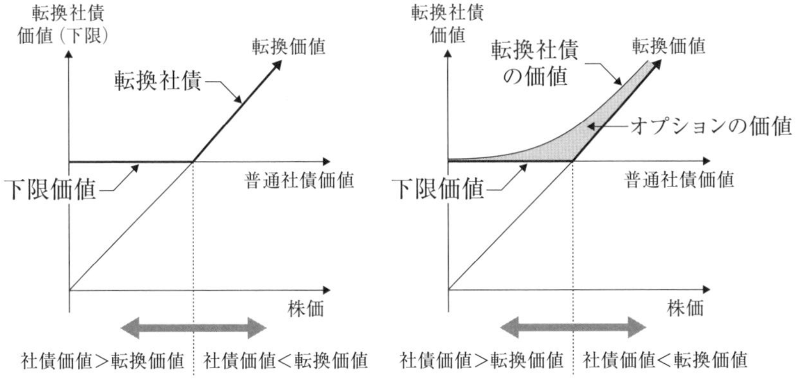

上の左図を見てください。株価がいくら低くなっても、普通社債としての価値が下支えしていることがわかります。株価が上がれば上がるほど、転換価値は上がっていきます。縦軸が転換社債価値（下限）となっていることに気づいた人もいることでしょう。

実は、転換社債の価値は、普通社債の価値と転換価値の合計を上回ります。転換社債の保有者は、株式に転換できる権利（オプション）を持っています。つまり、将来の株価上昇の可能性を反映した価値が、このオプションにはあるわけです。したがって、転換社債の価値は、次の式で表わすことができます。

◆転換社債の価値◆

転換社債の価値＝*Max*（普通社債としての価値、転換価値）＋オプションの価値

上の右図のグラフの曲線が、転換社債の価値を示しています。常にオプションの価値の分だけ、普通社債の価値と転換価値を上回っていることがわかります。

普通社債より低い利率で転換社債を発行できることから、転換社債を低利の資金調達手段と考えている企業もあります。しかし、これは間違いです。これまで述べてきたように、転換社債の価値は、普通社債の価値とオプションの価値を合計したものです。

したがって、転換社債は、表面的には普通社債より低い利率となりますが、その代わり、企業は投資家に対して価値のあるオプションを与えていることになりますから、経済的には同じといえます。

それでも転換社債を発行したい企業はあります。たとえば、将来に急成長が見込める新興企業などです。キャッシュフローが潤沢ではない新興企業にとっては、転換社債はうってつけです。

その新興企業が成長ステージにあること、そして事業リスクが高いことから、オプションの価格は高くなりますが、その分、利率が低くなり、企業にとって金利負担が少なくなるというメリットがあります。

将来、株価が上昇し、投資家が転換権を行使すれば、社債が消滅（株式に転換）することから、元本を償還する必要がなくなるというメリットもあります。ただし、コールオプションであるため、転換権（オプション）を行使する、しないは、投資家が決めるわけですから、転換社債が転換されずに満期を迎えた場合は、社債を償還しなければならなくなります。

■ワラントとは

ワラント（warrant）とは、あらかじめ定められた一定の価格で発行体の株式を購入できる権利です。そして、このワラントのついた社債のことを**ワラント債**[*29]といいます。ちなみに、株式を取得するためには、その権利を行使して（新たに資金を投資して）株式を購入することになります。ワラント債と転換社債の違いがよくわからなくなりますよね。でも、それほど難しくはありません。

転換社債とワラント債はともに新株予約権というコールオプションがついているという点で同じです。しかし、ワラント債は先に述べたとおり、権利行使時に新たな資金が必要ですが、転換社債は、転換社債そのものを株式に直接転換するため、追加資金は必要ありません。また、ワラント債では、資金を払込むので株式取得後も社債は手元に残りますが、転換社債では社債が消滅してしまうといった点でも大きく異なっています。転換社債は、転換権を行使すると社債ではなくなり、元に戻すことはできなくなるわけです。

◆転換社債とワラント債の特徴

	行使する	行使しない
転換社債	株式に転換後、社債は消滅	社債が残る
ワラント債	株式取得後も、社債部分は残る ただし、資金の払込みが必要	社債が残る

＊29　ワラント債は、2002年４月の商法改正により、それまでの「新株引受権付社債」から、「新株予約権付社債」に改められました。

なぜ、企業はワラント債を発行するのでしょう？　まず、第1にワラントの価値は、企業の株価のボラティリティに比例するので、ボラティリティが高ければ高いほど、価値が高くなるからです。つまり、市場が企業に対して、実際よりもリスクが高いと考えれば考えるほど、ワラントの価値が増加するわけです。これは、オプションのプレミアムと同じ理屈です。

また、ワラントそのものが利払いや配当などの資金負担を企業に負わせるわけではないからです。結果的に、キャッシュフローが潤沢ではない成長ステージにある企業にとっては、普通社債よりも低い金利で資金調達できる手段として最適です。投資家にとっては、低利でも将来株価が権利行使価格以上に上昇すると考えれば、問題ないわけです。

さらに、投資家が権利を行使して株式を購入すれば、その分、企業に資金が入るからです。この資金を債券の償還原資にすることも可能なわけです。ただし、ワラントもコールオプションであるため、投資家がそのオプションを行使しない場合もあり得ます。仮に株価が権利行使価格以上に上昇しなかった場合、投資家は権利を行使しないことから、投資家のリターンは債券からの低い利息のみになってしまいます。

企業サイドから見れば、投資家が権利を行使しない場合は、株式の購入資金が払い込まれないことから、債券償還時の資金を別途調達しなくてはいけません。

●ワラントとコールオプションの違い

ワラントとコールオプションの違いを説明しておきましょう。コールオプションの場合は、オプションを行使したとしても、発行済の株式が売買されるだけで、株式数が変わることはありません。ところが、ワラントが行使されると新たに株式が発行され、新株取得のための資金がワラントの所有者から入ってきます。そして、株式発行の価格は、その時点の株価より低い権利行使価格になることから、株価を引き下げることになります。この新株発行による1株当たりの価値の低下のことを**株式の希薄化**（dilution）といいます。希薄化の影響があるワラントは、このようなネガティブなインパクトがないコールオプションと比較して、その価値が割安になります。

ワラントの理論価格（価値）は、権利行使価格が同じコールオプションの理論価格に、

$$\frac{発行済株式数}{発行済株式数+新規発行株式数}$$

を掛けたものになります。ワラント債の価値は、次式の通り、普通社債の価値にワラントの価値を加えたものになります。

ワラント債の価値=普通社債としての価値＋ワラントの価値

●ワラントの価値とは

それでは、ワラントの価値を求めてみましょう。まず、コールオプションを行使した場合のペイオフは次のように表わすことができます。もちろん、株価が権利行使価格を上回っている前提です。

$$株価-権利行使価格=\frac{株式時価総額}{発行済株式数}-権利行使価格$$

次にワラント行使によるペイオフを考えてみましょう。まず、ワラント行使によって、企業は新たに、

「権利行使価格×新規発行株式数」に相当する現金

を受け取ることになります。ワラント行使後の株式数は、

発行済株式数＋新規発行株式数

となります。したがって、ワラント行使後の株価は、

$$\frac{株式時価総額+権利行使価格\times新規発行株式数}{発行済株式数+新規発行株式数}$$

となるわけです。よって、ワラント行使によるペイオフは、「株価－権利行使価格」なので、

$$\frac{株式時価総額+権利行使価格\times新規発行株式数}{発行済株式数+新規発行株式数}-権利行使価格$$

$$=\frac{株価\times発行済株式数+権利行使価格\times新規発行株式数-権利行使価格\times(発行済株式数+新規発行株式数)}{発行済株式数+新規発行株式数}$$

$$=\frac{株価\times発行済株式数-権利行使価格\times発行済株式数}{発行済株式数+新規発行株式数}$$

$$=\frac{発行済株式数}{発行済株式数+新規発行株式数}\times(株価-権利行使価格)$$

となります。

具体的な数字を使ってみてましょう。X社のワラント満期日直前の株価は1,200円、発行済株式数は1,000株です。ワラントは権利行使価格が1,000円で10株を購入できるとします。ワラント行使後のX社の株式時価総額は次のとおりです。

ワラント行使後の時価総額
＝行使直前の株式時価総額＋権利行使価格×行使株式数
＝ 1,200円×1,000株＋ 1,000円×10株＝ 1,210,000円

ワラント行使後の株式数は、1,010株です。したがって、

$$\text{満期日におけるワラントの価値} = Max\left(\frac{1{,}210{,}000}{1{,}010} - 1{,}000,\ 0\right) = 198\text{円}$$

になります。一方で満期日と権利行使価格が同じコールオプションの価値は、

$$\text{満期日におけるコールオプションの価値} = Max(1{,}200 - 1{,}000,\ 0) = 200\text{円}$$

になります。

$$\text{ワラントの価値} = \frac{1{,}000}{1{,}000+10} \times 200 = 198$$

このように、ワラントの価値は、満期日と権利行使価格が同じコールオプションの価格に、$\frac{\text{発行済株式数}}{\text{発行済株式数}+\text{新規発行株式数}}$を掛けたものであることがわかります。つまりワラントの価値は、満期日と権利行使価格が同じコールオプションよりも価値が低くなります。

■新株予約権の行使と株主構成の変化

転換社債やワラントを発行するときは、新株予約権が行使されたときのことを考えなくてはいけません。新株予約権が行使されるということは、増資を行なうことと同じになります。つまり、流通する株式数が増加するということです。したがって、転換社債やワラントなどの新株予約権付社債の発行を検討する場合は、予約権が行使された場合の株主構成の変化についても検討する必要があります。

- デリバティブは、一般的に先物（futures）、スワップ（swap）、オプション（option）やそれらを組み合わせたものである。

- 先物とは、将来の特定期日に現時点で取り決めた価格で、特定の商品を売買する約束をする取引をいう。先物取引を契約した時点では金銭のやり取りはない。

- 金利平価（Interest Rate Parity）とは、将来の為替レート（たとえばドル/円の交換レート）がドルと円のどちらで資金運用しても受取額が同じになるように決まることをいう。

- 購買力平価（PPP：Purchasing Power Parity）とは、将来の為替レートは通貨間の購買力を一定に保つように決定されるという考え方である。購買力平価はさらに絶対的購買力平価と相対的購買力平価に分けられる。

- クロスボーダー投資のNPVの算出には自国通貨法と外国通貨法がある。市場金利、期待インフレ率など前提条件が同じであれば、NPVは同じ値になる。

- スワップ取引とは、将来の特定期日にある対象物を交換することを意味する。スワップ取引には、固定金利と変動金利の交換である金利スワップ、通貨の交換である通貨スワップなどがある。

- オプションは、株式や債券などを、ある期日に、ある数量を、ある価格で買う権利あるいは売る権利のことをいう。買う権利のことをコールオプション、売る権利のことをプットオプションという。

- オプションの価値は次の式で表わせる。
  オプションの価値＝本源的価値＋時間価値

- プットオプションとコールオプションの価格にはプット・コール・パリティという関係がある。

- オプションの価値算定には、ブラック＝ショールズ・モデルと二項モデルがある。いずれもオプションと同じペイオフを持つ複製ポートフォリオを作成し一物一価の原則からオプション価値を求める考え方に基づく。

第7章

経営の自由度の価値評価

投資プロジェクトにはNPVではとらえきれない価値が内包されています。それが経営の自由度の価値です。この章では、ディシジョン・ツリー分析法とリアル・オプション法の2つの評価方法を説明します。

7.1 経営の自由度とは

■経営の自由度を評価する

NPV法は現在では伝統的な投資判断手法といわれています。なぜなら、投資プロジェクトには従来のNPV法では、とらえきれない価値があるからです。

たとえば、製薬業界では、NPVがマイナスの研究開発案件でも投資を実行することがあるといわれています。つまり、NPVがマイナスの研究開発でも価値あるものと考えられているわけです。

また、不動産デベロッパーが更地を開発すればNPVがプラスになると考えられるのに、開発せずそのままにしていることがあります。不動産デベロッパーは、不動産市況が今後どうなるかを見極めてから、行動に移すことの価値を経験的にわかっているといえます。

これらのケースを見ると、NPV法による投資判断ではとらえきれない何かがあることがわかります。それは経営の自由度の価値です。実際に、経営者は投資をしたあとは運を天に任せるということはなく、環境変化に応じ、事業計画や戦略を変更するでしょう。たとえば、計画どおりの結果が出ない事業を縮小したり、撤退したりもします。反対に予想以上にうまくいっている場合は事業を拡大すべく追加投資をするかもしれません。こうした自由度の高い計画変更は企業価値向上に相当な影響があるはずです。

NPV法ではとらえることのできない経営の自由度の価値の評価方法には、**ディシジョン・ツリー分析法**（DTA：Desicion Tree Analysis）と**リアル・オプション法**（ROV：Real-Option Valuation）があります。

それでは経営の自由度の価値のイメージをつかんでいただきましょう。NPV法では先述したように「いま、投資をするか、しないか」の二者択一となります[*1]。

次ページの上図をご覧ください。いま100万円の投資をすると１年後にキャッシュフローが130万円か90万円得られる投資機会があるとします。ここでは便宜的に、発生確率は50%としておきます。この場合は、期待キャッシュフロ

＊1　ビジネススクールではNPV法を"Now or Never"、つまり、いまやるか、やらないかの判断しかできないと教わりました。

ーは110万円（= 130万円×50% + 90万円×50%）です。このプロジェクトのNPVを計算してみましょう。このプロジェクトのハードルレートが15%とするとNPVは－4.3万円となります。数字だけで判断すれば、投資できないことになります。

◆いま100万円の投資をする場合

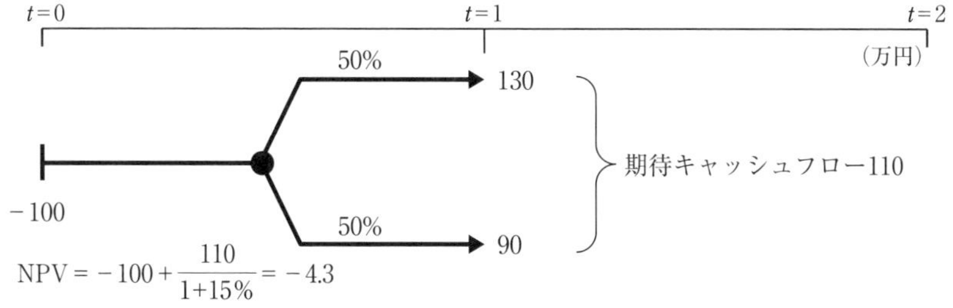

次に不確実性が解消されるまで１年間投資を待つ場合を考えてみましょう。つまり、このプロジェクトから生み出されるキャッシュフローが130万円か90万円のどちらになるか判明するまで投資を待つということです（下図参照）。

この場合、得られるキャッシュフローが90万円であれば投資しないでしょう。得られるキャッシュフローが投資金額100万円よりも少ないからです。得られるキャッシュフローが130万円になるとわかれば、投資するでしょう。この場合のNPVは3.1万円になります。ただし、リスクフリーレートは５％[*2]とします。

◆100万円の投資をするのを１年間持つ場合

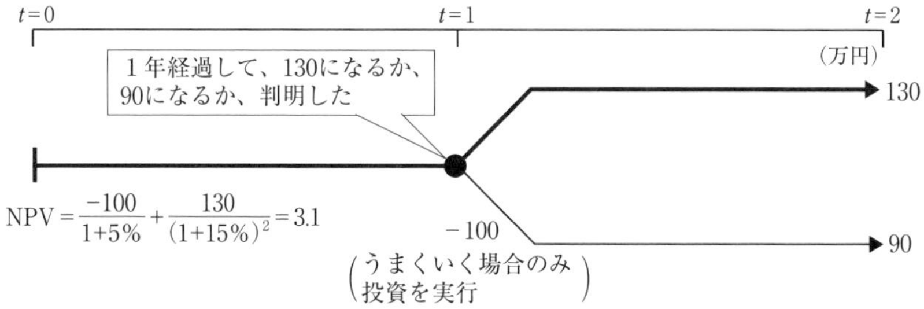

＊2　１年後の投資額100万円については、リスクフリーレート５％で割り引きます。なぜなら、投資するか、しないかは私たちが決めることができるからです。あるいは、このように考えてもいいかもしれません。１年後このプロジェクトに100万円投資するために今日口座にそのお金を確保するとしましょう。このお金は1年後投資をするまで運用できます。ただ、運用するといっても１年後に100万円投資をすることが決まっていますので、株式などのリスク資産に投資をしてはいけません。国債などのリスクフリー資産で運用すれば、１年後には少なくとも、リスクフリーレート分の金利がついているはずです。したがって、１年後の100万円の現在価値はリスクフリーレートで割り引くことになります。

一方、投資決定を今日行なう場合のNPVは、最初に求めたように－4.3万円です。

投資するタイミングを遅らせるというオプションの価値は、自由度があるプロジェクトの価値と自由度がないプロジェクトの価値との差の7.4万円です。これが経営の自由度の価値です。

ここで重要なことは、いま投資をするのと、投資をしないで待つことはトレードオフの関係にあるということです。先ほどの例でいえば、不確実性が解消するまで１年間待ったことにより、130万円のキャッシュフローを受け取るのは１年遅れることになります。

投資をすれば、すぐにキャッシュフローを獲得できますが、将来における意思決定の自由度を失うことになります。一方、いま投資せずに待てば、１年後に得られるキャッシュフローは犠牲にするものの、よりよい意思決定をするための情報を入手することができます。

NPV法では、このトレードオフに関して検討することができませんでした。繰り返しになりますが、NPV法は、いま投資をするか、あるいは投資しないかを判断するものだからです。

こうして見てくると、経営の自由度には価値があることがよくわかります。つまり、プロジェクトの価値は、NPV法によって算定される価値と経営の自由度の価値の合計なのです。この経営の自由度の価値を考慮した投資の意思決定には、**拡張NPV**（Expended NPV）が用いられます。

拡張NPVは次のように定義できます。

◆拡張NPV◆

拡張NPV＝プロジェクトのNPV＋経営の自由度の価値

経営の自由度の価値評価には、ディシジョン・ツリー分析法とリアル・オプション法の２つがあるといいました。まずは、ディシジョン・ツリー分析法について次項で説明します。

7.2 ディシジョン・ツリー分析法

■ディシジョン・ツリー分析法とは何か

意思決定には1回だけで終わるものもありますが、時期をずらして複数回数、意思決定する場合もあります。ディシジョン・ツリーは、意思決定とその結果の事象をツリー（樹木）の形で表現します。ディシジョン・ツリー分析は、長期にわたる複数の意思決定の最適解を導くための手法です。

それでは、例題を使って説明していきましょう。

例　題

ある食品メーカーで新商品のアイデアが出された。商品化するには設備投資が1億円必要である。あなたは、ヒットする確率が50%だと考えており、ヒットした場合の事業価値は5億円、ヒットしない場合は－4億円と考えている。ディシジョン・ツリーを描いて、どうすべきか判断しなさい。

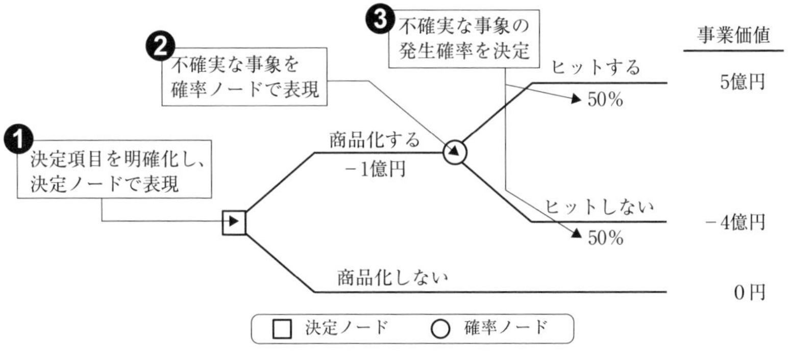

上図がディシジョン・ツリーです。□と○のマークがあります。

□は決定ノードといい、意思決定の選択肢が枝分かれする箇所であることを表わしています。決定ノードではどちらの選択肢を選ぶかは私たち自身で決めることができます。

また、○は確率ノードといい、私たちの意思にかかわらず、複数の事象が生じる点を表わしています。各事象の下にあるパーセンテージはその事象の発生確率を表わしています。

まずは決定項目を明確化する必要があります。今回の意思決定は、商品化するかしないかです。そこで、決定ノードから商品化する場合と商品化しない場合に枝分かれさせます（前ページ図❶）。商品化しない場合の事業価値は、当然のことながら、ゼロになります。一方で商品化した場合は、ヒットする場合とヒットしない場合に分かれ、不確実な事象となります（前ページ図❷）。これを確率ノードから分岐させ、それぞれの発生確率を決定します（前ページ図❸）。ここでは、それぞれの発生確率は50%です。ヒットした場合の事業価値は5億円、ヒットしない場合は－4億円です。

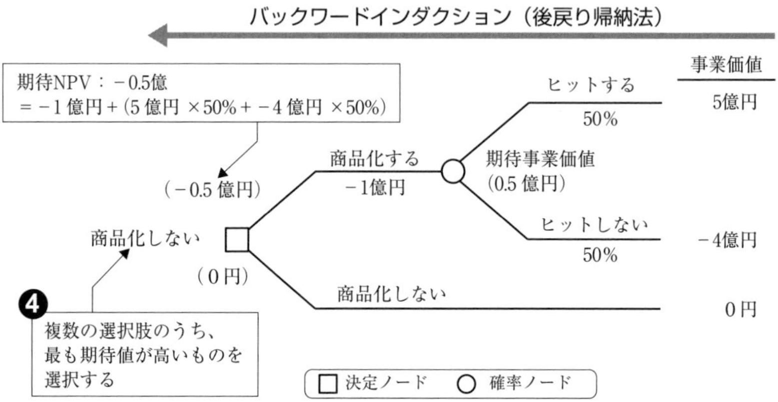

ディシジョン・ツリーは、左側から右側にツリーを枝分かれさせるように描きます。分析の段階では、逆に右側から左側に時間をさかのぼるように見ていくことになります。これを**バックワードインダクション**、あるいは**後戻り帰納法**と呼びます。まずは、確率ノードにおける事業価値の期待値を求めます。

ヒットする、しないの確率は、各50%です。したがって、期待値は次のように計算できます。

期待値（事業価値）＝5億円×50%＋（－4億円）×50%＝0.5億円

商品化するには、1億円の投資が必要ですから、期待NPVは、－1億円＋0.5億円＝－0.5億円です。商品化しない場合の事業価値は0円です。決定ノードでは最も期待値が大きい選択肢を選択しますから、「商品化しない」という決定をするべきです（上図❹）。

それでは演習問題をやってみましょう。

演習問題

Q社では新商品を販売する計画がある。もし現状のまま商品を販売すると、成功する確率は50%である。一方、成功確率を上げるための方法が考えられる。1つに、販売にあたり55百万円かけて専門チームをつくって販売する方法で、この場合の成功確率は70%になる。また、専門チームをつくる代わりに、コンサルティング会社に90百万円支払い、市場調査し製品を改良する選択肢もある。この場合は、90%の確率で、新商品の販売を成功させることができる。

どの場合も販売の時期は変わらないものとし、商品の販売が成功すれば、事業価値は250百万円となり、失敗すると、事業価値がゼロになるとする。

ディシジョン・ツリーを描いて、この場合、Q社はどうするべきか、判断しなさい。

今回の意思決定は、現状のまま商品販売するか、専門チームを結成するか、それともコンサルティング会社に市場調査を依頼するかです。そこで決定ノードから3つに枝分かれさせます。そのあとは、成功する場合と失敗する場合に確率ノードから分岐させ、それぞれの発生確率を記入します。

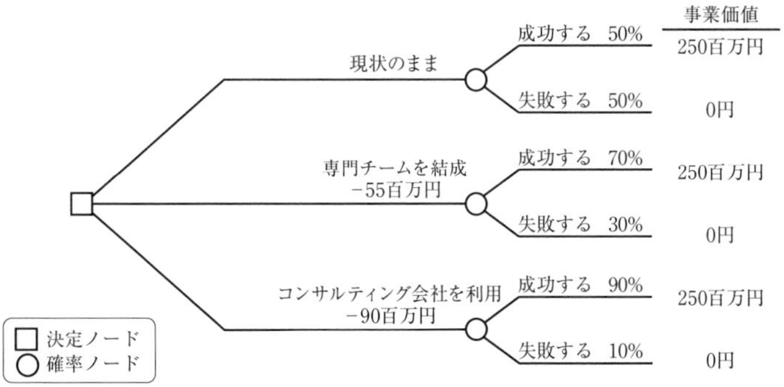

それでは、右側から左側に時間をさかのぼるように見ていきましょう（次ページの図）。

現状のままでは成功した場合の事業価値は250百万円です。失敗した場合の事業価値はゼロです。したがって、現状のままの期待事業価値は、125百万円（=250百万円×50%＋0円×50%）と計算できます。投資は必要ありませんから、NPVは125百万円です。

専門チームを結成する場合は成功確率が70%に増加します。したがって、期待事業価値は175百万円（=250百万円×70％＋0円×30％）です。ただ、専門チームを結成する場合は55百万円の投資が必要ですから、NPVは120百万円（=－55百万円＋175百万円）になります。

同様にコンサルティング会社を利用する場合のNPVは135百万円となります。決定ノードでは、期待値（NPV）が最も大きい値を選ぶことになります。したがって、「コンサルティング会社を利用する」を選択します。

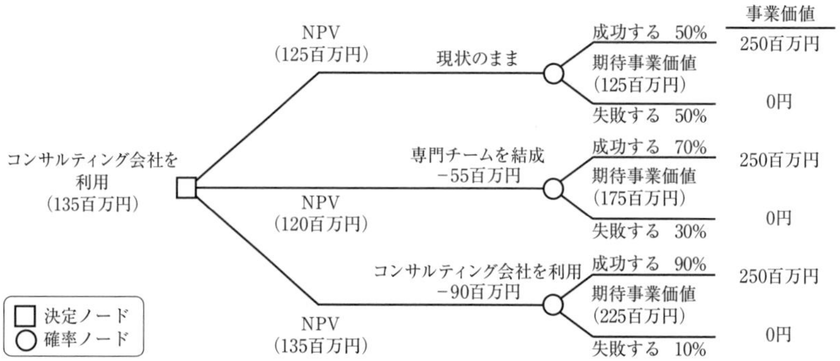

ディシジョン・ツリーは、長期にわたる意思決定の分析を行なうのにも適しています。その場合は、当然のことながらお金の時間価値を考慮に入れなくてはいけません。次の演習問題は、その点に注意して取り組んでください。

演習問題

Ｐ社では新商品を開発した。もし、この商品が成功すれば、商品が売りに出された時点で、5,000百万円の事業価値がある。一方、もし失敗であれば、1,000百万円の事業価値となる。いますぐにこの商品を市場に出す場合の成功確率は50%と考えられる。一方、１年間商品の発表を延期し、600百万円をかけてテストマーケティングを実施することも考えられる。これにより商品を改良できることから成功する確率は75%まで上げられるとする。この場合、Ｐ社はテストマーケティングをするべきか？

ディシジョン・ツリーを描いて、判断しなさい。ただし、割引率は10%とする。

今回の意思決定は、テストマーケティングを実施するかしないかです。決定ノードから２つに分岐させます。そのあと、成功する場合と失敗する場合に確率ノードから分岐させそれぞれの確率を記入します。

テストマーケティングを行なうと1年後発表がずれます。ここで重要なのは、ディシジョン・ツリーに記入する数値は現在価値ベースにしておくことです。これは、数値の時点を合わせておけば間違いを減らせるからです。テストマーケティングして成功した場合の事業価値は4,545百万円（=5,000百万円/（1＋10%））です。一方で失敗した場合の、事業価値は909百万円（=1,000百万円/（1＋10%））となります。

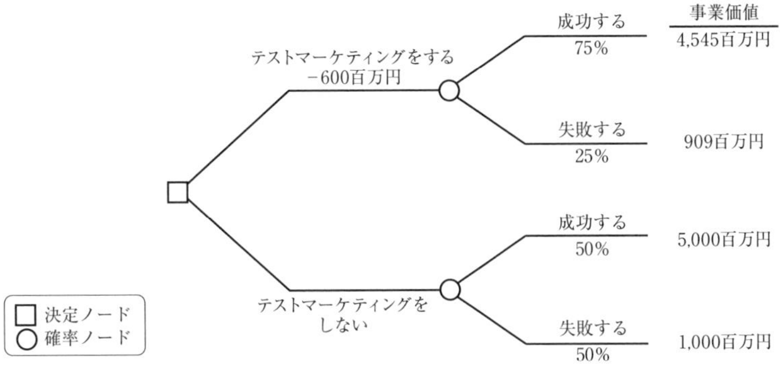

テストマーケティングをした場合の期待事業価値は3,636百万円（= 4,545百万円×75% + 909百万円×25%）となります。テストマーケティングコスト600百万円を考慮した後のNPVは3,036百万円です。

テストマーケティングしない場合の期待値は3,000百万円（=5,000百万円×50% + 1,000百万円×50%）です。投資は必要ありませんから、NPVは3,000百万円です。決定ノードでは数値の大きいほうを選択すべきですから、「テストマーケティングをする」という意思決定になります。

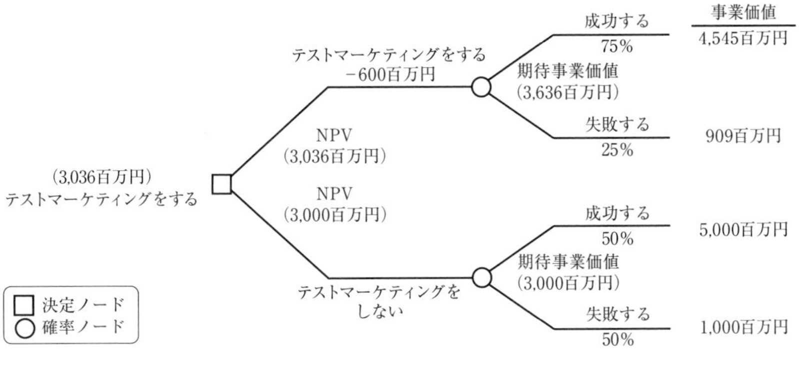

7.3 リアル・オプション法

■リアル・オプション法とは何か

リアル・オプションは、金融資産を原資産とするオプションに対して、実物資産（real assets）を原資産とします。ほとんどの投資には、オプション的な性質があります。投資機会を持つ企業は、ある価値を持った実物資産（すなわちプロジェクト）購入の対価として、資金（すなわち権利行使価格）を、いまの時点で支出するか、あるいは、将来のある時点で支出するかを選択できる権利（すなわちコールオプション）を持っているからです。

リアル・オプションには、下の表に記載したとおり、さまざまな種類があります。

◆リアル・オプションの種類

種　類	内　容
タイミング・オプション (timing options)	市場の需要が堅調であるか否かを判断するための情報を入手するまで、本格的な投資を延期するというオプション（延期オプションともいいます）
成長オプション (growth options)	初期投資を行なうことによって、今後高い成長が見込める市場に早期に参入して、競合他社より有利なポジションに立つオプション
段階的オプション (staging options)	投資を一度にではなく、少しずつ段階的に行ない、各段階で投資結果を評価することによって、さらに投資を行なうか、中断するかを決定できるオプション
撤退オプション (exit options)	市場の需要が予測を下回ったときに生産を中止し、工場を売却するなど、事業から撤退することができるオプション

■リアル・オプションの事例

それでは、リアル・オプションの事例を見てみましょう。

ABCエアラインは、日本からX国への航空機の運行許可ライセンスの取得を考えています。ライセンス取得のためには、少なくとも１機の飛行機を運航させる必要があり、最大で10機までの運航が可能です。いずれにしても、ライセンス取得を決定すれば、新しいマーケットへの進出の機会を獲得したことになります。ABCエアラインは、「将来に成長する機会を手に入れるため、いま投資する」といえるわけです。

したがって、エアラインビジネスを拡大するというオプションは、このライセンスを購入するかどうかを決定するときには、考慮しなくてはいけないものです。それでは、具体的に数字を使って考えてみましょう。

あなたは、ABCエアラインの財務担当者です。現在、購入を考えている航空機の運航許可ライセンスは、50億円です。航空機１機の購入コストは120億円で、航空機の償却期間は５年（残存価格なし）とします。航空機の生み出すキャッシュフロー[*3]を次のように予測しました。

◆航空機の生み出すキャッシュフロー予測

	A	B	C	D	E	F	G	H	I	J
2										
3		前提条件								
4		ハードルレート	15%							
5		満期日までの期間（年）	1.0							
6		リスクフリーレート	3%							
7		ボラティリティ	40%							
8		1年後に購入する航空機の数	9							
9										
10		1機目の購入に関するNPV						単位：億円		
11		年度	0	1	2	3	4	5		
12		航空機に関わるキャッシュイン		20	30	50	40	30		
13		航空機に関わるキャッシュアウト	−120							
14		ライセンス料	−50							
15		キャッシュフロー	−170	20	30	50	40	30	<--- =SUM(H12:H14)	
16										
17		NPV	−59.3	<--- =NPV(C4,D15:H15)+C15						

ハードルレートを15%として、NPVを計算した結果、−59.3億円となりました。ライセンスを取得し、航空機を１機運航したとしてもNPVがマイナスになるわけです。そのため、あなたは社長に「ライセンスを購入するのをやめるべきだ」と進言しました。ところが、社長の考えは少し違っていました。

社長は、「まず、ライセンスを取得し、航空機を運航させることによって、ビジネスがうまくいくかを見て、１年後に残りの９機の航空機を投入するか、しないかを判断したい」と言うのです。

ライセンスを購入し、航空機を１機投入することによって、ABCエアラインは、事業拡大の機会（option to expand）、あるいは、学びの機会（option to learn）を手に入れようとしていると考えることができます。したがって、あなたはこれらのオプションの価値をプロジェクトの価値に織り込まなくてはいけません。

*3　このキャッシュフローは、増し分キャッシュフロー（incremental cash flow）とします。つまり、航空機を１機購入することによって増えるキャッシュフローだということです。

●リアル・オプションの評価

リアル・オプションの評価の方法には、

① ブラック＝ショールズ・モデルを活用するもの

② 二項モデルを活用するもの

③ モンテカルロ・シミュレーション＊4を活用するもの

があります。ここでは、ブラック＝ショールズ・モデルを活用してオプションを評価します。

このケースでは、航空機に対する需要が高いようなら、１年後に９機の航空機を投入し、需要が低ければ投入をやめることから、一種のオプションと考えられるわけです。このリアル・オプションの場合、権利行使価格に相当するのは、航空機購入にかかるコストと考えられます。なぜなら、その金額の投資を行なえば、９機の航空機が投入され、キャッシュフローの増大が得られる一方で、投資を行なわなければ、新たな投資に伴う損失を回避できるからです。

それでは、このケースにおいて、原資産価格に相当するものは何でしょう？１年後に、９機の航空機を投入するか、しないかを決定する際に大切なのは、その追加投資によってもたらされるキャッシュフローの現在価値です。したがって、ここでは、航空機が生み出すキャッシュフローの現在価値が原資産価格に相当します。

１年後の航空機９機が生み出すキャッシュフローの現在価値は次の式で求めることができます（次ページの図セルC30）。

$$886.6 = \frac{180}{(1+15\%)^2} + \frac{270}{(1+15\%)^3} + \frac{450}{(1+15\%)^4} + \frac{360}{(1+15\%)^5} + \frac{270}{(1+15\%)^6}$$

このキャッシュフローの現在価値が、リアル・オプションの原資産価格に相当します。先に述べたとおり、権利行使価格が航空機９機を購入するコストである1,080億円です。また、１年後に航空機の導入を判断するときが、このリアル・オプションの満期日です。

リアル・オプションの価格を算定するパラメータが決まりました。原資産価格は、１年後の航空機９機が生み出すキャッシュフロー（２年後から発生）の現在価値866.6億円、権利行使価格は、航空機９機の製造コスト1,080億円、満

＊4　コンピュータに乱数を発生させて何度も異なるシナリオをシミュレーションすること。

期日までの期間は、１年間、リスクフリーレートは３%。ボラティリティは40%とします。

ブラック＝ショールズ・モデルでこのリアル・オプションの価値を算定しましょう。

	A	B	C	D	E	F	G	H	I	J	K
19		オプション価値									
20		年度	0	1	2	3	4	5	6		
21		キャッシュイン			180	270	450	360	270	<-- =H12*$C$8	
22		キャッシュアウト		-1,080	<-- =C13*C8						
23		キャッシュフロー	0	-1,080	180	270	450	360	270	<-- =SUM(I21:I22)	
24											
25		年度	0	1	2	3	4	5	6		
26		キャッシュイン			180	270	450	360	270	<-- =I23	
27		DF	1.00	0.87	0.76	0.66	0.57	0.50	0.43	<-- =1/(1+$C$4)^I25	
28		PV of キャッシュイン	0	0	136	178	257	179	117	<-- =I26*I27	
29											
30		原資産価格	866.6	<-- =SUM(C28:I28)							
31		権利行使価格	1,080.0	<-- =-D22							
32											
33		d1	-0.2752	<-- =(LN(C30/C31)+(C6+C7^2/2)*C5)/(C7*SQRT(C5))							
34		d2	-0.6752	<-- =C33-C7*SQRT(C5)							
35											
36		N(d1)	0.3916	<-- =NORMSDIST(C33)							
37		N(d2)	0.2498	<-- =NORMSDIST(C34)							
38											
39		コールオプション	77.6	<-- =C30*C36-C31*EXP(-C6*C5)*C37							
40											
41		プロジェクトの価値（拡張NPV）									
42		NPV	-59.3	<-- =C17							
43		リアル・オプションの価値	77.6	<-- =C39							
44		プロジェクトの価値（拡張NPV）	18.3	<-- =SUM(C42:C43)							
45											

ライセンスを取得して、航空機を１機購入し、さらに１年後に９機の航空機を購入するというオプションの価値は、77.6億円となります。したがって、リアル・オプション価値を含めた拡張NPVは18.3億円（＝－59.3億円＋77.6億円）となります。結果的に、ライセンスと航空機を１機購入し、１年後に９機の航空機を購入するというオプションを得ることは、検討に値するわけです。

●リアル・オプションのパラメータ

リアル・オプション評価にブラック＝ショールズ・モデルを使う場合、必要なパラメータは金融資産のオプションと同様に、原資産価格、権利行使価格、オプション満期日、リスクフリーレート、そしてボラティリティの５つです。ここでもう一度、それぞれのパラメータについて説明しておきましょう。

[原資産価格]

投資機会の原資産に該当するものは、プロジェクトが生み出すキャッシュフローです。したがって、リアル・オプションの原資産価格は、プロジェクトが生み出すキャッシュフローの現在価値です。

[権利行使価格]

プロジェクトの実行を決定するときが、オプションを行使するタイミングに当たります。この投資を行なうコストが、リアル・オプションの権利行使価格に該当します。言いかえれば、権利行使価格は、原資産を得るために支払うコストになります。

[リスクフリーレートと満期日までの期間]

プロジェクトの期間に応じたリスクフリーレートを使います。先ほどのABCエアラインの例でいえば、オプションを行使するか、しないかを決めるのは1年後ですから、1年物の国債利回りをリスクフリーレートとして使用し、満期日までの期間は1年となります。NPVでは、キャッシュフローの変動性をリスクと定義して、ハードルレートに織り込みますが、オプションの価値評価に適用する割引率は、リスクフリーレートを使うことになります。その代わり、リスクをボラティリティとして考慮します。

[ボラティリティ]

リアル・オプションでのボラティリティは、原資産価格の変動率です。したがって、投資が生み出すキャッシュフローの現在価値の変動率がボラティリティとなります。このボラティリティの値は、非常に重要です。オプションの性質どおり、このボラティリティが高ければ高いほど、プロジェクトの価値は高いものになるからです。ボラティリティを推定する方法は2つあります。まず、過去に同じようなプロジェクトを行なっている場合には、そのキャッシュフローのボラティリティを予測値として利用する方法です。二番目としては、そのプロジェクトと同じ事業を行なっている上場企業の株価のボラティリティを利用する方法が考えられます。

■二項モデルの事例

これまででは、リアル・オプションの価値をブラック=ショールズ・モデルを用いて評価しました。リアル・オプションの大部分が標準的なヨーロピアン・オプション*5と異なることから、ブラック=ショールズ・モデルでは評価できません。ここではより柔軟に対応できる二項モデルで投資事業のオプションの価値を算定しましょう。本書では特に撤退オプションを取り上げます。撤退オプションは基本的にはどのプロジェクトにも含まれているものといえま

---

*5　オプション保有者が満期日にのみ、権利を行使できるオプション。満期日以前であれば、いつでも自由に権利を行使できるオプションはアメリカン・オプションといいます。

す。撤退オプションは、NPV自体がマイナスか、あるいはプラスでもわずかの金額で、リスクが高いプロジェクトの場合は特に価値が出てくるといえます。

【事例】

X社には、現在NPVが－10百万円の投資機会（事業価値200百万円、投資金額210百万円）がある。将来、事業がうまくいかない場合、事業を継続せずに撤退することを視野に入れた意思決定を考えてみる。撤退する場合でも特許や技術的ノウハウなど残存価値があることから、ファンドから「５年以内に撤退するのであれば、150百万円で事業を買収したい」という話があった。この撤退オプションを含めた拡張NPVを算出しなさい。ただし、キャッシュフローのボラティリティは年率40%、リスクフリーレートは２%とし、５年間売却価格に変化はないものとする。

	B / C	D	E	F
1	撤退オプション			
2				
3	前提条件			単位：百万円
4	事業価値		200	
5	投資金額		210	
6	標準偏差（年間）（%）		40.0%	
7	リスクフリーレート（年率）（%）		2.0%	
8	売却価格		150	
9	満期までの年数（年）		5.0	
10	満期までの期間数（期）		5.0	
11	1期間当たりの年数		1.0	<-- =E9/E10
12	上昇倍率u（%）		149.2%	<-- =EXP(E6*SQRT(E11))
13	下落倍率d（%）		67.0%	<-- =1/E12
14	リスク中立確率		42.6%	<-- =(EXP(E7*E11)-E13)/(E12-E13)

【リスク中立確率の算定】

まずは、ボラティリティから主要なパラメータである上昇倍率 u、下落倍率 d を次の式[*6]により求めます。１期間当たりの年数 t は１年です。

$$u = e^{\sigma\sqrt{t}} = EXP(40.0\% \times \sqrt{1}) = 142.9\%$$
$$d = e^{-\sigma\sqrt{t}} = 1/u = 1/142.9\% = 67.0\%$$

上昇倍率 u は149.2%（上図セルE12)、下落倍率 d は67.0%（上図セルE13）となります。これを次の式[*6]に代入して、リスク中立確率を求めます。

＊6　この公式については、コラム「連続複利とは」(302ページ）を参照してください。

$$p=\frac{e^{rt}-d}{u-d}=\frac{EXP(2.0\%\times1)-67.0\%}{142.9\%-67.0\%}=42.6\%$$

リスク中立確率は42.6%（前ページの図セルE14）と求めることができます。

【二項ツリーと事業価値の算定】

	A B C	G	H	I	J	K	L	M
16	オプション価値							
17	イベントツリー							
18	期間	0.0	1.0	2.0	3.0	4.0	5.0	
19	年数	0.0	1.0	2.0	3.0	4.0	5.0	
20			=IF(G21="",IF(G20="","",G20*$E$13),G21*$E$12					
21	事業価値	200	298.4	445.1	664.0	990.6	1,477.8	
22			134.1	200.0	298.4	445.1	664.0	
23				89.9	134.1	200.0	298.4	
24					60.2	89.9	134.1	
25						40.4	60.2	
26							27.1	
27			=IF(L30="","",MAX($E$8,(L29*$E$14+L30*(1-$E$14))*EXP(-$E$7*$E$11)))					
28	撤退オプション					C	A	
29	オプション評価	232.4	312.6	447.9	664.0	990.6	1,477.8	←-- =MAX($E$8,L21)
30			181.0	223.3	303.4	445.1	664.0	
31				156.1	171.6	209.0	298.4	
32					150.0	150.0	B 150.0	←-- =MAX($E$8,L24)
33						150.0	150.0	
34							150.0	

期間０の事業価値200百万円（セルG20）から、上昇倍率と下落倍率を用いて、順番に右向きに計算すると、５年後（セル範囲L20:L25）の事業価値は1,477.8百万円から27.1百万円まで６つの状態になることがわかります。

５年後のオプションペイオフを求めてみましょう。５年時点でのオプションペイオフは、*Max*（売却価格，事業価値）となります。つまり、その時点の事業価値が売却価格150百万円を下回った場合は、売却する。上回ればそのまま、オプションを行使せずに事業を継続するということです。たとえば、格子点A（セルL29）のオプション価値は、$Max(150,\ 1477.8)=1477.8$となります。一方で、格子点B（セルL32）では、$Max(150,\ 134.1)=150.0$となり、事業売却すべきことがわかります。５年時点でのオプションペイオフが求められたら、あとは１期間ずつ逆算して各格子点上のオプション価値を求めることになります。そのときのオプション価値は、*Max*（売却価格，オプション価値）となります。たとえば、格子点C（セルK29）のオプション価値は次のように求められます。

オプション価値Cの計算式は $C=\frac{pC_u+(1-p)C_d}{1+r_f}$ でした。

ここでは連続複利で考えていることから、$C=\{pC_u+(1-p)C_d\}\times EXP(-r_f\times t)$ となるわけです。

$$Max[\{42.6\%\times1{,}477.8+(1-42.6\%)\times664.0\}\times e^{-2.0\%\times1.0},\ 150]=990.6$$

（事業継続）

	A B	C	D	E	F	G	H	I	J	K	L
27	撤退オプション										
28		期間				0.0	1.0	2.0	3.0	4.0	5.0
29		年数				0.0	1.0	2.0	3.0	4.0	5.0
30											
31		オプション評価				232.4	312.6	447.9	664.0	990.6	1,477.8
32							181.0	223.3	303.4	445.1	664.0
33								156.1	171.6	209.0	298.4
34									150.0	150.0	150.0
35										150.0	150.0
36											150.0
37											
38	拡張NPV										
39		現在の事業価値		200.00	<-- =MAX(E7,G20)						
40		投資金額		(210.00)	<-- =-E4						
41		NPV		(10.00)	<-- =SUM(E39:E40)						
42		撤退オプション価値		32.4	<-- =G31-G20						
43		拡張NPV		22.4	<-- =SUM(E41:E42)						

オプション価値が150.0になっている格子点が事業売却（撤退）を意味しています（上図の灰色の部分）。２期目まではオプションを行使せずに様子を見ることになります（オープン）。３期目以降からは状況によっては撤退オプションを行使することになるのがわかります。

◆各ステップにおけるオプションの状況

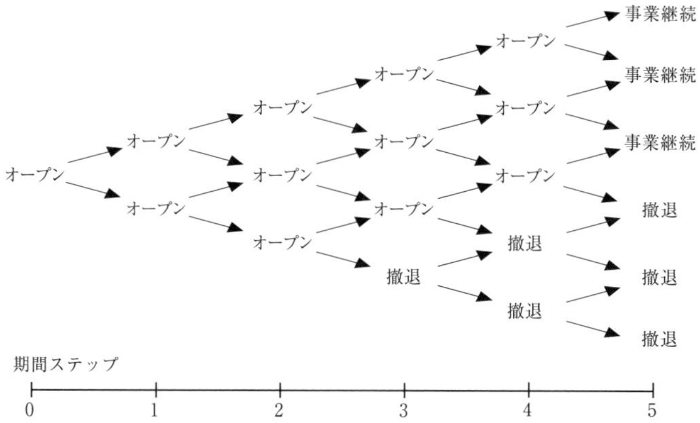

このようにオプション行使を前提にオプション価値を求めるとその現在価値は232.4百万円になります。事業価値200百万円との差32.4百万円が経営の自由度を評価に組み込んだことによって生じるリアル・オプションの価値です。したがって、プロジェクトの価値（拡張NPV）＝NPV（－10）＋リアル・オプション価値32.4百万円＝22.4百万円となります。拡張NPV＞0なので、この投資は実行すべきだということがわかります。

リアル・オプションは難しいと感じたかもしれません。ただ、私たちが覚えておくべきことは、それほど多くはありません。事業、あるいはプロジェクトの進行に合わせて投資判断を遅らせたり、変更するといった経営の自由度は価値があるということです。

また、NPV ＞０のプロジェクトでも、いますぐ実行しなければいけないわけではありません。投資機会を延期できるならば、その延期オプションの価値は、今すぐ実行する場合のNPVよりも高いかもしれません。さらに、NPV ＜０のプロジェクトでも、将来、NPV ＞０になる可能性がある限り、そのプロジェクトには現在でも何らかの価値があります。

大切なことは、金融オプションが外から決められる期日があるのに対して、リアル・オプションには、期日がないことです。リアル・オプションを行使するには、経営者の意思が必要です。つまり、リアル・オプションの本質的価値とは、**経営者が決断できる**ことなのです。

第7章　まとめ

- NPVでは、投資実行後の事業環境の変化に応じて、事業計画や戦略を変更するといった経営の自由度の価値をとらえることができない。

- 経営の自由度の価値の評価方法には、ディシジョン・ツリー分析法（DTA：Decision Tree Analysis）とリアル・オプション法（ROV：Real-Option Valuation）がある。

- リアル・オプションとは実物資産（Real Assets）を原資産とするオプションのことであり、代表的なものには、タイミング・オプション、成長オプション、段階的オプション、撤退オプションなどがある。

- 拡張NPVは、経営の自由度の価値を含んだものであり次の式で表わせる。
  拡張NPV＝従来のNPV＋経営の自由度の価値
  拡張NPV>0であれば投資実行、拡張NPV<0であれば投資見送りとなる。

- リアル・オプションの価値算定の方法としては、ブラック＝ショールズ・モデルと二項モデルなどがある。

索引

欧文

あ

●●か●●

さ

【参考文献（増補改訂版）】

朝岡大輔・砂川伸幸・岡田紀子『ゼミナール　コーポレートファイナンス』日本経済新聞出版

新井富雄・高橋文郎・芹田敏夫『コーポレート・ファイナンス　基礎と応用』中央経済社

砂川伸幸・笠原真人『はじめての企業価値評価』日本経済新聞出版

石橋尚平・高橋陽二・内木栄莉子『知識の基盤になるファイナンス』中央経済社

岡俊子『図解&ストーリー「資本コスト」入門　改訂版』中央経済社

鈴木一功『企業価値評価【入門編】』ダイヤモンド社

鈴木一功・田中亘『バリュエーションの理論と実務』日本経済新聞出版

田中慎一・保田隆明『コーポレートファイナンス　戦略と実践』ダイヤモンド社

土屋剛俊『入門 社債のすべて』ダイヤモンド社

デービッド・G.ルーエンバーガー、今野浩、鈴木賢一、枇々木規雄=訳『金融工学入門 第２版』日本経済新聞出版

日本証券アナリスト協会『企業価値向上のための資本コスト経営』日本経済新聞出版

プルータス・コンサルティング編『企業価値評価の実務Q&A　第４版』中央経済社

枡谷克悦『新版　企業価値評価の実務』清文社

松田千恵子『コーポレートガバナンスの実践』日経BP

湊隆幸『事業の意思決定』技報堂出版

宮川壽夫『企業価値の神秘』中央経済社

矢部謙介『武器としての会計ファイナンス』日本実業出版社

柳良平『CFOポリシー〈第２版〉』中央経済社

KPMG FAS『図解でわかる企業価値評価のすべて』日本実業出版社

KPMG FAS・あずさ監査法人『ROIC経営』日本経済新聞出版

サイモン・ベニンガ, 大野薫＝監訳『ファイナンシャル・モデリング』ロギカ書房

ジョナサンバーク、ピーター・ディマーゾ, 久保田敬一、芹田敏夫、竹原均、徳永俊史＝訳『コーポレートファイナンス 第２版（入門編・応用編）』丸善出版

マッキンゼー・アンド・カンパニー、ティム・コラー、マーク・フーカート、デイビット・ウェッセルズ, マッキンゼー・コーポレート・ファイナンス・グループ＝訳『企業価値評価 第６版（上・下）』ダイヤモンド社

Pablo Fernandez, Teresa Garcia and Javier F. Acin “Survey:Market Risk Premium and Risk-Free Rate used for 95 countries in 2022”

Prasad S. Kodukula, Chandra Papudesu "Project Valuation Using Real Options: A Practitioner's Guide"J. Ross Publishing

【参考文献】

相田洋・宮本祥子『マネー革命　1　「巨大ヘッジファンドの攻防」』日本放送出版協会
相田洋・茂田喜郎『マネー革命　2　「金融工学の旗手たち」』日本放送出版協会
相田洋・藤波重成『マネー革命　3　「リスクが地球を駆けめぐる」』日本放送出版協会
池井戸潤『10億円借りたいなら決算書はこうつくれ！』ダイヤモンド社
池羽太郎『最新「ファイナンス」とケース分析』秀和システム
砂川伸幸『コーポレートファイナンス入門』日経文庫
出雲豊博『図解でわかる不動産金融ビジネスのすべて』日本実業出版社
井手正介・高橋文郎『ビジネスゼミナール　経営財務入門』日本経済新聞社
伊藤洋『財務コーチング』東洋経済新報社
井上直樹・藤井保紀『MBA エッセンシャル講座　ファイナンス』中央経済社
岩崎彰『キャッシュフロー計算書の見方・作り方』日経文庫
岩崎日出俊『サバイバルとしての金融』祥伝社新書
岩村充『入門　企業金融論』日本経済新聞社
大垣尚司『金融アンバンドリング戦略』日本経済新聞社
岡本吏郎『会社にお金が残らない本当の理由』フォレスト出版
岡本吏郎『図解　裏帳簿のススメ』アスコム
可児滋『デリバティブの落とし穴』日本経済新聞社
金子誠一『証券アナリストのための数学再入門』ときわ総合サービス
刈田正雄・上田太一郎・中西元子『Excelでできる最適化の実践らくらく読本』同友館
木島正明『EXCELで学ぶファイナンス　1　金融数学・確率統計』金融財政事情研究会
国友直人『現代統計学（上・下)』日経文庫
小宮一慶『図解　キャッシュフロー経営』東洋経済新報社
小山泰宏『M＆A・投資のためのDCF企業評価』中央経済社
齋藤嘉則『問題発見プロフェッショナル』ダイヤモンド社
榊原茂樹・青山護・浅野幸弘『証券投資論』日本経済新聞社
桜井久勝『財務諸表分析』中央経済社
鈴木一功編著『企業価値評価　実践編』ダイヤモンド社
高田貴久『ロジカル・プレゼンテーション』英治出版
橘玲『お金持ちになれる黄金の羽根の拾い方　知的人生設計入門』幻冬舎
橘玲『「黄金の羽根」を手に入れる自由と奴隷の人生設計』講談社＋α新書
田渕直也『図解でわかるデリバティブのすべて』日本実業出版社
中沢恵・池田和明『キャッシュフロー経営入門』日経文庫
新村秀一『JMP活用　統計学とっておき勉強法』講談社
西川俊作（編）『経済学とファイナンス』東洋経済新報社
西村信勝『外資系投資銀行の現場』日経BP
西山茂『企業分析シナリオ』東洋経済新報社
野口悠紀雄『ビジネスに活かすファイナンス理論入門』ダイヤモンド社
服部暢達『M＆A成長の戦略』東洋経済新報社
土方薫『文系人間のための金融工学の本』日本経済新聞社

土方薫『やわらかく考える金融工学』PHP研究所
藤林宏・岡村孝・矢野学『EXCELで学ぶファイナンス　2　証券投資分析』金融財政事情研究会
藤巻健史『藤巻健史の実践・金融マーケット集中講義（上・下)』光文社
松井泰則『新会計基準解説　A to Z』一橋出版
宮川公男『統計学でリスクと向き合う』東洋経済新報社
森生明『MBAバリュエーション』日経BP
保江邦夫『Excelで学ぶ金融市場予測の科学』講談社ブルーバックス
山澤光太郎『ビジネスマンのためのファイナンス入門』東洋経済新報社
山澤光太郎『よくわかる格付けの実際知識』東洋経済新報社
山田真哉『世界一感動する会計の本です【簿記・経理入門】』日本実業出版社
山本真司『会社を変える戦略　超MBA流改革トレーニング』講談社現代新書
山本隆三『企業の意思決定のためのやさしい数学』講談社＋α文庫
吉田耕作『経営のための直感的統計学』日経BP
吉本佳生『金融工学の悪魔』日本評論社
吉本佳生『投資リスクとのつきあい方（上）　サイコロで学ぶリスク計算』講談社＋α新書
吉本佳生『金融広告を読め　どれが当たりで、どれがハズレか』光文社新書
若杉敬明『入門　ファイナンス』中央経済社
アビナッシュ・ディキシット、バリー・ネイルバフ，菅野隆・嶋津祐一＝訳『戦略的思考とは何か—エール大学式「ゲーム理論」の発想法』TBSブリタニカ
グロービス・マネジメント・インスティテュート『MBAファイナンス』ダイヤモンド社
ジョエル・M・スターン、ジョン・S・シーリー、アーヴィン・ロス，伊藤邦雄＝訳『EVA価値創造への企業変革』日本経済新聞社
ジョセフ・P・オグデン、フランク・C・ジェン、フィリップ・F・オコーナー，徳崎進＝訳『アドバンスト・コーポレート・ファイナンス（上・下)』ピアソン・エデュケーション
ジョン・アレン・パウロス，野本陽代＝訳『数字オンチの諸君！』草思社
ジョン・アレン・パウロス，望月衛・林康史＝訳『天才数学者、株にハマる』
ダレル・ハフ，高木秀玄＝訳『統計でウソをつく法—数式を使わない統計学入門』講談社ブルーバックス
バートン・マルキール，井出正介＝訳『ウォール街のランダム・ウォーカー』日本経済新聞社
バートン・マルキール，鬼澤忍＝訳『お金を働かせる10の法則』日本経済新聞社
ピーター・バーンスタイン，青山護＝訳『リスク　神々への反逆（上・下)』日経ビジネス人文庫
リチャード・ブリーリー，スチュワート・マイヤーズ，藤井眞理子・国枝繁樹＝訳『コーポレート・ファイナンス　第六版』日経BP
ローレンス・A・カニンガム，増沢浩一＝監訳『バフェットからの手紙』Pan Rolling
ロバート・C・ヒギンズ，グロービス・マネジメント・インスティテュート＝訳『新版　ファイナンシャルマネジメント』ダイヤモンド社
ヨアヒム・ゴールドベルグ、リュディガー・フォン・ニーチュ，真壁昭夫＝監訳，行動ファイナンス研究会＝訳『行動ファイナンス』ダイヤモンド社

A・ダモダラン，三浦良造〔ほか〕＝訳『コーポレート・ファイナンス　戦略と応用』東洋経済新報社
G.ベネット・スチュワート,Ⅲ，河田剛〔ほか〕＝訳『EVA創造の経営』東洋経済新報社
Stephen A. Ross, Randolph W. Westerfield, Jeffrey F. Jaffe，大野薫＝訳『コーポレートファイナンスの原理』金融財政事情研究会
海外投資を楽しむ会『ゴミ投資家のためのインターネット株式投資入門』メディアワークス
三菱信託銀行不動産金融商品研究会編『図解　不動産金融商品』東洋経済新報社
ムーディーズ・インベスターズ・サービス・インク『戦略投資・リスク分析』NTT出版
KPMGビジネスアシュアランス，吉川吉衛［編］『企業価値向上のためのコーポレートガバナンス』東洋経済新報社
Aswath Damodaran FT "The Dark Side of Valuation" Prentice Hall
Aswath Damodaran "Corporate Finance : Theory and Practice" Wiley
Avinash K. Dixit, Robert S. Pindyck "The Options Approach to Capital Investment" Harvard Business Review May-June 1995
Craig W. Holden "Spreadsheet Modeling in Corporate Finance" Prentice Hall
Craig W. Holden "Spreadsheet Modeling in Investments" Prentice Hall
Donald L. Harnett, James F. Horrell "Data, Statistics, and Decision Models with Excel" Wiley
John A. Boquist, Todd T. Milbourn, Anjan V. Thakor "The Value Sphere" Value Integration Associates
Mary Jackson, Mike Staunton "Advanced modeling in finance using Excel and VBA" Wiley
Neil C. Churchill, John W. Mullins "How Fast Can Your Company Afford to Grow?" Harvard Business Review 2001/5
Simon Benninga "Financial Modeling" The MIT Press
Wayne L. Winston, S. Christian Albright "Practical Management Science" DUCBURY THOMSON LEARNING
Wayne L. Winston "Financial Models Using Simulation and Optimization 1" PALISADE
Zvi Bodie, Alex Kane, Alan J. Marcus "Investments" McGraw-Hill Irwin

石 野 雄 一（いしの　ゆういち）
上智大学理工学部卒業後、旧三菱銀行に入行。9年間勤務した後に退職、米国インディアナ大学ケリースクール・オブ・ビジネス（MBA課程）修了。帰国後、日産自動車株式会社に入社。財務部にてキャッシュマネジメント、リスクマネジメント業務を担当。2007年より旧ブーズ・アレン・ハミルトン（現：Strategy&）にて企業戦略立案、実行支援等に携わる。2009年に同社を退職後、コンサルティング会社である株式会社オントラックを設立し、企業の投資判断基準、撤退ルールの策定支援、財務モデリングの構築、トレーニングを実施している。
著書に『ざっくり分かるファイナンス』（光文社新書）、『実況！ ビジネス力養成講義 ファイナンス』（日本経済新聞出版）などがある。

本書に出てくるExcel関数についてまとめた特別レポート（無料）やExcelファイルのダウンロードは下記サイトから
https://ontrack.co.jp/

コンサルティング、講演等のご依頼は下記連絡先まで
yishino@ontrack.co.jp

増補改訂版　道具としてのファイナンス

2005年9月1日　初 版 発 行
2022年8月10日　増補改訂版発行
2024年4月20日　第 4 刷 発 行

著　者　石野雄一　
発行者　杉本淳一

発行所　株式会社日本実業出版社　東京都新宿区市谷本村町3−29 〒162-0845
編集部　☎03-3268-5651
営業部　☎03-3268-5161　振 替　00170-1-25349
https://www.njg.co.jp/

印 刷／木元省美堂　製 本／若林製本

ISBN 978-4-534-05935-2 Printed in JAPAN